HERMES

在古希腊神话中,赫耳墨斯是宙斯和迈亚的儿子,奥林波斯神们的信使,道路与边界之神,睡眠与梦想之神,亡灵的引导者,演说者、商人、小偷、旅者和牧人的保护神……

西方传统 经典与解释 HERMES
Classici et Commentarii
廊下派集
徐健 ● 主编

廊下派的城邦观

The Stoic Idea of the City

[英]马尔科姆·斯科菲尔德 Malcolm Schofield ｜ 著
徐健 刘敏 ｜ 译

华夏出版社

古典教育基金·"资龙"资助项目

"廊下派集"出版说明

距亚历山大大帝逝世二十余年即约公元前300年,基提翁的芝诺开始在雅典集市西北角的一个画廊($στοά\ ποικίλη$)里讲学论道。起初那些听众被称为芝诺主义者,后来被唤作廊下派(Stoics,原旧译斯多亚派或斯多葛派)。在亚里士多德以后的希腊化时期,廊下派成为三大主流学派之一,但其历史影响则比伊壁鸠鲁派和怀疑论派重要得多。自芝诺到罗马皇帝奥勒留,廊下派共历时五百年左右,经早中晚三个发展时期,对塑造希腊化文明和古罗马文明起到了关键作用,并对后世思想保持着经久不息的影响力:廊下派的自然法思想形塑了罗马法包括万民法的理论,廊下派的人神亲缘关系说及其隐忍博爱伦理则为基督教伦理提供了土壤……近代哲学(如斯宾诺莎等)中的泛神论,近代科学中的宇宙论,乃至从格劳秀斯到康德的世界公民观念等等,都有廊下派留下的深刻烙印。

廊下派将哲学分为物理学、伦理学和逻辑学,以伦理学为核心和目的,将三个部分内在地融贯成有机整体。为了创建自己的体系,黑格尔责难廊下派仅仅应用了片面而有限的原则,缺乏真正的思辨思维,没有什么独创性可言;新康德主义派哲学史家文德尔班也持类似的看法——德国唯心论的哲学史叙述对廊下派的贬低,在很长一段时间里主导着人们对廊下派的认识。二十世纪后半期以降，学者们逐渐抛弃德国唯心论的哲学史叙述，重新认识廊下派，从文本笺释到各类研究都取得了显著进展。

廊下派在西方古今文明变迁中起着承前启后的重要历史作用，我们有必要开拓廊下派研究。"廊下派集"以迻译廊下派著作为主，亦注重选译西方学界相关研究佳作，为我们研究廊下派奠定了必要的文献基础。

古典文明研究工作坊
西方典籍编译部亥组
2012 年 10 月

目 录

中译本说明（程志敏） ················· 1

前　言 ···························· 1
序　言 ···························· 7
缩　写 ···························· 8
导　论 ···························· 9
一　怀疑论者卡希俄斯 ················ 12
二　爱欲的城邦 ···················· 37
三　宇宙城邦 ······················ 84
四　从共和主义到自然法 ·············· 130

附　录 ··························· 143
一　芝诺与亚历山大 ················ 143
二　廊下派关于爱欲的定义问题 ········ 154
三　伦理魅力 ····················· 158
四　下到婚姻 ····················· 163
五　柏拉图与廊下派论和谐 ············ 175
六　克勒昂忒斯的三段论 ············· 178
七　"文雅的/道德上良善的" ··········· 185
八　第欧根尼的世界主义 ············· 192

结语 "不可能的假说" …………………………………… 198

参考文献 ………………………………………………… 211
希腊文术语索引表 ……………………………………… 217
一般索引 ………………………………………………… 221

中译本说明

时代的要求催生新的问题，同时也带动人们不断重新审视历史。目前的世界格局与古罗马早期颇有相似之处，因而那个时代一向被人鄙夷的"大杂烩"学说再次进入学者的视野，廊下派的国家理论（尤其是"世界城邦"）和自然法学说在各个不同学科领域的复兴，自然算得上顺天应人。不过，正如我们需要对当前各种普世理论保持足够的清醒，我们必须对其所仰赖的理论基础多一分小心——当然，这并不妨碍我们对这笔尚未得到认真清理的宝贵遗产保持深深的敬意。

廊下派的城邦观无疑来自柏拉图，却与他的看法不尽相同，甚至可以说，表面的形似恰恰表明了深刻的差异。他们最大的不同或许在于，柏拉图的"理想国"戏仿狂热的启蒙思想，其实就是在批判那种违背人性的诸多不够审慎的政治疯狂，而廊下派的"理想国"则把柏拉图嘲弄过的共产共妻之类的设计当了真——廊下派看起来推进了柏拉图的思想，但实际上是把柏拉图故意归谬的论证极端化了，并当作了自己理论大厦的基石。柏拉图的"理想国"只是天上的范式，无法在现实的大地上找到实现的可能性，而廊下派笔下的"理想国"则是现实的，而现实的政体因为不合于自然，反倒不现实。廊下派的学说不在于描述现实可能的城邦，而重在为城邦政治寻找合法性和合理性的根基——自然（physis），这种形而上学（meta-physical）的基石与现实性或可实现性无关，所以，其政治（哲）学的任何建构都谈不上"乌托邦"与否。换用后世的术语来说,廊下派关心的不是实然(is),而是应然(ought),只不过在古典思想家看来,这两者本没有区别:应然的才应该是实然的,应然乃是实然的目标,或者干脆说,应然就是实然(后世的分裂的确在理论方面造成了很大的弊端)。

"宇宙城邦"和"世界公民"等观念与近代倡导普遍主义和时下流行的"普世主义"或"普世价值"亦毫无关联,尽管全球化时代的理论家们很容易顾名思义便拿廊下派颇为特定的概念来支撑自己与古代截然相反的学问体系。"宇宙城邦"只是圣贤的城邦,或者借用柏拉图的说法,只是哲人王的国度。而"世界公民"也并不是国际主义战士,其特点不在于博爱和宽容,而在于拥有完美的理性,并在依据自然的生活中达到极高的境界,而如果人人都尊奉天道,那么,这样的境界也就再自然不过了,不值得大书特书,本来就该(是)如此,"百姓皆谓我自然"(《道德经》17章),仅此而已。

在这个满街都是圣人的国度,实在的法律、政治和一切规定都显得十分多余,当然也就不会有社会阶层和具体的"理想",因为任何人为设计的目标,不仅十分有限,还有违自然。归根结底,廊下派看似迂腐的自然哲学和政治哲学无非是要在一个较大的世界格局中解决"人应该如何生活"这一古老而又永恒的问题。总之,神、自然、自然法、理性、德性、政治、命运、自由等概念的内涵与"后笛卡尔"时代的理解可能大相径庭,某些语词的古今指向甚至背道而驰。不过,尽管廊下派的"理性"可能是从苏格拉底"第二次起航"的倒退(参柏拉图《斐多》97c以下,尤其99d-e,《王制》516b,532a-c),但被普遍认为没有原创性的廊下派这种古典思想的变体在深重的现代性危机面前,也有其不可估量的药用价值。即便目前我们对廊下派的一些基本概念的理解不可避免地受到了近世观念的"污染",但重新审视现代思想的根基并认真对待人类生存所需的根本要素,或许能够补偏救弊,真正做到"返本开新",让坎坷的道路变得更为平坦。

这就是我们翻译本书的初衷所在。至于古学大家斯科菲尔德这本书的学术价值,深受廊下派影响的纳斯鲍姆以及各路评论家的赞美,已在本书"前言"等处可见一斑,而对该书的批评,则可参看Paul A. Vander Waerdt 的文章《芝诺的〈政制〉与自然法的起源》(Zeno's Republic and Origins of Natural Law),收于同一作者编的《苏格拉底运动》(*The Socratic Movement*. Cornell University Press, 1994,尤其页 276 以下的注释 18,37,38 等)。比较观之,或能有得。

本书的第四章、附录和结语由刘敏博士(北京大学法学院)初译,其余部分由徐健博士(贵州大学公共管理学院讲师)翻译。稿子出来后,他们彼此逐字互校。最后,徐健统稿并酌情补上译按。朱龙杰博士(南京大学文学院)帮忙翻译了书中的一些法文。

程志敏
2014 年国庆节

献给 Geoffrey、Myles 和 David

前　言

斯科菲尔德的《廊下派的城邦观》可算是古希腊政治思想研究的一座里程碑。许多年来，这个领域的学者和教师潜心于柏拉图和亚里士多德的观念，几乎完全忽视了廊下派那些具有历史影响的重要观念。但就对廊下派的研究而言，历史学家们关注的也往往是西塞罗（Cicero）、塞涅卡（Seneca）和奥勒留（Marcus Aurelius）等罗马作家的大量现存著述，而非之前的希腊廊下派（他们是这些罗马作家的众多观念的最初来源）的断简残篇。然而我们知道，基提翁的芝诺（Zeno of Citium，公元前334—前262年）和克律希珀斯（Chrysippus，约公元前280—前206年）这两位最著名的希腊廊下派哲人，都写下了关于理想政治理论的名为《政制》（*Republic*）的著作。① 这

---

① ［译按］芝诺的 Πολιτεία 通常被英译为 Republic，以便对应柏拉图同名著作的标准英译名。但据斯科菲尔德考证，芝诺这部著作在主题和篇幅上非常接近色诺芬的 Πολιτεία of the Spartans，旨在处理理想公民的问题，因此应当译成 The Citizen System（《公民体制》，这也应是柏拉图之 Πολιτεία 的译法），参见 *Saving the City: Philosopher – Kings and other classical paradigms*, Taylor & Francis e – Library, 2005, 页 52 – 54。在本书中，斯科菲尔德保留了 Republic 这个英译。不过，考虑到色诺芬的 Πολιτεία of the Spartans 一般译为《斯巴达政制》，同时柏拉图的 Πολιτεία 当译成《王制》，我们或可以用《政制》和《王制》来分别对应芝诺和柏拉图的 Πολιτεία；但请读者注意此二书原为同名。此外，在原始文献中，克律希珀斯的 Πολιτεία 一般也被记作 Περὶ πολιτείας。斯科菲尔德在下文前两章中论证了该书很可能是在辩护和发展芝诺的《政制》，并将其书名 Περὶ πολιτείας 译成 On Republic，Πολιτεία 译为 Republic。因此，我们似可分别以《论政制》或《政制》来对译之。

两本著作在某些方面追随了柏拉图,但也在另一些方面深深地背离了柏拉图,尤其是在对欲望、性和身体等问题的处理上。还有,芝诺的杰出继承者克律希珀斯将柏拉图圣贤(sages)统治的共同体这个观念,转变成法律——作为诸神与人类之间的联系——统治的宇宙城邦(cosmic city)这一观念。

尽管芝诺和克律希珀斯的著述只存留下一些断简残篇,但这些尚存的记述足以表明他们是当之无愧的哲人。尤其是克律希珀斯,他显然是整个西方传统中最具创造力和影响力的哲人之一。他(很可能与芝诺一道)开创了命题逻辑学和语言哲学;相比前人的分析,他对情感(emotion)所作的一些剖析似乎是最有趣的;他写下了关于伦理抉择的杰作;还有,他发展了在后来的政治思想中占有重要地位的自然法观念。这两位哲人对那些支持或反对廊下派的罗马思想家产生了重大影响,而这些罗马思想家的著作事实上是为我们所熟悉的,也正是通过这些著作,二人深深影响了笛卡尔(Descartes)、斯宾诺莎(Spinoza)、格劳秀斯(Grotius)、斯密(Adam Smith)、卢梭(Rousseau)以及康德(Kant)。

斯科菲尔德的这本书首次尝试系统重构希腊廊下派那些具有原创性的和很大影响力的政治哲学著作,为此,他把它们置于历史语境之中,从而理解它们所给出的规定。要做到这点非常困难,因为,与希腊廊下派观念相关的文献证据是一些断简残篇,并且经由身处年代和可信度都极为不同的作家传播。理解所有这些文献证据,需要一流的学识和睿智的头脑,而斯科菲尔德在这两个方面都无与伦比。

廊下派政治思想留给现代性最著名的遗产便是"自然法"观念及其相关的"世界公民权"观念。在廊下派之前,希腊政治思想潜心于polis[城邦],而没有发展出关于一个人要对自己城邦以外的人表示尊重和互助的学说。然而廊下派认为,理性和道德能力的价值使得我们所有人共同组成一个真实的城邦,并受到一系列有约束力的道德规范的支配,而现实中的法律要对这些规范负责。

斯科菲尔德论证道,希腊廊下派构想了一个理想城邦,在这个城邦中,来源地、出身、阶级甚至性别上的差异,都被看成是与公民权和公民职责不相干的。从政治的角度看,关于一个人的唯一有意义的事实是他朝向德性的潜力(the potential for virtue),这是理想城邦中取得公民权的一项充分条件。因此,这个理想城邦平等赋予男性和女性以公民权,根除了传统的性别影响(理想城邦甚至规定了男女皆宜的着装!),以及拔除了人们作为地方团体的成员而通常怀有的自豪感。一个如此构想的城邦不会认为自身受到地域的限制,所以,与这种道德理想密切相关的是一种世界公民权。廊下派认为,从某种深层的道德层面上看,我们所有人同属一个世界,且通过联合以及履行义务而相互约束。这并不意味着他们认同一种世界国家,而是意味着他们认为公民决策受到全世界人所组成的真实的道德共同体这一观念的规约。最深层地讲,这一共同体中的所有公民都将是"世界公民"(citizens of the world),即 kosmopolitai。(正是希腊廊下派主义的这个观念形塑了西塞罗和奥勒留的"世界公民"思想,并由此塑造了后来的思想家如格劳秀斯和康德关于这方面的思想。)

斯科菲尔德相信,对于理解廊下派的事业而言,另一个较不著名的廊下派思想恰恰和宇宙城邦一样重要,那便是作为城邦内部和睦(harmony)的保障者——爱欲(eros)的学说。希腊廊下派在某些方面追随了柏拉图:例如,他们承认女人有潜力获取公民权和德性。而且像柏拉图那样,他们主张婚姻对城邦发展而言是一项危险的制度,因为它是嫉恨和偏爱之家。他们提出根除这项制度,而代之以一种集体抚育儿童的体制，以及一种基于爱欲（love）和相互"说服"之上的性行为观。但是，他们暗中批判柏拉图的理想城邦压制了爱欲和身体。廊下派的理想城邦靠着爱欲这一坚韧的纽带而得以维系，并且，公民们受到鼓励，以求彼此间形成基于德性和朝向德性的潜力之上的紧密的爱欲关系。然而，其他所有激情都遭到了廊下派主义的谴责。廊下派所谓的公民既不会愤怒也不会畏惧，既不会傲慢也不会嫉恨或羡慕，既不会悲伤也不会怜悯。只有爱欲没有受到这种批判。廊下派尽管批评了某些种类的爱欲，但还是承认并勉力培育一种好的爱欲。廊下派将它定义为，"一种被风华正茂的年轻人的美貌所激发，而旨在建立友爱的企图"。性行为本身被认为是一种"中性的"（indifferent）行为：如果人们没有任何伦理知识且/或居心不良，那么他们做出的性行为便是邪恶的，但若他们具备伦理知识且怀着好的意图，则他们的性行为便完全是合乎德性的。（这个立场类似于柏拉图《会饮》[*Symposium*]中泡萨尼阿斯[Pausanias]所捍卫的立场。）因此，理想城邦中恋人（lovers）之间的爱欲关系显然承认恰当条件下的性行为。廊下派主张心灵本身是身体性的，并否认人具有任何死后尚存的部分，那么，他们就没有理由来分享柏拉图贬斥身体性存在这一态度，也没有理由仅仅把身体看成一种灵魂的牢笼。如此看来，他们更宏大的形而上学观支持他们的性伦理观，这种性伦理观很可能更接近于他们自己所处时代的流行思想，而非柏拉图的禁欲主义。

希腊廊下派理论的这一方面是后来众多讨论所关注的话题，斯科菲尔德有效地记叙了这些讨论。西塞罗认为，廊下派为使这一激情免遭通常的批判，而沉溺于特殊的辩护中；他相信，既然爱欲属于那些最危险和最使人羸弱的激情之列，他们本该使批判一以贯之。普鲁塔克（Plutarch）认为，廊下派对爱欲的道德化看法事实上没有留给通常所谓的爱欲以足够的位置。因为他们道德化的爱欲没有给予悲伤或失落、惊异或激动以任何地位,所以在他看来,称它为爱欲,只是一种哲学上的文字游戏罢了;它相当缺乏日常经验中的爱欲的价值,同时也在很大程度上绕开了后者所带来的危险。

斯科菲尔德细述了廊下派的爱欲学说,同时还对希腊同性恋风俗做了考据式研究。廊下派论证到,erastes[爱欲者]和 eromenos[被爱欲者]之间的性关系应当建立在品性和潜力而不仅仅是身体美的基础之上;但同时,他们拥有一种复杂的象征(signs)学说,认为身体美是对内在灵魂的表达。因此,他们认为身体产生的性吸引在自然上就是道德的:真正使我们产生情欲的是德性本身,并且在对性行为的欲求上,我们最终欲求的是对终极善的理解。(这部分理论还是源于柏拉图,尤其与《斐德若》[Phaedrus]相关。但是,廊下派再一次拒绝分享柏拉图对身体所持的极端怀疑态度。)他们推崇两个恋人之间的持久关系,因为他们论证了当灵魂是恋人关系的目标时,后者不会随着芳华美貌的凋零而逐渐淡化。斯科菲尔德著作中最有价值的部分之一便是他对廊下派的性魅力观和性行为观所作的历史性详解。通过对斯巴达的性习俗做出富有价值的阐述,他将廊下派关于这方面的观点置于它所处的历史语境之中,并表明为何他们貌似相信如此描述的爱欲关系是政治共同体的根本纽带。同时他论证道,廊下派背离了有关男性—男性关系优于男性—女性关系的传统希腊等级排序,而承认男性—女性的爱欲关系也可以为城邦实现一种很高的价值。

作为当今最杰出的古希腊政治思想专家之一,斯科菲尔德写下了一本使最专业的学者们都感到叹服的精细之作;但他的撰述对广大读者来说也是饶有趣味的。古希腊罗马政治思想领域的历史学家们、此后政治思想中的世界公民理想领域的历史学家们、性领域的历史学家们、国际法领域的历史学家们以及对古典文化具有一般兴趣的人,都会从中发现他那富有价值和说服力的阐述。

纳斯鲍姆(Martha C. Nussbaum)

法学和伦理学弗伦德(Ernst Freund)杰出贡献教授

芝加哥大学哲学系、法学院和神学院教授

古典学系兼职教授

序 言

本书源于我受邀为拟定的著作《剑桥希腊化哲学史》(Cambridge History of Hellenistic Philosophy)所撰写的希腊化政治思想部分,如果你愿意的话,它可以被称为我家庭作业的一部分,但我也希望它能给学者和学生带来裨益和愉悦。我的想法是填补学生所注意到的书架上的文献空缺,并探讨学者所没有挖掘的某些文本材料。

若干年前,我向剑桥语文学学会(the Cambridge Philological Society)的一次会议提交了第一、二和四章中某些主要观点的雏形,并引起了强烈的反响。当我开始对那篇论文展开修订时,我希望将来能够出版一本关于廊下派城邦观的小书,对此剑桥大学出版社热情地响应了我的这一建议。另外,Myles Burnyeat 和 Jaap Mansfeld 对全书初稿的评论让我受益匪浅。Jonathan Barnes、Peter Parsons 和 Michael Trapp 在个别篇章上帮助了我,David Sedley 在目前这个附录中的某些材料和第一、二章上帮助了我。Paul Cartledge、Peter Garnsey、Neil Hopkinson 和 John Procopé 向我提出了语文学方面的建议。Matthew Schofield 把我那连续两部分的拙劣手稿(分别存于剑桥郡电台和希尔斯路高中)转换成经过文字处理的精确样式,Elizabeth Schofield 容忍了餐室的冷清,甚至还容忍了我那比往常更频繁的心不在焉。Shady 促成我和 Lindsey Traub 在仲夏公园(Midsummer Common)进行写作上的交谈。我向他们所有人表示感谢。

此书献给三位友人兼同事,在过去十年中的每个学期,我和他们每周都一起阅读古代哲学文本。

斯科菲尔德

缩 写

本书按照标准的缩写形式来援引古代作家的著作。脚注中援引文献时使用的期刊名缩写也是标准的，完整的形式会在参考文献的相关条目下给出。此外，注意以下首字母缩写词：

FHG   *Fragmenta Historicorum Graecorum*(《希腊志辑语》), edited by C. and T. Müller, Paris, 1848—1870

KRS   G. S. Kirk, J. E. Raven and M. Schofield, *The Presocratic Philosophers* (《前苏格拉底哲人》), Cambridge, 1983(第二版)

LSJ   *A Greek-English Lexicon*(《希英词典》), compiled by H. G. Liddell and R. Scott, revised by H. S. Jones(1968 年增补), Oxford, 1968

RE   *Paulys Realencyclopädie der classischen Altertumswissenschaft* (《保利古典学百科全书》), edited by G. Wissowa, W. Kroll and K. Mittelhaus, Stuttgart, 1893—1972

SVF   *Stoicorum Veterum Fragmenta*(《早期廊下派辑语》), collected by H. von Arnim, Leipzig, 1903—1905

导 论

[1]研究前苏格拉底哲人的学者花了很多时间在那些可以被广义地称为学述(doxography)的东西之上。既然那些思想家的原著业已散失,那么我们就不得不依赖后来作家告诉我们的关于他们的知识。后来的原始文献时而包括对前苏格拉底哲人的援引,时而又没有,但它们总是通过某种语境和观点(这观点属于它们自己的时代且必然是这期间的众多创作和思考的最终产物)来介绍早期希腊哲学。"他从哪儿得来的信息?""它是可靠的吗?""他为何向我们交代它?"诸如此类的问题必定时常盘踞任何人的心头,只要此人出于探索前苏格拉底哲学真相的目的来解读恩披里柯(Sextus Empiricus)、拉尔修(Diogenes Laertius)、司托拜俄斯(Stobaeus)、普鲁塔克、希波吕托斯(Hippolytus)、辛普利基俄斯(Simplicius)以及基督教作家。

那些从事希腊化哲学研究的人一般都很少花精力来分析学述,尽管相比研究前苏格拉底哲人的学术同行,他们通常对这些思想家的原著理解不深。我不打算推测造成这种现象的原因。还是让我来指出一些与本书主题(即廊下派的政治思想)所需的证据相关的显著事实。

廊下派首部政治哲学著作,芝诺的《政制》曾遭到后来某些廊下派哲人的否弃,并受到非廊下派思想家的贬损。关于它的内容,我们只能依靠极少的学述,以及从论战性短文或其他有倾向性的材料中得来的资料。甚至在我们开始考察其他进展之前,似乎《政制》中给出的教导与诸如西塞罗在《论至善与至恶》(de finibus)中归于廊下派的政治哲学相比,就已经存在着可观的差异。与希腊化哲学的主要学派有关的任何现存论著主要关注的不是政治理论(而是伦理学、认识[2]论或神学),因此我们总是从主要专注于其他知识的多名后来的作家那里寻找相关的观点和论据。

显然,这里需要做的正是鼓吹前苏格拉底哲学的人所做的工作:在识别出那些相关的作家以后,他们筛选并重构这些原始文献。在这种情况下,当我开始处理廊下派的材料时,我发现仍有数量惊人且相当基本的工作需要完成,尤其是第三、四章及以下篇章所研究的,甚至还有芝诺的文本和概念,都需要进一步的处理,尽管Wachsmuth、Pearson和Baldry等前辈以及我们这代人中的Mansfeld已经为此付出了努力。因此,各种学述式的侦查探究主要集中在那些篇章之中。

同时,我还想到了廊下派与前苏格拉底哲人相比的又一个不同之处。对前苏格拉底哲人研究的极大吸引力来自它对源头的探究,因为前苏格拉底哲人真正开创了自然哲学、形而上学和认识论。而廊下派政治哲学既代表了某种终结,又代表了某种诞生。特别是,我将努力论证芝诺和克律希珀斯为柏拉图和亚里士多德古典共和主义(republican)或社群主义(communitarian)政治哲学的完结,以及为政治思想中自然法传统的兴起创造了智识条件——芝诺在和柏拉图对话,克律希珀斯在疏释芝诺和(或许更令人惊讶的是)赫拉克利特(Heraclitus)。

为揭示我所讨论的作家们的独特风格,并使得该书可供哲学和政治思想史的研习者以及古希腊文化研究者使用,我会尽可能多地译出原始文献中的相关段落。概述和转述只能给出乏味、同质、有待分析的学述;并且,被告知有证据表明某种情况的可能性或几率,和亲自钻研希腊作家的篇章,这两者之间有着天壤之别,特别是当如此多的原始文献对闲时消遣的热衷不亚于对教化人心的热衷时。既然我的目的是带领读者返回到 von Arnim 援引过的著作和作者那里,因此一般来说,我不根据他那附有出色索引的著作《早期廊下派辑语》来为引文给出编号。但是,我不得不承认 SVF 是我的忠实伙伴。

一 怀疑论者卡希俄斯

1

[3]我们拥有的对芝诺《政制》内容的最长记叙并不是一份简单的学述,它记载了这本著作中某些受到怀疑论者卡希俄斯(Cassius)反对的命题(拉尔修《名哲言行录》[D. L.]卷七 32-34):①

> 但有些人,包括怀疑论者卡希俄斯及其追随者们,从诸多方面攻击芝诺。他们说,首先(1)芝诺在《政制》的开篇就证明普通教育是无用的;②其次(2),他说所有不好的人都是

---

① 我引用的拉尔修文段(《名哲言行录》卷七 32-34,187-189),Loeb 版译文在许多方面都是错误的或有问题的,尤其第 187 节,Hicks 曲解了 ἀναπλάττει 和 πινάκων,还有第 189 节,(正如我将要论证的)他所给出的引号应被略去。[译按]译文参考了《名哲言行录》,第欧根尼·拉尔修著,徐开来、溥林译,广西师范大学出版社,2010 年,页 320-321,有改动;下同。关于 ἀναπλάττει,Hicks 将其译成(he) interprets([他]阐释),而斯科菲尔德则译成(he) invents([他]捏造)或(he) makes up([他]编造,卷七 188)。至于 πινάκων(卷七 188),Hicks 译为 the titles of books(书名),但斯科菲尔德译成 pictures(绘画)。

② 这里的原文似乎需要修正:我遵循 Loeb 和 OCT 等版本,同意 Reiske 的推测,即手稿中的 λέγοντα[他们说](现在时分词中性宾格复数形式)应是 λέγουσιν[他们说](现在时分词阴性与格复数形式)。

私人的和公共的敌人、奴隶和彼此间疏远的人,父母子女之间疏远,兄弟之间疏远,亲戚之间疏远,当他——还是在《政制》中——认为唯有好人才是公民、朋友、亲戚和自由人时(结果是,根据廊下派的前提,父母和子女是相互仇视的:因为他们不智慧);①(3)同样是在《政制》中,他主张说[4]女人应当共有,以及(4)(在两百来行处)不该在诸城邦中修建神庙、法庭和体育场;(5)关于货币他这样写道:"我们不应主张,为了交换和外出旅行而应引入货币";他还要求(6)男人和女人穿同样的服饰,要求全身上下都不遮盖。《政制》是芝诺的著作,克律希珀斯在其《论政制》中也这么说。(7)芝诺还在名为《爱欲的艺术》(*The Art of Love*)一书的开篇讨论了爱欲的诸种话题,并且在《清谈录》(*Conversations*)中写下了

---

① 我把(2)下面的内容看成一个句子,但有些编者(Loeb 版编者 Hicks、OCT 版编者 Long 以及 *Diogene Laerzio, Vite dei Filosofi* [Rome-Bari 1987, 2nd edn.]编者 Gigante)把它当成两个独立从句,甚至拆成两个不同的段落。因此,他们认为"还是在《政制》中……"开启了另一个观点的陈述。不过,1)即便拉尔修将分词看成是独立从句的主动词(例如参照第七卷第 188 节中的 κελεύων[宣扬]和 λέγων[说],不管怎样,我们无疑能理解该小节中的 κατηγορεῖται[被攻击]或类似的词),但 παριστάντα[认为……是……](卷七 33)通常是从属于 λέγειν αὐτόν[他说]。2)我用括号括起来的从句("结果是……")显然主要源自如下主张:所有不好的人都是相互仇视的,即使他们是父母和子女。有一个三段论:

如果父母和子女不是良善的/智慧的,那么他们就相互仇视。
父母和子女不是良善的/智慧的。
所以他们就相互仇视。

H. C. Baldry 使用了正确的标点符号,参见"Zeno's Ideal State", *JHS* 79 (1959)3–15,页 4。

类似的内容。①

关于以上这些内容,我们可以在卡希俄斯那里找到,也可以在佩尔伽蒙(Pergamum)的修辞学家伊希多若斯(Isidorus)那里找到。伊希多若斯还说,廊下派的阿忒诺多若斯(Athenodorus)在负责佩尔伽蒙图书馆期间将那些为廊下派所批判的段落从书中给删掉了;后来,在阿忒诺多若斯被捕并受到指控以后,它们就被对立起来了。②关于芝诺被判为伪造的段落就讲这么多。

尽管关于货币和服饰的规定并没有被明确归给《政制》,但它们看起来也极可能属于这本著作:拉尔修只是累于反复提及"在《政制》中"。这份资料的主要部分的开头和结尾提到了卡希俄斯,并且该资料以统一的风格来援引《政制》中的学说,这暗示所有关于《政制》的材料最终都来自卡希俄斯。

在其关于廊下派的那一卷的后面部分(卷七 187 – 189),拉尔修通过考察构成该卷内容的各种[5]批判,从而完成了克律希珀斯传,正如他以同样的方式写下了芝诺传。在 1879 年的一篇杰作中,Wachsmuth 令人信服地推测道,对克律希珀斯的批评和关于芝诺的

---

① 关于 διατριβαί[清谈]的含义,参见 J. Glucker, *Antiochus and the Late Academy*, Göttingen 1978,页 162 – 166。[译按]该词亦是爱比克泰德(Epictetus)《清谈录》的书名,斯科菲尔德译作 *Dissertationes*。这虽与斯科菲尔德给出的芝诺一书的英译名不同,但中译均取《清谈录》译之。此外,西塞罗的 *Tusculanae Quaestiones* 被斯科菲尔德英译为 *Tusculan Disputations*,似亦可试译作《图斯库卢姆清谈录》。

② 就像 Long、Hicks 和 Gigante 等人所做的那样,我保留了手稿中的 ἀντιτεθῆναι[被对立起来]。然而,Hicks("被放回原处"[replaced])和 Gigante("被插入"[inseriti])的译法好像是对 ἀνατεθῆναι 的翻译(Richards)。对这里的 ἀντίθεσις[对立]的讨论,见下文第二和三章。

材料都来自同一个源头。①因此,我也给出对这段文本的翻译,以便把一份完整的相关材料呈现在我们眼前:

> 有些人指责克律希珀斯,因为他写下了许多令人作呕和羞于启齿的东西。(8)在《论古代自然哲人》(*On the ancient natural philosophers*)一书中,他在六百来行处捏造了一个关于赫拉(Hera)和宙斯(Zeus)令人作呕的故事,无人可以说出那些话而有幸不弄脏自己的嘴。②他们说,他编造这个最令人作呕的故事,虽然他是在将其当作一幅物理学的画作加以颂扬,但那些话更适合用在娼妓身上而不是诸神的身上——甚至那些写过关于绘画的著述的人也没有记载这个故事。它并非出自珀勒蒙(Polemo)或希皮斯克拉特斯(Hypsicrates),甚至也非出自安提戈诺斯(Antigonus)。这是他捏造出来的。(9)在《论政制》中,他说一个人可以同母亲、女儿和儿子发生性行为;在《论那些就其自身不应当被选择的事物》(*On things not to be chosen for their own sakes*)一开篇,他就讲了同样的理论。(10)在《论正义》(*On Justice*)的第三卷中,他在一千来行处宣扬人可以吃死人,(11)在《论生活与谋生》(*On Life and Making a Living*)的第二卷中,他说我们应当考虑智者该如何谋生,而这两方面也都使他遭到了

---

① C. Wachsmuth, "Stichometrisches und Bibliothekarisches", *RH. Mus.* 34 (1879) 38 – 51,页 39 – 42。最近,J. Mansfeld 重新讨论了这点,尽管他没有提到 Wachsmuth 的这篇论文,参见 "Diogenes Laertius on Stoic Philosophy", *Elenchos* 7(1986) 297 – 382,页 334 – 336。我从 Mansfeld 的这篇文章,事实上还从他的其他论著中得到了有关学术方面的大量信息。

② 这大概暗示了口交行为,而这种行为是克律希珀斯认为自己正在阐释的那幅画的主题(《早期廊下派辑语》卷二 1072 – 1074:克雷芒[Clement],忒俄菲洛斯[Theophilus],奥利金[Origen])。

批判。①然而,智者该为了什么而谋生呢? 如果是为了生活,但生活是一种中性事物;如果是为了快乐,但快乐也是中性的;如果是为了德性,而德性自身[6]对于幸福本就是充分的。此外,他主张的谋生方式也是荒唐可笑的:例如,靠国王为生,那么智者就不得不屈从于国王;或靠朋友为生,那么友爱在那里就成了可以买卖的东西;又或靠智慧而生,这样智慧在那里就成了只为图利的东西。这些就是这些人提出的各种反对意见。

上述两段引文事实上共同构成了一份材料,只是被拉尔修拆成两个独立的片段。之所以这样认为,其理由不仅仅是1)它们在拉尔修所作的芝诺和克律希珀斯的传记中相似的地方出现,即都是作为主要内容之后的批评性补充。更具说服力的是2)拉尔修对具体论著(laudationes)中的学说的引用,不仅给出书名或给出卷数和书名,而且给出在某一卷中的位置,即要么指明"开篇"这字眼或大致的参引行数(两百行、六百行、一千行),②要么[在上述的(2)中]提及《政制》中某个主

---

① von Arnim(《早期廊下派辑语》卷三 685,附释)说,书名 περὶ βίου καὶ πορισμοῦ[《论生活与谋生》]不能得到其他证据的证实,它是一种学术性的虚构。事实上,手稿向我们给出的正是这个书名,因此 von Arnim 不得不修正它,以求得一个不同于此的书名(περὶ βίων[《论诸种生活》])。那个公认的原始书名(这里也依照它)得到了赫叙基俄斯(Hesychius)的支持,参见《名人传》(Vir. Ilhist.)78:Χρύσιππον τὸν φιλόσοφον αἰτιῶνταί τινες προνοεῖν λέγοντα, ὅπως ποριστέον τῷ σοφῷ[有些人指责哲人克律希珀斯热衷于授课,从而必须靠智慧谋生]。

② Mansfeld(Elenchos 7[1986]297-382,页345-346)和 Gigante(Diogene Laerzio,页255,311)认为"κατὰ τοὺς χιλίους στίχους..."这个表述是"用了一千行的篇幅……"的意思,而不是"在一千行和一千一百行之间的某处"等意思。确实,这一翻译提出了一个好的观点:芝诺和克律希珀斯以相当大的篇幅来发展那些论题,因此对他们看法的批判就是完全合理的。但这似乎忽视了定冠词τοὺς

要观点("当他认为唯有好人……才是公民时")。①貌似在古典文学中,这种在引用散文著作时具体到行数的做法几乎是独一无二的。②

[这些];并且,对στίχοι(各行)的提及使我们想起,在别处该词被用来相对精确地从某些篇章中引用相关的段落(进一步参见本书页17注2)。可以假定,这种引用在我们的文本中主要是为了努力提升对引文中包含的廊下派主义的批判所具有的学术权威。Wachsmuth(42 – 43)做出了一次不足以令人信服的尝试,即把这种引用和阿忒诺多若斯删除有伤风化的词句这一做法相联系。

① 不那么清楚的是,(2)(《名哲言行录》卷七 33)中的一段话是否可以通过它在某本书中的位置而得以辨识,正如其他所有情况[即(1)、(4)、(8)、(9)、(10)]那样;但比较这些情况中使用的措辞,可以表明这必定是可能的——并且这种比较还给出了芝诺关于好人的论点所在的具体位置,否则我们将无从得悉。如下译文能够更明确地反映出这个位置:"还是在《政制》中,有段话表明他认为唯有好人……才是公民。"

② 根据 K. Ohly 的说法,只有五个古典文本做过如此的引用,而《名哲言行录》那两段引文便是其中之一,参见 Stichometrische Untersuchungen(Leipzig 1928),109 – 117;其余文本是阿斯科尼俄斯(Asconius)对西塞罗的评注、一名训诂学者论奥里巴希俄斯(Oribasius)(其中引用了伽伦[Galen]的各种著作)、欧斯塔提俄斯(Eustathius)论奥利金(其中引用了圣约翰的福音书[St John's Gospel])以及赫格谟尼俄斯(Hegemonius)驳摩尼教徒。据悉,στίχος[行]这个词在这种语境下是作为一个艺术方面的术语,且适用于那些遵照诗行标准的散文著作。由于抄写员在抄录散文著作时没有遵守有关句子的标准长度方面的规定,所以后来形成惯例,要求引用散文作家时须符合某种标准的长度,通常认为(仿照六步格诗行)是十五或十六个音节(参照 H. Diels,"Stichometrisches",Hermes 17[1882]337 – 384)。最近对这方面的概述,参见 G. Cavallo,Libri scritture scribi a Ercolano,suppl. I Cronache Ercolanesi 13(1983)20 – 22。有一份条理明晰的莎草纸文献([托名]帕里吉诺斯[P Pariginus]2 =《早期廊下派辑语》卷二 180 = 1080 Hülser),其页边栏有明显的编码(M,N),这些编码被阐释成是在标明一百行距(即约定的标准行数)——可以假定是一千二百行到一千三百行。关于这方面的讨论,参见 Ohly,页57;相关的照片,参见 W. Cavini et al.,Studi su papyri greci di logica e medicina(Florence 1985),112,该书在第 144 和 156 页附有抄本,在第 130 页附有简短的讨论(类似于之前 Ohly 给出的观点)。有关本注释中的主题,我得感谢 Peter Parsons 的慷慨帮助。

3)这两段文字都展示了深奥难解的[7]文献学知识。在第七卷第187节中,这知识表现在对绘画或绘画的神话主题的研究上;而在第34节中,则表现于对阿忒诺多若斯在佩尔伽蒙的活动信息的研究上。4)事实上,第三条理由所涉的两个例子似乎由于佩尔伽蒙而具有紧密的关系。因为正如维拉莫维茨(Wilamowitz)表明,第187节中提到的安提戈诺斯(很可能是公元前三世纪的传记作家卡律司托斯的安提戈诺斯[Antigonus of Carystus])看起来很可能是为阿塔罗斯一世(Attalus I)服务的,活跃在佩尔伽蒙的雕塑家。① 第187节中提到的他的著作很可能也是在佩尔伽蒙写出的:还有什么地方可以比一个优良的图书馆更有利于一个人写本关于绘画的书?②

因此,《名哲言行录》卷七 32 – 34 和 187 – 189 原本是共同组成一个针对芝诺和克律希珀斯而作的批判。可以假定,伊希多若斯(或对伊希多若斯做过援引的某个人)是拉尔修所作记述的来源。然而,在伊希多若斯背后站着卡希俄斯,这不仅是对第 32 – 34 节而

---

① U. von Wilamowitz – Moellendorff, *Antigonos von Karystos* (Berlin 1881), ch. I. 同时,珀勒蒙是活跃在公元前二世纪前二十五年的著名画论家(他对其他主题也有研究),并写下为阿忒纳欧斯(Athenaeus)所经常引用的书《反对阿达欧斯和安提戈诺斯》(*Against Adaeus and Antigonus*):参见《希腊志辑语》第三卷珀勒蒙那一部分中的辑语 56 – 69,以及《保利古典学百科全书》中 K. Deichgräber 所撰的条目,卷二十一 2, 1288 – 1320。另一方面,希皮斯克拉特斯不会被认为是有关这一主题方面的权威。因此,根据老普林尼(Pliny the Elder)提到的 Antigonus et Xenocrates qui de picture scripsere[写过关于绘画的著述的安提戈诺斯和克塞诺克拉特斯](《自然志》[*NH*]卷三十五 68),维拉莫维茨把"希皮斯克拉特斯"改为"克塞诺克拉特斯"(*Antigonos von Karystos*,页8,注3)。Gigante(*Diogene Laerzio*,页311)如法炮制,但这一观点具有默证(arguments from silence)(或在这种情况下接近于默证)所含的一切常见弱点。

② [译按]这段话中的三处"第187节"疑是"第188节"。

言,也是对第187-189节而言。因为如果说对芝诺《政制》的行引用(Line reference)是出自卡希俄斯,那么,对克律希珀斯著作的行引用很可能也是出于他,并且他一般都是用这种援引方式来引用克律希珀斯的原始文献。在关于克律希珀斯的那段引文中,伊希多若斯可能做出的唯一贡献是与他给出有关阿忒诺多若斯的文献信息这点相当的,这个贡献便是断言,对于克律希珀斯[8]声称要加以详解的那幅关于宙斯和赫拉的画,画论家们是毫不知晓的。

2

一个人在乍看之下便有可能打算摒弃或至少暂不相信《名哲言行录》卷七34中记载的关于阿忒诺多若斯的轶闻,其理由仅仅在于它是 ben trovato[精巧绝妙的]。事实上,这个故事和其他证据完全一致,并能使我们极好地理解《名哲言行录》卷七32-33中的哲学材料,因此我们应当承认它的要旨是真实的。

首先需要注意的是,伊希多若斯述说了两个历史阶段。第一,芝诺著作中的许多段落遭到了廊下派内部的批判。阿忒诺多若斯走得更远,竟然将它们清除出文本。第二,在阿忒诺多若斯所干之事被发现以后,这些成问题的段落就"被对立起来"(ἀντιτεθῆναι)。

1)谁将它们对立起来?2)何种对立?3)与什么相对立?1)伊希多若斯尚未提及卡希俄斯。因此,卡希俄斯显然是备选者,这点为如下信息即他是一名怀疑论者所证实。为了悬搁信念,皮浪主义怀疑论者(Pyrrhonian Sceptic)采用的方法是"把事物对立起来"(διὰ τῆς ἀντιθέσεως τῶν πραγμάτων,《皮浪主义述要》[PH]卷一31等处;参照《名哲言行录》卷九74-76,78)。2)如果第一个问题的分析是对的,那么"被对立起来"指的就是标准的皮浪主义技法。事实上,如果我们假设拉尔修期望读者能够领会某个专业术语,那么此处对 ἀντιτεθῆναι [被对立起来]这一表述的简练运用就会变得更好理解。基于前两个问题的分析,3)我们自然就会假定卡希俄斯把芝诺的那些段落与其他廊下派文本对立起来,从而制造出廊下派的自相矛盾,并表明特别是廊下派哲人必然会怀疑那些段落中的要旨。这自然是一种解读第 34 节的方式,而且如果我们认同第一个问题的分析,那么我们也需接受这种方式;尽管阿忒诺多若斯反对的是芝诺的哪些段落,或者他针对的是不是那些位于第 32-33 节中的段落,这两点都没有得到明确的说明。

因此,伊希多若斯暗示有两种相当不同的批判落在芝诺身上。廊下派自身发现《政制》中的某些段落[9]是该反对的。接着,怀疑论者卡希俄斯利用相同的段落来缔造出那反对廊下派悖论(antinomy)的一方。

其他相关的证据也利于证实此处所考察的这两种批判。

3

恰好有某些关于阿忒诺多若斯所处年代的证据。普鲁塔克(《小卡图》[*Cato minor*]10;参照《论哲人尤其应该与当权者交谈》[*de princ. philos.*] 777 A,斯特拉波《地理志》[Strabo]卷十四 5.14)有一个故事,讲的是小卡图在马其顿担任军事保民官期间(公元前 67—66 年),利用一次休假的机会造访了佩尔伽蒙的廊下派思想家"秃头佬"阿忒诺多若斯(Athenodorus Cordylion),后者当时已是一名老者。尽管阿忒诺多若斯以沉默寡言闻名,但据说二人相处融洽。这大概就是我们所说的阿忒诺多若斯。① 因此,他企图清算芝诺,这很可能是公元前一世纪早年的事情。

这一年份完美地符合我们的另一项主要证据,那便是后来的廊下派对早期廊下派著述感到不安,尤其是对芝诺的《政制》。这点得自于一本部分保留在两份赫库兰尼姆(Herculaneum)莎草纸上的著作:斐洛德谟斯的《论廊下派》(Philodemus' On the Stoics)。② 斐洛德谟斯确实很可能是西塞罗的同时代人,并且如同西塞罗,他的文学创作也很可能至少横跨了公元前一世纪第二个二十五年。《论廊下派》关注的是,廊下派试图为芝诺《政制》中粗鄙或看上去粗鄙的内容辩解:例如,它是一本有瑕疵的、幼稚的书,并不能反映芝诺真正的思想;它虽完全反映了芝诺真正的思想,但廊下派本质上想让自己被看作苏格拉底学派——他们之所以承认芝诺的权威只是因为他那关于生活目标($\tau\acute{\epsilon}\lambda o\varsigma$, goal)的学说,而非由于《政制》中的任何学说;以及《政制》中的教义是无可指摘的——尽管其中关于性交的论述需要加以解释。斐洛德谟斯在[10]某处提到了"某些与我们同时代的人"($\tau\iota\nu\epsilon\varsigma\ \tau\tilde{\omega}\nu\ \varkappa\alpha\vartheta'\ \dot{\eta}\mu\tilde{\alpha}\varsigma$,卷十五13),因此至少他攻击的某些廊下派论点是源于他自己所处的时代。这些"同时代的人"看上去是在试图反驳这样的指责,即芝诺的教义反映出他是一名犬儒主义者。他们采取的策略是否认第欧根尼(Diogenes)曾写

---

① 对此参见《保利古典学百科全书》卷二 2045,"阿忒诺多若斯"条目(18)。比较拉尔修某些手稿中所列的廊下派名单,可以假定《名哲言行录》第七卷遗失的部分讨论了这些人:对遗失部分的重构,例参 Gigante, *Diogene Laerzio*, p. cxvi,以及 L. Edelstein and I. G. Kidd, *Posidonius vol.* I(Cambridge 1972),T 66。

② 参见 W. Crönert 的原文辑录,*Kolotes und Menedemos*(Munich 1906),53 - 67。该书分别呈现了那两份莎草纸上的信息,就此而言它仍然是不可或缺的(赫库兰尼姆第 155 和 339 号莎草纸);另参见 T. Dorandi, "Filodemo, Gli Stoici (p. Herc. 155 e 339)", *Cron. Erc.* 12(1982)91 – 133。

过《政制》(Republic)一书①——从而(可以假定),他们否认芝诺借用过第欧根尼的某些学说(卷十五 14 以下;参照《名哲言行录》卷六 80,103)。②斐洛德谟斯所考察的廊下派为芝诺所作的其他辩护是否也来自那一时期,这点并不清楚。③

阿忒诺多若斯删除了《政制》的部分内容,那么他在这部分内容中发现了什么令人不安的东西? 当然,《名哲言行录》卷七 32 - 33 所列的学说清单首先符合卡希俄斯的攻击方式,而非阿忒诺多若斯的攻击方式;或者目前来看,这一假定是明智的。但不管怎样,关于那些学说中的什么东西被认为是有问题的,那段文本显然无法提供现成的答案。尽管如此,我们还是有充分的理由将那些学说同犬儒教义的相似性看作是问题的一般线索。这促使我们做出推测,④阿忒诺多若斯努力从芝诺书中根除的内容就是所有犬儒主义的痕迹,可以假定这是因为他认为犬儒主义是反律法主义的(antinomian)。如果是这样,那么阿忒诺多若斯的行为就可能会——至少是部分地——让斐洛德谟斯将其归于"某些与我们同时代的人"之列。

---

① [译按]此处的第欧根尼即犬儒第欧根尼。

② 斐洛德谟斯反对这一推论方式,理由主要是克勒昂忒斯(Cleanthes)和克律希珀斯提到了第欧根尼的《政制》(卷十五 16—卷十七结尾)。在我看来这是完全具有说服力的,而大部分现代学者也这样认为。最近对这个问题的概论,参见 G. Giannantoni,《苏格拉底与苏格拉底学派遗稿》(*Socraticorum Reliquiae*, Rome 1985),卷三,页 416 - 417;M. - O. Goulet-Cazé, *L'Ascêse Cynique* (Paris 1986),页 85 - 90。

③ 帕奈提俄斯(Panaetius)或其他某些廊下派哲人——可能是在诸如玫瑰岛的斯特拉托克勒斯(Stratocles of Rhodes)和推罗的阿波罗尼俄斯(Apollonius of Tyre)之后的那一代——被认为是斐洛德谟斯所瞄准的靶子:参见 Goulet-Cazé, *L'Ascêse Cynique*, p. 89。

④ 对此参见 Mansfeld, *Elenchos* 7(1986)297 - 382,页 334,346。

《名哲言行录》卷七 32 – 33 中的犬儒主义论点是这些：

（1）普通教育。在宣称普通教育之无用时，芝诺就置身于拉尔修的学述所归纳的犬儒阵营（卷六 103 – 104）。① 这是其中一个极好的问题，（根据我们已有的[11]证据）它关系到克律希珀斯对芝诺的反驳（卷七 129）。既然可以假定克律希珀斯的观点在其学派中盛行，后来的廊下派就有理由要求删除芝诺所作的，接受犬儒主义路数的段落。

（2）友爱和敌意。让我们假定友爱和敌意这个论题属于芝诺对圣贤所作的阐述之一，并且引起了阿忒诺多若斯和卡希俄斯的关注。当时有很多犬儒主义先驱也站在芝诺的立场，至少拉尔修呈现的犬儒主义者是如此。② 被狄俄克勒斯归于安提司

---

① 关于这点，参见 ibid. ，页 328 – 351；M. – O. Goulet-Cazé, "Un syllogisme Stoicien sur la loi dans la doxographie de Diogène le Cynique", RH. Mus. 125 (1982) 214 – 240，页 233 – 235。

② Mansfeld 业已证实，希腊化时期形成了"两种关于犬儒派和廊下派之间的延续性的不同观点，一种强调庄严的伦理（拉尔修更倾向于这种传统），另一种强调不道德的和猥亵的观念（拉尔修隐藏了这一传统［即，主要藏于《名哲言行录》卷七 32 – 34 和 187 – 189 中］）" (Elenchos 7 [1986] 346)。因此我们有可能会认为，阿忒诺多若斯不太可能会将芝诺有关朋友和敌人的看法与庄严的犬儒主义相关观点联系起来。难道完全是为了使人们尊重廊下派主义先驱，阿忒诺多若斯才构建这种庄严的犬儒观点? 难道它与要求删除廊下派学说要素并不相关? 但阿忒诺多若斯不见得会认为，像狄俄克勒斯笔下的安提司忒涅斯（Diocles' Antisthenes）这类人在某廊下派观点看来可以安全地通过审查。他有可能宁愿把安提司忒涅斯关于友爱和亲人的观点看作是与第欧根尼关于两性关系的看法一样，都是险恶的反律法主义——尽管前一种立场之所以被认为是错误的，有可能是因为其过于严厉，而后一种立场有可能是因为其主张过于宽松。记住这点是重要的，即在希腊化时期的君主制中，国王的朋友们有着巨大的影响力：例参 F. W. Walbank, "Monarchies and monarchic ideas", in The Cambridge Ancient History, 2nd edition, vol. VII. 1, ed. Walbank et al. (Cambridge 1984)，68 – 71。倘若采用安提司忒涅斯所提出的原则，任何法庭

忒涅斯①(他无疑是[12]《名哲言行录》第六卷中犬儒的原型)的那些箴言读起来就像是芝诺言论的先声(卷六 12):"道德上良善的人是朋友。同勇敢而正义的人结盟……同少数好人一起去反对所有坏人,要好过与许多坏人一起去反对少数好人……敬重正义的人要胜过敬重亲人……要将所有道德败坏的东西都视为当远离的东西。"就像后来的普鲁塔克,阿忒诺多若斯很有可能发现调和这种严苛的学说与有关οἰκείωσις[占有]的理论是困难的,特别是当二者都暗示父母和他们的子女之间的关系时。因为,那个理论宣称自然驱使父母去爱他们的子女——可以假定,这些子女有好有坏(例参西

都将无法幸存。事实上,希腊化时期的外交也将不能幸免,因为"友爱"的构建在当时的外交中起到了相当大的作用:E. Gruen, *The Hellenistic World and the Coming of Rome* I(Berkeley and Los Angeles, 1984), ch. 2。总之,反律法主义的道德观一般都是模棱两可的:"爱上帝和做你想做的事",这是一个极其严苛而又极其放纵的训令;最终我们不该过度地阐释 Mansfeld 将"庄严的"和"不道德的"对立起来的做法。

① 关于马格尼西亚(Magnesia)的狄俄克勒斯,可以进一步参见 J. Meyer, *Diogenes Laertius and his Hellemistic Background*(Wiesbaden 1978), 42 – 45。借助 E. Maass(*De Biographis Graecis Quoestiones Selectae*[Berlin 1880]8 – 23, 页 16 – 19)所给的一个高度推测性的,且事实上是不可靠的论据,狄俄克勒斯的生卒年份通常被认为是公元前一世纪早期。拉尔修在其关于廊下派逻辑学的记述中援引了狄俄克勒斯,然而,学者们对引文长度持有不同意见,这使得狄俄克勒斯的生卒年份问题进一步复杂起来(卷七 49 以下):例参 Mansfeld, *Elenchos* 7(1986)351 – 373。我本人倾向的观点是,只有第七卷第 49 – 53 节出自狄俄克勒斯。所以正如拉尔修记叙的,狄俄克勒斯没有提到任何一位克律希珀斯以后的哲人;并且,没有什么会阻碍他在公元前两百年左右进行文学活动。这样,我们可以毫无困难地假设阿忒诺多若斯知道他收集了安提司忒涅斯的格言(很可能是收集在狄俄克勒斯的《哲人传》[*Lives of the Philosophers*]中:对此参见 Mansfeld, *Elenchos* 7[1986]305, 注 13 – 14)。但作为佩尔伽蒙图书馆的管理员,阿忒诺多若斯当然可以亲自阅读包括安提司忒涅斯在内的犬儒派的原始文献。

塞罗《论至善与至恶》卷三 62;参照普鲁塔克《论廊下派的自相矛盾》[Stoic. rep.]1038 A – B)。

(3)女人共有。在某种意义上,犬儒第欧根尼已经宣称"女人应当共有,从而不承认婚姻的习俗,而是主张只要男人和女人说服了对方,①他们就能生活在一起(因此,他认为儿子也应当是共有的)"(《名哲言行录》卷六 72)。芝诺赞同这种观点,并且克律希珀斯在他自己的《论政制》中赞同芝诺的这一做法(《名哲言行录》卷七 131)。阿忒诺多若斯无疑希望更多地注意廊下派的另一种学说,即大多数情况下,圣贤在公共事务方面会参与到政治和社会生活中,在个人事务方面则会娶妻生子(《名哲言行录》卷七 121,司托拜俄斯《读本》[Stob.]卷二 109.10 – 20,《论至善与至恶》卷三 68):对于好人而言,恰当的(οἰκεῖον)做法是"下到/屈尊(συγκαταβαίνειν,[con]descend)结婚生子,既为己也为国"(《读本》卷二 94.13 – 15)。

(4)禁止建造公共建筑。关于这一项的讨论,我将延至(6)中进行。

(5)取消货币。在《名哲言行录》第六卷锡诺普(Sinope)人第欧根尼传中,某些关于其生平和学述的内容把"伪造货币"这句标语呈现为他[13]教义的要点(20 – 21,71)。并且,我们有独立的证据表明他的《政制》主张以距骨作为货币来使用(阿忒纳欧斯《欢宴上的智者》[Athen.]卷四 159 C,《论廊下派》卷十六 6 – 9 D)。货

---

① 我根据手稿读成 πεισάσῃ[进行说服的女人],但斯特方(Stephanus)依据第欧根尼所反对的关于性别歧视的传统意识形态而将其改成 πεισθείσῃ[被说服的女人];现代编者大多赞同斯特方。我不敢说自己要反对这种修正:参见 G. B. Donzelli, "Un´ideologia 'contestataria' del secolo IV A. C.", SIFC 42(1970) 225 – 251,页 227 注 2。

币暗喻一切习俗:所有这些习俗都该遭到忽视或蔑视,因为它们干扰了合乎自然的生活,限制了我们的自由(《名哲言行录》卷六71)。① 如果阿忒诺多若斯决定将那些犬儒主义内容作为反律法主义元素而移除出芝诺的《政制》,那么芝诺关于货币的学说就是首要的清除对象。

(6)关于服饰的规定。犬儒的鲜明标志在于他的服饰:他把对折了的斗篷作为他唯一的衣服,并只携带一根棍子和一个口袋(例如《名哲言行录》卷六 13)。芝诺关于统一男女着装的教导(参照《论廊下派》卷十九 12-14)呼应了希帕基娅(Hipparchia)著名的习惯,即像她丈夫克拉特斯(Crates)那样身披斗篷($\tau\rho\iota\beta\omega\nu$)(《名哲言行录》卷六 93,97)。全身上下都不遮盖(即在从事体育竞技的时候,《论廊下派》卷十九 17-22),这一戒令使我们想起第欧根尼据说可以"当众做任何事情"(《名哲言行录》卷六 69),尽管我们更容易想到的是柏拉图在《王制》中的相关描写(452 A-B,457 A-B)。那么,项(6)的情况就类似于(1)到(3)以及(5)的情况,阿忒诺多若斯删除了这些内容,看起来很可能是由于他想要清除任何有可能被视为犬儒教义的观点。这一结论使得我们猜想项(4)可以得到同样的解释,尽管我们没有明确的证据来表明犬儒派关于(4)中主题的看法。② 对神庙、法庭和体育场的废除打击了政治生活中通常所理解的核心制

---

① 我赞同某个在我看来是对第欧根尼之标语所作的现代流行的解读:例参 H. Diels,"Aus dem Leben des Cynikers Diogenes",*AGP* 7(1894)313-316; K. von Fritz, *Quellenuntersuchungen zu Leben und Philosophie des Diogenes von Sinope*(Leipzig 1926),页 19-20。现有一个对这整个话题的全面研究,参见 Giannantoni,《苏格拉底与苏格拉底学派遗稿》(Rome 1985),卷三,页 379-388。

② 《名哲言行录》卷六 73 中的学述表明,从神庙中偷东西在第欧根尼看来不是荒诞不经的事。然而,这点在一定程度上不具有芝诺彻底的激进主义色彩。

度。阿忒诺多若斯对芝诺这种反律法主义的提议感到紧张不安,这无疑酷似他对犬儒观点和实践的厌憎,而正如我已经论证的,这种厌憎必定造成了他对清单中其他所有条目的态度。

4

[14]卡希俄斯利用了阿忒诺多若斯引自芝诺的那些段落,为了处理好这点,我们就得首先抛开《名哲言行录》卷七 32–33 中的概述。我们发现其他地方中的某些摘引倒更像是真正出自卡希俄斯。在《皮浪主义述要》卷三 245–248 和《驳学问家》(M)卷十一 189–194 中,实际上有着次序相同、一字不差地引自芝诺和克律希珀斯的那些文段,恩披里柯在如下话题中引出了它们:"是否存在着生活的技艺?"(εἰ ἔστι τέχνη περὶ τὸν βίον,该表述引自《皮浪主义述要》)。这些段落并不具有典型的恩披里柯风格。这里他挖空心思地想要阐明的事实是,它们是逐字援引于芝诺和克律希珀斯的某些著作,因为《皮浪主义述要》这整本书中很少有明确公开的引用,并且《驳学问家》中的其他地方也没有以这种方式来引用廊下派和伊壁鸠鲁派(Epicureans)(尽管像《驳学问家》第七卷那一著名的有关德谟克里特[Democritus]和真理标准的部分利用了这种方式)。我们由此自然推出,恩披里柯只是重现了从一本原始文献中引来的某些材料,而该文献的撰写方式并不具有他本人所持的一贯风格。

恩披里柯引用的条目如下:

① 一段出自芝诺《清谈录》的摘录,论述的是某人与其男

伴(boy-friend)进行性交。在《驳学问家》第十一卷而非《皮浪主义述要》第三卷中,这段摘录之后还有一段论述同样话题的摘录,可以假定它也是出自《清谈录》。①

② 一段出自芝诺某本不知其名的著作的摘录,(诚如恩披里柯所表明的)其大意是俄狄浦斯(Oedipus)同他的母亲伊俄卡斯忒(Jocasta)发生性关系并不是什么可怕的事情。

③ 一段出自克律希珀斯《政制》的摘录,论述的是乱伦。

④ 一段出自克律希珀斯《论正义》的引文,用来证明廊下派主张吃人——"不仅吃死人[正如《驳学问家》第十一卷所表明的],要是自己身体的一部分碰巧被切下,那么还吃我们自己的肉"。

⑤ 其中最长的引文出自克律希珀斯《论恰当行为》(On Appropriate Action),讨论了父母的葬礼,并暗示用他们的肉——以及我们自己的肢体,如果它们被切断了——做食物,只要这肉是可以食用的。

[15] 这些条目在相当程度上和那份廊下派学说清单有关联,而根据拉尔修的说法,后者遭到了猛烈的批判。这里的①对应《名哲言行录》第七卷所列清单中的(7),③对应(9),④对应(10)。由于⑤涉及的论证和④完全一样,那么至于拉尔修没有提到它,这几乎不是什么重大的忽略。须注意,两份清单以同样的次序给出它们的材料,只是拉尔修将(8)插入(7)和(9)之间,并忽视了②,才扰乱了这种相同的顺序。还须注意,根据我们的论证,恩披里柯的清单涵

---

① Loeb 版译者不承认这里所给出的书名(《皮浪主义述要》卷三 245,《驳学问家》卷十一 190): Διατριβαί,《清谈录》,即《名哲言行录》卷七 34 提到的那本著作。

盖了卡希俄斯分两部分组成的清单,因此我们确信后者原本只是单独的一份清单。①

恩披里柯在《驳学问家》卷十一 189 的导论中明确说,有一个组织原则支配着他的清单:

> 例如,廊下派说了很多关于子女的教育、父母所应受的敬重以及对逝者的虔敬的话,所以我们应该选取这每个主题之下的一些话,并给出例证,以便得出我们的论点。

①关注的是对某人的 $παιδικά$——即此人所"爱着"的少男——的态度,从而为廊下派的教育观提供了实例;②和③例证了对父母的尊重;而④和⑤则例证了对逝者的虔敬。《皮浪主义述要》和《驳学问家》所作的记述都暗示了这便是那些实例所证明的内容,正如其本身所表明的。

如果我们现在回到《名哲言行录》卷七 32–33,一个惊人的事实便马上变得显而易见。芝诺学说清单中的观点(1)显然处理教育问题,而观点(2)必定处理的是父母子女问题。因此,在由拉尔修的两段文字构成的复合清单中,至少有两项条目即(1)和(7)[= ①]处理或被用来处理教育问题,同时还有两项条目处理或被用来处理父母子女的问题,它们是(2)和(9)[= ③](当然还要加上恩披里柯清单中的②)。

接着回忆下我们在第 2 节中做出的结论:关于那些摘自芝诺《政制》的令廊下派感到不安的段落,卡希俄斯对其采取的方式是把它们与其他廊下派文本对立起来。(7)[= ①]对立于(1),而(9)[= ③]加上②则对立于(2),这一阐释可能合理吗?当然对于父母和子女关

---

① 对此参见 Mansfeld, *Elenchos* 7(1986)页 346 注 105。

系的这种情况,我们[16]有理由做出肯定的回答。① 因为,如果《政制》暗示了父母和子女必定是相互仇视的(除非所涉及的人都是圣贤),则芝诺接受俄狄浦斯和伊俄卡斯忒间的乱伦,克律希珀斯在《论政制》中赞同父母和子女间的性行为,这两点似乎走向了另一个极端。

(2)和(9)之间存有对立关系的可能性促使我们更系统地思考《政制》中的学说(《名哲言行录》卷七 32 – 33)与有关芝诺和克律希珀斯的其他材料(在拉尔修所作的文段中以及在恩披里柯那里)之间的关系。可以轻易地构建出来一份有关对应关系的表格:

	《政制》	其他廊下派文本
教育	(1)	(7)[= ①],(8)
父母/子女	(2)	(9)[= ③],②
共妻	(3)	—
虔敬	(4)	(10)[= ④],⑤
钱币	(5)	(11)
服装	(6)	—

(5)和(11)之间明显存在着某种可能的对立关系:芝诺是如此反感私有物以致他彻底取消了钱币,然而克律希珀斯却致力于圣贤该如何获取金钱和财物这样的问题。至于(4)和(10),公允地讲:它们之间的某种矛盾感几乎是可以避免的,但也不是难以想象的。就目前来看,(4)显然不像是特别针对宗教。但看起来很可能的

---

① 显然廊下派能够轻易地表明,根据他们的原则,这点并非是自相矛盾的,其原因是谈论中性事物必定不同于谈论善或恶的事物。他们可以同样轻易地反驳普鲁塔克在《论廊下派的自相矛盾》(例如 18. 1042 A 以下,30. 1047 E 以下)和《反驳廊下派的一般观念》(*Comm. not.*)中指出的许多自相矛盾之处,以及诸如此类的指控。

是,用来阐释观点(4)的摘自芝诺的段落保留在普鲁塔克和许多基督教作家那里(参照《早期廊下派辑语》卷一 264-265)。我们很少看到有文本援引芝诺的 ipsissima verba[原文],不过克雷芒对神庙的看法明显一字不差地引自《政制》(《杂缀集》[Strom.]卷五 12,76)。假定他的源头是卡希俄斯(直接地或间接地),这似乎是有利的。可惜,克雷芒的引文被篡改了,就像 Cherniss 在翻译普鲁塔克的(相关)说法时指出的(《论廊下派的自相矛盾》1034 B)。至于 Cherniss 的译文,即使没有紧扣原文,至少也准确地捕捉到了大意:

> 而且,芝诺主张说不该修建供奉诸神的庙宇,因为庙宇没多大价值,也不是神圣的,修建者或体力劳动者的任何工作都没多大价值。

既然这份资料最终出自芝诺,那么卡希俄斯很有可能已经论证过,芝诺在《政制》中表明自己在虔敬问题上是一名极端的纯化论者(purist),而克律希珀斯在《论正义》和《论恰当行为》中却就这个问题表现得肆无忌惮。结果是,假定(1)同(7)、(8)之间存有某种类似的对立性,这无论如何都符合我们已经给出的关于其他对应关系的阐述。卡希俄斯有可能会说:芝诺在《政制》中傲慢地拒绝传统教育,认为它是无效的;但他在《清谈录》中几乎没有关注教育,以至于他建议诱使一个人的学生堕落,而克律希珀斯不仅复兴了荷马(Homer)和赫西俄德(Hesiod)(常规课程中的主题人物),还亲自参与了某些猥亵的神话创作活动。[由于恩披里柯没有提到(8),我们就只能猜测卡希俄斯在其关于教育的那节中讨论过它。它位于(7)和(9)之间,这暗示了这种假设是成立的;并且它对教育的关注似乎不逊于(7)。]为何(3)和(6)没有对应者?各种可能的解释浮现脑海。但卡希俄斯的策略——我们已经重构了它——在于,将《政制》描述为道德高尚的,以与其他廊下派文本中所暴露出的毫无限制的自我放纵和道德平庸形成对比。《政制》中关于女人和服饰的规定不是非常符合这一对比系统,因此我推测,卡希俄斯并没有打算寻找它们的对应者。

卡希俄斯以一种能够揭示出一系列自相矛盾的对照形式,最早给出了《名哲言行录》卷七 32-33 和 187-188 中的廊下派[18]材料;这一假说初闻起来有可能显得过于冒险。但我们所做的也不过是利用恩披里柯的文本和相关材料,来对我们已经在第 2 节中给出的卡希俄斯的策略进行具体阐释。特别是,我们已经看到这个假说如何阐明了某种形式结构,这一结构很好地协调了拉尔修及恩披里柯所讨论的各项廊下派学说与这些学说的呈现顺序之间的关系。我们还可以说,它使我们能够理解此二人相关文本的特征,否则这些特征仍将是神秘难解的。因此,一个人难以勉强通过恩披里柯来解释,为何芝诺《清谈录》中有关和男伴发生性行为的材料应当作为对廊下派教育观的说明而提出来。但那个假说能够解释为,卡希俄斯需要廊下派的这些文段,因为它们几乎都可以合理地反对《政制》中明确提出的教育学说。同理,《名哲言行录》卷七 187-188 中令人难以理解的是,克律希珀斯的一系列文段明显会因其道德败坏而遭到批判,可在这之后,文本为何还包含了(11)这个有关谋生的段落:一个显然与前面的论述完全无关的话题。同样地,那个假说能够表明,卡希俄斯需要利用廊下派这段材料来反对《政制》所含的钱币观。

值得对《名哲言行录》卷七 189 中(11)所作的论述进行细致的探讨,因为在拉尔修或恩披里柯的文本中,几乎只有它保留了卡希俄斯的论证。尽管拉尔修在第七卷中不习惯从原来的廊下派作者那里逐字引用大段的散文性文字,同时,没有明显的乃至任何迹象表明他在第 189 节中违背了自己的习惯;也尽管赫叙基俄斯为《名人传》的最后一章誊写这个段落时,他视其为一种针对克律希珀斯的反对意见,然而,编者们还是奇怪地假定第 189 节是一段出自克律希珀斯的引文,而不是一项针对他的反对意见。① 我认为它[19]明显是在批评克律希珀斯那得到文本充分佐证的学说,这个学说便是智者有三种更可取的(preferred)获取财产的途径:通过王权,通过政治社会特别是他的政界友人,以及通过哲学。② 对此存在着两种反对意见。其一,如果某人是一位圣贤,那么根据廊下派自定的

---

① Loeb 版和 OCT 版将这个段落看作是一段引文。von Arnim(《早期廊下派辑语》卷三 685)和 Gigante 要更谨慎些,但他们认为它至少是对克律希珀斯所给的两个论点的概述。另一方面,赫叙基俄斯说有些人批评克律希珀斯,因为克律希珀斯说我们应该考虑圣贤如何谋生的问题;随后赫叙基俄斯继续道:Φασὶ γάρ· τίνος χάριν ποριστέον αὐτῷ;("因为他们说:他为何要谋生?"《名人传》78)。

② 参照《读本》卷二 109.10 以下 =《早期廊下派辑语》卷三 686;《论廊下派的自相矛盾》1043 E =《早期廊下派辑语》卷三 693。W. W. Tarn("Alexander, Cynics and Stoics", *AJP* 60[1939]41 – 70,页 60 – 61)认为克律希珀斯对这一学说的拥护是"极尽讽刺的",因为"在廊下派看来廊下派的 σοφός[智者或圣贤]不该想着去赚钱"。但根据廊下派的某种学说(《名哲言行录》卷七 106)——其基本观点可追溯至芝诺(《读本》卷二 84.18 以下),财富和生存是"更可取的"事物。这无疑解释了,为何圣贤除了其他所有特点外,还要是一名 χρηματιστικός 或谋财行家:唯一真正的 χρηματιστικός(95.10,14 – 23)。Tarn 认为《读本》卷二 109.10 以下内容(无疑还有 95.10,14 – 23)是后来廊下派在企图缓解早期廊下派的出世性,他还认为普鲁塔克忽视了克律希珀斯说法中的讽刺意味。这一阐释并非只是忽视了什么是更可取之物这样的学说,并且还依赖如下主张:克律希珀斯用 σοφιστεύειν 来指代靠哲学谋生(例参《读本》卷二 109.20 以下,《论廊下派的自相矛盾》1047 F),而这有力地揭示出他蔑视所有赚钱之事。但这一主张是错误的,因为司托拜俄斯的文本表明,关于 σοφιστεύειν 是否具有这种含义,廊下派内部恰恰存有争议。Tarn 最终还凭靠了我们的文本《名哲言行录》卷七 189,他理所当然地认为该文本是在解释克律希珀斯的观点,而不是针对克律希珀斯的反对意见。Tarn 的讨论之所以非常值得我们参考,仅仅是因为它清楚有力地表达出像他那样的编者们诠释这段文本时所怀的哲学动机。

前提,他钻营谋生就是毫无意义的行为:生存或快乐——常人所追求的事物——在他眼里是中性的;而德性这种他真正视为善的东西,其本身便足以使人幸福(金钱或果腹并不是他要考虑的对象)。其二,所有那些在克律希珀斯看来是更可取的谋生途径,都是荒唐可笑的:如果一个人像廊下派那样持有崇高的道德观,那么可以假定他通过那三种途径来谋生就是荒唐可笑的,因为在任何一种情况下,这位圣贤都要表现得像是崇尚唯利是图或奴性十足。这第二个论证一旦确立,我们就被告知:"这些就是被提出来的各种反对意见。"这句话不单是指对方才提出的那些指向克律希珀斯谋生学说的反对意见,但肯定也包括上述观点。还有,为何拉尔修要具体给出反对克律希珀斯的这一学说的论点,一项特别的原因是:任何人都能从克律希珀斯关于乱伦和吃死人的学说中发现令人反感的地方,然而圣贤的谋生行为[20]所具有的不当之处仍需解释——这种解释最终关系到对廊下派自相矛盾之处的指控。

5

我们在本章第 2 节中看到伊希多若斯叙述的故事意味着,首先是廊下派批判芝诺《政制》中的某些段落,继而怀疑论者利用同样的段落来证明廊下派的自相矛盾。第 3 和 4 节对拉尔修和恩披里柯相关文本的省察证实了这部分叙事。伊希多若斯进而宣称,"在阿忒诺多若斯被捕并受到指控以后",《政制》中的某些段落"就被对立起来了"。这暗示道,卡希俄斯的批评呼应了同时代的廊下派对《政制》所感到的不安。我们该认同这一暗示吗?

我们在第 4 节中做出了与卡希俄斯使用的技法有关的陈述,肯定与此相符的是,我们假定他是在论证:(1)廊下派不能拒绝芝诺的《政制》,因为克律希珀斯本人证实它是芝诺的著作;(2)《政制》中那些廊下派所感到不安的学说事实上易遭到反对;(3)但在其他廊下派主义文本中,我们还能看到一些相反的学说,而这些学说依然会引起异议;(4)那么为什么要删剪《政制》,就像阿忒诺多若斯试图做的那样?通盘考虑(2)和(3),结果自然是暂不做出判断。我们不能假定,卡希俄斯的论证事实上恰如我们所认为的那样。但如果其批判所携带的螫刺能够触及这样的事实,即《政制》中那些他所关注的段落令他同时代的廊下派本身感到尴尬,那么,这根螫刺就会变得更加锐利。

因此,认为卡希俄斯与阿忒诺多若斯是同时代的,这种看法有其吸引力。① 显然,公元前一世纪上半叶是关于芝诺《政制》的争论的巅峰时期。炮声从远及佩尔伽蒙和赫库兰尼姆的地方齐鸣。如果说人们在时机成熟时,便开始利用阿忒诺多若斯[21]败露的对文献所犯的罪行,那么这一时机是在罪行败露后不久——在整个删书事件仅仅成了一段轶闻前,在争论和焦虑开始淡化前。并且,由此促成了卡希俄斯的行为,也促使斐洛德谟斯及其廊下派对手著书立说。②

---

① M. Dal Pra, *Lo Scetticismo Greco*(Rome-Bari 1975[2nd edn.]),pp. 456 – 457,推测出卡希俄斯是尼科美地亚的美诺多托斯(Menodotus of Nicomedia,Pra 认为此人所处的时期是公元二世纪上半叶)的同时代人,可以假定,其理由是伽伦在关于美诺多托斯的上下文中提到了他,这有可能但并不必然意味着伽伦反对卡希俄斯已提出的一些观点(《经验派讲疏》[*Subfig. emp.*],页 49.26 – 50.1 D)。

② 我不想揣测伊希多若斯的生卒年份,《保利古典学百科全书》卷九 2064 认为他是和西塞罗同一时期的(可以假定这里信从了维拉莫维茨的说法,参见 *Epistula ad Maass*[Berlin 1880],页 161),其薄弱的根据是,卢普斯(Rutilius Lupus)在给西塞罗同时代人雅典的高尔吉亚(Gorgias of Athens)的修辞术论著作摘要时,曾提到一个名叫伊希多若斯的人(卢普斯 卷二 16)。

卡希俄斯是一名皮浪主义者：这有可能是《名哲言行录》卷七32中"怀疑论者"这个称号的唯一含义。极为可能的是，伽伦在《经验派讲疏》(4,页49.29以下 D)中证实了这点，因为在那里我们被告知，皮浪主义者卡希俄斯认为经验派医生在做诊断时甚至没有利用同类事物间的转变原则。卡希俄斯是否可能这么早就遵奉皮浪主义？当然可能。埃涅希德谟斯(Aenesidemus)就在那时脱离新学园(the new Academy)而成为皮浪主义的复兴者。[1] 一个合意的想法是，我们找到了卡希俄斯的一名早期追随者，并且也许还真是卡希俄斯的战友。

---

[1] 例参 Pra, *Lo Scetticismo Greco*, 页 351 – 354；Glucker, *Antiochus and the Late Academy*, 页 116 – 118。

二 爱欲的城邦

1

[22]芝诺《政制》中首要的政治建议是什么？读过拉尔修在《名哲言行录》卷七 32 – 33 中的记叙的人也许会想到三种可能的解读：

(a)反律法主义。芝诺没有呈现或没有打算呈现任何一种积极的政治理想。他所给出的提议，其精神完全是批判性的和反律法主义的。①

(b)修正主义(Revisionism)。芝诺事实上表达了一种积极的理想：一个由圣贤组成的共同体。但这种理想代表了一种彻底修正过的共同体观念，因为它想象的是一个仅由那些智慧且良善的人所组成的社会。不管他们在世上的哪个地方，单凭他们是一群以智慧与良善为特征的人，他们就属于这个共同体，

---

① 比如 M. I. Finley 就持有这种观点，参见"Utopianism Ancient and Modern", in *The Use and Abuse of History*(London 1975)，页188。

并且还可以使它成为一个社会。①

(c)共产主义(Communism)。这个理想在于构想一个通常意义上的共同体,即由于偶然的因素如物理位置接近和相互熟识(以及其他因素),一群人被组织起来。在某种意义上,它的成员应包括儿童、青少年和成熟的成年人。芝诺的共同体之所以是理想的,是因为该共同体中公民的政治德性使它实现和谐(concord),反过来,共产主义的政治制度又提高了这种和谐的程度。②

[23]我将简单地评述这些选项以及它们在哲学上的关联。

第一种解读受到芝诺观点(卷七 32 - 33)和犬儒教义之间的亲缘关系的启示。本着第欧根尼的"伪造货币"这句著名标语的精神,卡希俄斯的清单上列出的所有条目都能被理解成是纯粹反律法主义的,因为它们都能被视为对 polis[城邦]现存制度和习俗的根本性批判。命题(2)③,即只有好人才是公民、朋友等,没有明确涉及习俗或制度。但根据芝诺那吊诡的发现,公民权、友爱等共同具备的特点是,它们都是道德上的良善的后果(反之,它们的对立面则是道德上的良善缺失的后果)。第一种解读认为这种道德无关乎社会和 polis[城邦],而只涉及道德德性。这本身不是一种反律法主义的诫命,但芝诺的其他观点所具有的反律法主义

---

① A. Erskine, *The Hellenistic Stoa* (London 1990),页 18 - 27;参照 A. - J. Voelke, *Les Rapports avec autrui dans la philosophie grecque* (Paris 1961),页 123 ff. 。

② 关于这一阐释的最好陈述出自 Baldry, *JHS* 79(1959)3 - 15——这是一篇让我受益匪浅的佳作。

③ 即本书原文第[3]页引文中的命题(2)。——编者注

是它的一个自然结果。因为要是只有道德德性才是真正重要的，那么polis[城邦]的习俗就是无关紧要的。但人们对那些习俗的默从可以使自己相信习俗的重要性，因此这种默从应当受到积极乃至夸张的遏止。在这种情况下，无怪乎人们会戏谑说《政制》是"写在狗尾巴上"的（卷七4）。事实上，芝诺曾是第欧根尼的学生克拉特斯的门徒。根据第一种解读，《政制》教导了一种与《名哲言行录》卷六85处的一首诗所含的教诲完全一致的反政治学说，在那首诗里，克拉特斯将理想城邦装进哲人的袋子（喻义为自足的德性）中。

实际上，第二种解读与第一种解读没有太大不同。二者唯一的不同之处在于对命题（2）的理解：只有好人才是公民、朋友、亲戚、自由人等。第二种解读没有质疑这里芝诺在某种意义上是把公民权、友爱等看作道德上的良善之作用结果。但事实上我们仍然不清楚，芝诺做出这个论断是因为公民权、友爱等概念要根据道德上的良善来分析和定义，还是因为只有道德上的良善，才能真正使得根据某些本身与道德上的良善无关的术语而做出的定义变得完满。然而不管怎样，芝诺极不可能在修正公民权、友爱等概念的时候，完全抛开其任何可被认识的社会或政治维度。为了搞清楚这种维度是什么，从而搞清楚他关于社会的建设性愿景是什么，对第二种解读的理解就需要另寻他法。一种可能的方法是[24]利用普鲁塔克的某个著名文段（《论亚历山大大帝的运气与德性》[de Alex. virt.] 329 A – B），在那里他断言芝诺在《政制》中建议我们"把所有人都视为民众成员和公民同胞"，还建议我们假定这里的"人"是指"好人"或"圣贤"（或者说，"人"替代了芝诺原文中的"好人"或"圣贤"）。在本书的附录一中，我会讨论这个文本作为对《政制》中引用的证据方面的可疑价值。另一种可能的方法——替代的或补充以上理解的——是借助后来的廊下派传统,因为我们可以设想这种传统很可能反映了该学派解读《政制》时所遵循的方式。一个人马上会想到某个事实上得到各种形式表述的著名学说,那便是,宇宙(universe)本身是唯一真正的城邦(例如《杂缀集》卷四26,《早期廊下派辑语》卷三 327):

> 廊下派说宇宙(οὐρανός)在确切的意义上是一个城邦,但地上的那些城邦却不是——它们被称作城邦,但事实上并不是城邦。因为城邦或民族(δῆμος)是道德上良善的(σπουδαῖον)事物;也是人们(ἀνθρώπων)组成的组织结构或群体,受展示文雅的(ἀστεῖον)法律规制。

那么,第二种解读就把关于真实城邦的学说应用到命题(2)①上,并推论道,在芝诺看来,道德上良善的人或智慧的人组成了一个共同体,不管他们中的任何人碰巧生活在宇宙何方——只要他是良善的和智慧的。因此,这就成功地结合了两种解读的优势:《名哲言行录》卷七 32-33 中关于《政制》的大部分内容进行犬儒式反律法主义解读所带来的优势,以及上述解读(b)中暗示的共同体观进行的虽是修正主义的,却是积极的阐释所带来的优势。只是我们还需进一步解释,良善而智慧的人所身属的[集体]如何或为何算是一个共同体或城邦。可以假定,克雷芒记叙中的最后两个从句给出了克律希珀斯或其继承者的努力方向,即准确描述芝诺所没有给出的城邦概念。

接下来出现的问题是:芝诺的《政制》处在什么样的背景之中?

---

① 即本书原文第[3]页引文中的命题(2)。——编者注

支持第三种解读的人论证道,正确的答案不能从芝诺的某些同时代人和继承者那里寻找,因为他们过于纠缠《政制》的犬儒特征;也不能从后来的廊下派主义中寻找,因为它无疑倾向于把自己所专注的观点解读成那位学派创建者简练的,有时甚至晦涩的主张。任何写过名为 Republic 的著作[25]的希腊哲人都是在与柏拉图那部伟大著作较劲。① 第三种解读推论道,我们由此可以假定芝诺一直在努力像柏拉图那样,论证一个 polis[城邦]——通常所理解的 polis[城邦]——如何通过改革或重建以实现某种或某些他们所珍视的目标。

在这一章中我将论证第三种解读是正确的。我的论证将频繁地利用芝诺的观点在柏拉图著作尤其是《王制》中的原型。《名哲言行录》卷七 32－33 所列的某些规定自然会被阐释成是在重复柏拉图共产主义规划的组成要素,或是在进一步推进柏拉图本人的共产主义规划。关键性的命题(3)②,即共妻制就是如此。赤裸身体[参见命题(6):可以假定是在进行公共性的体育运动时]③也是柏拉图的安排的显著特征,④还有关于男女皆宜的着装的规定[还是命题(6):可以假定针对的是日常生活而非体育锻炼]亦如此。另

---

① 尤其当名为 Republic 的书是作者的首部作品时,情况就更是如此。根据《名哲言行录》卷七 4 和斐洛德谟斯《论廊下派》卷九 1－15,芝诺的《政制》通常被认为是其最早的著作。然而对《名哲言行录》卷七 4 和《论廊下派》卷九 1－15 的杰出分析表明,参见 Erskine, *The Hellenistic Stoa*, 页 9－15, 尽管它们都暗示了《政制》是芝诺年轻时写成的,但这是围绕着这本著作各种争论(参见我们在本书第一章中的考察)的结果,因此作为历史证据而言是毫无价值的。
② 即本书原文第[4]页引文中命题(3),下同。——编者注
③ 参照《论廊下派》卷十九 17－22。
④ 《王制》452 A－B, 457 A－B。

一方面,命题(5),即禁用货币,呼应了柏拉图的某些原话——虽只为反对他——不过他们之间的分歧更多是表面上的,而不是实际上的,因为柏拉图的那些话是出现在讨论最初的城邦("猪的城邦")的时候,而护卫者显然被禁止使用钱币。① 其他一些比较和对比要更具推测性:例如(2),即只有好人才是公民和朋友这一命题,看起来有可能暗示了柏拉图笔下的阶级体系是不可构想的。人们显然会认为芝诺给出这种观点是意料之中的,如果他们认为那本著作看起来完全可能是他"为回应柏拉图的《王制》而写的"(《论廊下派的自相矛盾》1034 F)。

相比所有这些制度上的规定,更重要的是:引入这些规定是出于什么目的。这是本章将要关注的问题。我们将会看到,就像柏拉图,芝诺不是根据个人伦理来构想这个目的的,而是认为它表达了某种特殊的政治理想:事实上,这个政治[26]理想也是柏拉图在《王制》和其他地方中所向往的——即通常意义上理解的友爱与和谐。芝诺有别于柏拉图的地方主要是,他赋予欲爱(erotic love)以实现城邦的和谐统一的作用。

2

有两项证据有力地支持了对芝诺《政制》所作的第三种解读,这一解读认为该书是在提出一种共产主义理想,而这种理想在类型上和柏拉图所倡导的理想一致。第一项证据是一份关于整个廊下派的记叙,其中详述了卡希俄斯所列清单中的命题(3)(《名哲言行

---

① 同上注,371 B,416 E – 417 B。

录》卷七 131):

> 他们认为在智者中间女人应当共有,因此任何男人都可以与任何女人发生性关系,芝诺在《政制》中和克律希珀斯在《论政制》中都是这么说的(而且犬儒第欧根尼和柏拉图也这么主张)。① 那样一来,我们会对所有的孩子怀有同样的父爱,并且由通奸而来的各种嫉恨都将不再出现。

这段文本清晰地想象出一个共同体,其成员彼此相识,且近乎亲密无间地生活在一起。② 显然,这段文本中廊下派首先要关注的是和谐。我们不可能弄明白其中有多少话是芝诺说的,有多少话是克律希珀斯说的。但无论如何,克律希珀斯很可能一直在阐释芝诺,特别是如果说《论政制》是被用来解释并为芝诺的《政制》辩护的话。③ 克律希珀斯的权威[27]至少让我们有了间接的理由,将第

---

① 编者们通常认为括号中的那句话是窜入的,这个判断在我看来是正确的。那句话没有真正完成自己的 laudatio[赞词],因为它没有给出所有相关的书名。一般说来,《名哲言行录》第七卷关于廊下派的学述很少提到其所讨论主题的非廊下派观点(如果我们不考虑第 127 节这个唯一例外,但有争议的文段)。

② 在 Erskine, *The Hellenistic Stoa*,页 21 中持有不同的看法。但他没有解释,如果情况并非这样,那么女人应当共有的规定又有何意;并且对嫉恨的关注暗示,即使芝诺没有假设彼此相识是其城邦的普遍特征,他还是会对彼此相识所产生的结果怀有足够的兴趣,从而思考使这些结果得以完善的方式(这种阐释自然也适用于他关于服装的规定,《名哲言行录》卷七 33)。

③ 《论政制》显然曾宣称《政制》确实是芝诺所作——或者至少可以说《论政制》提到了这本著作,而这点可以为那些围绕这本著作而争论的人所用(《名哲言行录》卷七 34)。其他出自克律希珀斯《论政制》的段落仅仅是重复了芝诺《政制》中的论题(《名哲言行录》卷七 131:关于女人共有),或重复了很

三种解读作为正确的选项。

第二项证据来自阿忒纳欧斯的《欢宴上的智者》第十三卷。在561 A 处，讨论转向爱欲(ἔρως)这个主题。我们被告知，对此"已有许多哲学言述(λόγοι)"，包括阿忒纳欧斯从品达(Pindar)和"舞台上的哲人"欧里庇得斯(Euripides)那里援引的话。文本接着提到了芝诺(561 C)：

> 珀提阿诺斯(Pontianus)[主人公之一]说，基提翁的芝诺把爱欲看作一位神，而该神所带来的不外乎是友爱和自由，再就是和谐。这就解释了为何他在《政制》中说爱欲是一位神，并作为襄助者来促进城邦的安全。

那些论述廊下派伦理学的古代或现代作家很少会大谈廊下派所认为的ἔρως，即欲爱或热爱(passionate love)；并且，廊下派的圣贤通常被看作不受激情左右，而是在理性的教导下做所有事情。因此，这里说爱欲在芝诺《政制》中具有突出作用是出人意料的，从而使人怀疑阿忒纳欧斯的可信度。但就像阿忒纳欧斯书中成千上万的类似例子，通过珀提阿诺斯之口说出的关于芝诺的那个信息似乎在本质上（若不是在

可能属于芝诺《政制》的论题(《名哲言行录》卷七 188，《驳学问家》卷十一 192 =《皮浪主义要》卷三 246[指出了芝诺的相关论述]：关于乱伦)，又或明显本着芝诺这部著作的精神而论证了一种显然属于犬儒派的朴素道德观(《论廊下派的自相矛盾》1044 B - E：关于快乐和生活必需品；《论廊下派》卷十五 31—卷十六 1：关于武器的无用性)。事实上，所有这些都是犬儒派关注的话题：这诱使我们猜测，克律希珀斯是在谨慎地重申芝诺《政制》中的某种或某些犬儒主义线索——尽管进一步思索他这样做的论战性目的是无益的。他显然是不懈地提起第欧根尼："他赞扬第欧根尼，因为后者当众手淫，并对那些在场的人说'但愿我还能用这种方式来把饥饿从我的胃中赶出去'。"(《论廊下派的自相矛盾》1044 B)。

每个细节上)是一份相当好的学述。它不仅符合与芝诺和早期廊下派所持的观点有关的其他信息,更概括地说,它还符合与早期廊下派作家对欲爱有着强烈兴趣相关的证据。并且无论如何,我们都应该对如下的可能性持开放态度:芝诺的道德理论和政治理论具有某种独特性,同时还与柏拉图和亚里士多德的思想有着某种[28]亲缘关系。但在随后几代人中,廊下派哲学的系统发展或许消除了这种可能。

拉尔修对廊下派在爱欲领域文学活动的记叙值得关注。最早的廊下派哲人通常都不是多产的作家,相比他们同时代的伊壁鸠鲁(Epicurus)、忒俄弗拉斯托斯(Theophrastus)和斯特拉托(Strato)等人。然而,他们中的所有重要人物都论述过欲爱。《名哲言行录》卷七33 提到了芝诺的《爱欲的艺术》,并告诉我们他的《清谈录》含有类似的题材。其他相关书目有:佩赛俄斯的《论诸种爱欲》(Persaeus, *On Loves*,卷七 36);阿里斯通的《爱欲清谈录》(Ariston, *Erotic conversations*,卷七 163);克勒昂忒斯的《论爱欲和爱欲的艺术》(*On Love and Art of Love*,卷七 175;但克勒昂忒斯是相当多产的作家);最后是非常年轻的斯菲若斯的《爱欲对话》(Sphaerus, *Dialogues on Love*,卷七 178)。同时,克律希珀斯恢弘的著作集中至少有两本是关于这个主题的:《论爱欲》(*On Love*,卷七 129)和《爱欲书简》(*Letters on Love*,克雷芒《罗马传道书》[*Rom. homil.*]卷五 18,《早期廊下派辑语》卷二 1072)。芝诺最早一批学伴很可能着力于这个话题,是因为爱欲这个话题特别能吸引这些人的关注,而不是因为正统要求他们这样做(比如说,阿里斯通就不承认芝诺所立的正统)。① 我们非

---

① 关于这点,参见 A. M. Ioppolo, *Aristone di Chio e lo stoicismo antico* (Rome 1980),以及我的书评,"Ariston of Chios and the unity of virtue", *Ancient Philosophy* 4(1984)83 – 96。

常倾向于断言,就像阿忒纳欧斯的证言暗示,爱欲事实上是芝诺《政制》的突出论题;同时还容易猜测,它在这本书中的突出地位极大地推动了廊下派对这个主题的共同热望。

3

阿忒纳欧斯的那段文本暗示欲爱(erotic love)在芝诺的 polis[城邦]观念中占有核心的地位。① 为了明白其中的原委,我们必须考察芝诺关于爱欲的基本学说。这一学说也阐发在《政制》中(《名哲言行录》卷七 129):

> 智者爱那样一些年轻人,他们从外表上就表征出朝向德性的自然禀赋,芝诺在《政制》中,克律希珀斯在《论诸种生活》(*On Lives*)的第一卷中,以及阿波罗多若斯(Apollodorus)在其《伦理学》(*Ethics*)中都是这么说的。

我把我对这段文本的评述置于四个标题之下。

(1)爱欲不是一种激情

[29]需假定芝诺认为欲爱不是一种廊下派所谓的激情($πάϑος$),亦即不是——引用拉尔修归给他的激情定义——"一种非理性的和违背自然的灵魂运动"(《名哲言行录》卷七 110)。如若不然,则他几乎不可能允许圣贤去爱。但事实上,他很可能根本就

---

① D. Babut 讨论了廊下派关于爱欲的理论,参见 "Les Stoïciens et l'amour", *REG* 76(1963)55–63。

没有对爱欲做出明确的定义。因为我们在原始文献中找到了廊下派关于爱欲的两种不同的定义,二者看上去像是在企图做事后的弥补,即正式地表达出芝诺在《政制》中所想的爱欲观。

其中定义[A]得以侥幸地保存下来:它似乎在文学作品中只出现过一次;在普鲁塔克的《反驳廊下派的一般观念》中,狄阿杜美诺斯(Diadumenus)寡言少语的对话者主动提到过它。这个定义和我所说的芝诺关于爱欲的基本学说有着特别紧密的联系(1073 B):

> 爱欲是一种对年轻人(μειρακίου)的追求(chase),[①]这个年轻人在德性上虽未成熟但天资优异。

另一个定义即[B]显然是廊下派正式的定义。它不仅利用了那个基本学说,还利用了阿忒纳欧斯所见证的爱欲和友爱之间的关系,因此这就碰巧进一步证实了他证据的有效性。许多和[B]稍有不同的表述被记叙过,其中"好战者"狄都谟斯(Arius Didymus)给出了最完整的形式(《读本》卷二 115.1-2;例如参照《读本》卷二 66.11-13,《名哲言行录》卷七 130,亚历山大《论亚里士多德〈论题篇〉》[Alex. in Top.]139. 21 以下,《会注集》之"色雷斯人"狄奥尼索斯会注[Schol. in Dion. Thrac. 页 120. 3-5 Hilgard:《早期廊下派辑语》卷三 721],西塞罗《图斯库卢姆清谈录》卷四 72;普鲁塔克暗示而非引用了它,参见《反驳廊下派的一般

---

① 把爱欲看作是一种追求(ϑήρα),这种观念的原型是在柏拉图那里:参见《吕西斯》(Lysis)205 E-206 A,《会饮》(Symposium)203 D(参照《普罗塔戈拉》[Prot.]309 A)。司托拜俄斯也许在《读本》卷二 108.5-7 中模仿了定义[A],在那里,道德上良善的人被认为是"热衷于和人结交,因此是言行得体的,为了善意和友爱而热衷于通过结交来鼓励和追求别人"。

观念》1073 B）：

> 爱欲是一种和风华正茂的年轻人交朋友的企图（attempt），①由于对方显现出来的美。

[30][A]和[B]本身都没有关注爱欲的心理状态。它们都是行为方面的定义。②

然而普鲁塔克暗示，廊下派实际上否认爱欲是一种激情。因为他认为，他们对爱欲的看法违背了有关爱欲的通行用法和一般观念。显然这完全是由于他们说，爱欲不是一种激情，因为若非如此，则他的下述评论就是无效的（《反驳廊下派的一般观念》1073 C）：

---

① 关于 $\dot{\epsilon}\pi\iota\beta o\lambda\eta$[企图]的这层意思，参见《希英词典》该词词条 3；西塞罗以 conatus 来翻译[B]中的 $\dot{\epsilon}\pi\iota\beta o\lambda\eta$（《图斯库卢姆清谈录》卷四 72）。$\dot{\epsilon}\pi\iota\beta o\lambda\eta$[企图]这个词很少被用在与老廊下派相关的文本中；无疑，反思它在[B]中的运用有助于理解《读本》卷二 87.18 关于各种 $\dot{o}\rho\mu\eta$（驱动）的一系列定义中 $\dot{\epsilon}\pi\iota\beta o\lambda\eta$ 这个术语的定义：$\dot{o}\rho\mu\dot{\eta}\ \pi\rho\dot{o}\ \dot{o}\rho\mu\tilde{\eta}\varsigma$（impulse before impulse，"驱动之前的驱动"）。因为根据早期廊下派的正统，每项活动或行为都要有一种心理事件：一种驱动。因此，企图（我认为它是一种行为）需要有它自己的特殊驱动，而"驱动之前的驱动"这个定义试图表明什么是这种驱动。可以假定，该定义利用了一个人说给自己听的想法："企图做 X"不是在表达一个简单的祈使句，即"做 X"；相反它是在表达一个更加复杂的祈使句，即，"使你自己去做 X"或"去做那些为做好 X 而必须做的事"——这描述了这样一种活动，该活动虽只能根据做 X 而得以规定，但在一定意义上先于做 X。最近出现了一些从非常不同的思路对 $\dot{\epsilon}\pi\iota\beta o\lambda\eta$[企图]所作的讨论，参见 B. Inwood, *Ethics and Human Action in Early Stoicism*（Oxford 1985），Appendix 2，特别参见页 232–233。

② 因此，《读本》卷二 87.18 将 $\dot{\epsilon}\pi\iota\beta o\lambda\eta$[企图]理解成一种心理现象（参见本书页 48 注 1 中的讨论），我认为这是廊下派企图将芝诺对爱欲的评论理解成一种完全是心理方面的定义。这种定义是芝诺本人没有想过的。

任何人都不该阻止智者对年轻人的热情(enthusiasm),因为,如果这份热情被称作"一种追求"(参照[A])或"交朋友"(参照[B])——但他们不该让自己称它为"爱欲"——那么它里面就不含激情(πάϑος)。①

可能是[B]的作者否认了爱欲是一种激情。其中有段保留着他的定义的文本引入了这一否定(《读本》卷二 66.11–13):

爱欲既不是欲望,也并非为了任何道德败坏的事物,相反,它是一种交朋友的企图,由于对方美的显现。

廊下派理论中的欲望(ἐπιϑυμία)是四种主要的激情之一,因此否定爱欲是欲望,相当于否定它是一种激情。② 如果[A]和[B]的

---

① 此处应读成 ἔρωτα δέ καλεῖν [但应称(它)为"爱欲"](手稿),并在 προσαγορευομένην [如果被称作] 后面加上逗号。即使我们像 Loeb 版编者 Cherniss 或 Teubner 版编者 Pohlenz 等人那样做出修正,大意还是不变的。

② ἔρως [爱欲] 只是一种心灵状态,而这种心灵状态通常被看作激情或欲望(ἐπιϑυμία),但在廊下派有关欲望的各种标准清单中,ἔρως [爱欲] 并非总是被如此定义;这是令人惊奇的,根本原因可被假定为是芝诺的影响。因此,《读本》卷二 91.15–16 给出的是定义[B];在(托名)安德罗尼科斯(pseudo-Andronicus)的 περί παϑῶν《论激情》4.231.85–91 中,[B]是四种关于 ἔρως [爱欲] 的定义之一——其他三种分别是 ἐπιϑυμία σωματικῆς συνουσίας,对肉体交欢的欲望,ἐπιϑυμία φιλῶν,对友爱的欲望,以及 ὑπηρεσία ϑεῶν εἰς νέων κατακόσμησιν καὶ καλῶν,协助诸神安顿年轻的美人。这三种定义的前两种似乎来自漫步派(Peripatetic)(参照《名哲言行录》卷五 31,《读本》卷二 142.24,尤其是赫尔米阿斯《论柏拉图〈斐德若〉》[Hermias, in Plat. Phdr.] 页 34.4 Couvreur),而第三种貌似出自珀勒蒙(普鲁塔克《致一位无知的统治者》[ad princ. incrud.] 780 D)。对此的讨论,参见 A. Glibert-Thirry, Pseudo-Andronicus de Rhodes 'ΠΕΡΙ ΠΑΘΩΝ' (Leiden 1977),页 28,注 93,页 34;并且,第 292 页还给出了对勘文本。《名哲言行

作者们[31]打算冒险给出一种对ἔρως[爱欲]的心理状态的肯定看法,他们无疑就会把它描述成是一种合乎理性的驱动:不是某种纯粹推理性的东西,而是对整个人格——根据标准的廊下派风格,人格应被视为一个统一体——的表达。可以假定,他们对这个主题的缄默不语反映出芝诺事实上并没有谈论过它。

(2)伦理魅力

就像柏拉图在《会饮》和《斐德若》中所做的那样,芝诺融合了对青少年身体魅力的兴趣与崇高的伦理意图。然而,芝诺所设计的融合在理论上要更加令人满意——至少它避开了柏拉图观点中的某个困境。根据柏拉图的前提,我们无法解释:某个人若能通过展现身体美而唤起哲人的欲望,他为何很可能发展成道德上可敬的人。这有可能就是所谓的"阿尔喀比亚德难题"(Alcibiades problem)。然而根据廊下派的唯物主义,人的品格状况是一种物体,因此就像物体那样可被感知。这种观点最凝练的表述来自一段有趣的轶闻:克勒昂忒斯能够从一个人的喷嚏中看出此人是否是同性恋的被动一方,因而他成功地辩护了芝诺的论点,那便是"品格能够从外表(εἶδος)上给予判定"(《名哲言行录》卷七 173)。普鲁塔克显然认为这个观点关系到对廊下派爱欲教义的讨论,因为他在《反驳廊下派的一般观念》第二十八章中提到了它,在那里他记述道,他们说

录》卷七113对爱欲的定义显然是有缺漏的,而所有其他定义都各自细述了某种得到具体规定的ἐπιθυμία[欲望]。这个文段对爱欲论述道,"爱欲是一种欲望";但没有给出进一步的规定。可以假定文本至此中断;倘若复原,它显然还要描述另一种爱欲,即以道德上的良善为特征的爱欲。因为它继续写道"……关乎的不是道德上的良善:因为,它是一种交朋友的企图,由于对方显现出来的美"——这一论述再次指向[B]。

品格的败坏会感染给外表(εἶδος)(1073 B)。品格的可感知性为芝诺[32]提供了解决"阿尔喀比亚德难题"的方法,拉尔修记录的关于爱欲基本学说的表述暗示了这点(《名哲言行录》卷七 129)。那吸引智者的青少年身上有一种特殊的伦理魅力,也就是说具有朝向德性的自然禀赋这样的特征:"他们从外表(εἶδος)上就表征出朝向德性的自然禀赋。"①可以假定,这是阿尔喀比亚德所缺乏的——尽管普鲁塔克不这样认为,其理由只是苏格拉底爱阿尔喀比亚德(《阿尔喀比亚德》[Alcib.]4,1)。

(3) 为了教育

智者希望通过自己对被爱欲者的追求来产生什么样的影响呢?前者想要襄助后者,以使其从具有朝向德性的禀赋成熟到具有德性本身。或许这是自然而然的期待,特别是考虑到柏拉图早已给出的陈述,例如《会饮》209 B – C:

> 由于要生育,他当然钟情美的而非丑的身体。要是遇到一个美好、高贵、天资优异的(εὐφυεῖ)灵魂,他就会神魂颠倒地爱慕这样一个身心合一者。在这样一个人面前,他马上会滔滔不绝大谈德性,大谈一个好人该是什么样,得追求什么,他要尽力

---

① 对芝诺这句话中引出的各种定义的进一步讨论,参见附录二。关于 εὐφυΐα("[朝向德性的]自然禀赋")在早期廊下派伦理学中的作用的考察,参见 Ioppolo, *Aristone di Chio e lo stoicismo antico*,页 120 – 123。狄都谟斯记叙了这个概念的政治性应用:"有识之士某一天会成为国王,或者他会与某位表征出自然禀赋和求知欲的国王生活在一起。"(《读本》卷二 111.3 – 5;注意 ἐμφαίνειν εὐφυΐαν[表征(或显现)出自然禀赋]这个短语的反复出现)更多关于伦理魅力的讨论,参见附录三。

地教育这个人。①

有两段文本在一定程度上证实了那种期待。首先是司托拜俄斯所作的原文有缺损的段落,其中提供了廊下派对爱欲这门科学(science)的一种定义(《读本》卷二 66.6-8):

> 它是一种关于对天资优异的年轻人进行追求的知识(knowledge),[这种知识]旨在改变他们,以使其过上合乎德性的生活。

[33]"旨在改变"这个翻译根据的是一种对希腊原文非常不可靠的读法;②并且为理解这一翻译,我们有必要对接下来的原文做出修正,从而将其译成"以使其过上合乎德性的生活"③(尽管这显然是理解上的需要)。如果抛开这些问题不谈,司托拜俄斯的这段文本表明了[A]所说的求爱(erotic chase)具有一种传教般的目的:关心甚至转变灵魂。这种教育方面的目的同样出现在阿忒纳欧斯某个更详细的段落中(《欢宴上的智者》563 E):

> 你们[即廊下派]向少男抛媚眼,并且只在这方面效法你

---

① [译按] 译文参考了《柏拉图的〈会饮〉》,柏拉图等著,刘小枫等译,华夏出版社,2003 年,页 88,有改动;下同。
② 我暂且选择 P 本中的 πρός τρέψιν 这种读法;Wachsmuth 将其改为 προτρεπτικήν。然而,二者的大意是一样的。劝习德性和哲学,是圣贤的典型行为,参见《读本》卷二 104.10-105.6。
③ 手稿中是 ἐπὶ τὴν κατ' ἀρετήν,Wachsmuth 刊印了这一表述。但他在附释中的一个注解里表明的却是 ἐπὶ τὰ κατ' ἀρετήν,他的这种读法似乎是正确的。

们哲学的创建者腓尼基人(Phoenician)芝诺;他未曾与女人来往,而总是和男伴来往,卡律司托斯的安提戈诺斯在其芝诺传中就是这么记载的。因为你们总是不停地说,爱灵魂而非身体是必要的:你们说我们应该和那些我们所爱上的人保持往来,直到他们年满二十八岁。

就像关于爱欲这门科学的定义,这段引文无疑也是在谈论整个廊下派的情况,而非仅仅是芝诺的观点。然而,爱欲关系应当保持到ἐρώμενος(男伴)年满二十八岁为止,这一极为具体的观点再次指向《政制》。该观点符合芝诺对圣贤应关注伦理前途(ethical promise)所作的强调:道德上的成熟要比身体上的成熟花费更多的时间,因此一位廊下派的ἐράστης[爱欲者]①使自己的ἐρώμενος[被爱欲者]顺利地进入生命的某个时期,在这期间,与他同时代的这位非廊下派的ἐρώμενος[被爱欲者]将逐渐成为一个ἐράστης[爱欲者]。而且,那个精确的数值最能让人联想到的是,柏拉图和亚里士多德在他们的政治学著述中为教育立法时立下的规定。② [34]除了芝诺

---

① [译按]原文为ἐρώμενος[被爱欲者],疑误。
② 参照《王制》537 A – 540 A;亚里士多德《政治学》(Pol.)1335 b 26 以下,1336 b 35 以下,他赞同"那些对人生历程以七年为纪的古哲"([译按]译文参考了《政治学》,亚里士多德著,吴寿彭译,商务印书馆,1965 年,页 411,有改动)。除了《欢宴上的智者》563 E 外,还有其他的证据表明廊下派也是主张以七年为纪这种安排:原始文献之间的显著冲突在于,它们或是认为人在七岁时理性已臻完善(埃提俄斯《意见》[Aët.]卷四 11,4 =《早期廊下派辑语》卷二 83),或是认为有更多更可信的证据表明这里的年龄应是十四岁(《意见》卷五 23,1 =《早期廊下派辑语》卷二 764;《会注集》中关于柏拉图《阿尔喀比亚德前篇》121 E 的会注[ad Plat. Alcib. I,页 121 E],以及《读本》卷一 317. 21 =《早期廊下派辑语》卷一 149)。Marrou(*Historie de l'Education dans l'Antiguité*[Paris 1965, 6th ed.],页 161)写道:"据言,希波克拉底将人类生活分为八个时期,七年为一期:就

的《政制》，一个人还可以期望从廊下派的其他任何主流文学作品中找到类似的立法规定吗？

(4) 交朋友

如果我们相信阿忒纳欧斯所说的话(561 C,本章第 2 节引用了这段话)，那么我们也该相信在芝诺的《政制》中，友爱至少是爱欲的结果。不管是否在阐释芝诺，克律希珀斯都认为友爱是爱欲的真正目标；并且，这种观点构成了[B]的一部分(《名哲言行录》卷七 130)：

> 爱欲是一种交朋友的企图，由于对方显现出来的美：它的目的不在于性交，而在于友爱。忒拉索尼德斯(Thrasonides)尽管已经掌控了他所爱的女子，但最终由于被那女子所恨而不与之交往。因此，事实上就像克律希珀斯在《论爱欲》中所说，爱欲以友爱作为自身的目的，它不是那种应受谴责的事物。

如果爱欲者的感情在被爱欲者那里有所回应，那么爱欲者就希

古典教育来说，须在前三个时期进行，这三个时期 παιδίον, παῖς 和 μειράκιον 分别指的是'小孩子'(七岁以下)，'儿童'(七至十四岁)和'青少年'(十四岁至二十一岁)。"(Hippocrate, nous dit-on, partageait la vie humaine en huit périodes de sept ans: l'éducation claasique réclamait pour elle les trios premières, que désignent les noms de παιδίον, "petit enfant" [au-dessous de sept ans], παῖς, "enfant" [de sept à quatorze ans], et μειράκιον, "adolescent" [de quatorze à vingt et un])对大量相关证据的讨论，参见 J. Mansfeld, *The Pseudo-Hippocratic Tract ΠΕΡΙ ΕΒΔΟΜΑΔΩΝ Ch. 1–11 and Greek Philosophy*(Assen 1971)，特别参见页 168–178；亦参照 R. Garland 有用的概述，*The Greek Way of Life*(London 1990)，Introduction。阿忒纳欧斯记叙的廊下派对这方面的看法实际上是在表明：在亚里士多德等哲人所承认的前三个时期以后，教育接下来还需一个七年。

望他们二人成为朋友,并且事实上是建立起高品质的友爱。柏拉图在《吕西斯》中惊人地证明了古希腊的爱欲者怀有这份希望。① 但可以假定,芝诺或克律希珀斯所讲的那个故事在伦理上有个特别的转折。只有良善或智慧的人才能成为朋友;智慧的人所爱的对象虽尚非有德之人,却在德性发展上天资优异。由此似乎可以推出,爱欲在某种意义上以超越它自身为目的。如果爱欲者成功地襄助了他的被爱欲者,使其成长为有德之人,那么这就不再是爱欲了,而是一种友爱,一种与他建立起来的恰当关系。友爱使爱欲圆满——并取而代之。②

[35]两者中哪个更为根本呢?是无私地关心我的被爱欲者去臻达德性[参照标题(3)下的论述]?还是为了使其成为我的朋友而追求他?定义[A]和[B]的作者们实际上选择了后者。理当如此。我关心的不是一种无偏私的欲望——那些因收获德性而承诺要付出适当回报的人,应当兑现自己的诺言,更应该怀有一种不带个人情感的希望,即具备朝向德性的潜力的人应当臻达德性。我想要我的被爱欲者成就德性,因为他会或有可能会与我建立起某种特殊的关系。但这并没有违背如下看法,那便是,我是为了他的而非我的利益,才想建立这种关系。③

---

① 关于柏拉图和色诺芬对这点的进一步证明,参见 Dover, *Greek Homosexuality* (London 1978),页 53。
② 看起来,巴比伦的第欧根尼实际上把友爱说成爱欲的 τέλος (目标或成全):斐洛德谟斯《论文教》(*Mus.*)页 17.11 – 15;参照页 84.35 – 40。
③ 廊下派主张友爱的无私性(《名哲言行录》卷七 124):"他们说,友爱仅存在于道德上良善的人之间,因为他们彼此相似;他们还说,当我们待友如待己时,友爱也就成了对生活事务的某种共享。"关于廊下派的友爱概念,进一步参见 J. – C. Fraisse, *Philia. La notion d'amitié dans la philosophie antique* (Paris 1974) 348 – 373。

4

芝诺把爱欲看作一位促进城邦安全的神,这一观点迫切需要去除神话色彩。本章第 3 节评论了他关于爱欲的教义,在这个基础之上,我们可以把这种教义重新表述成如下论点:欲爱促成共产主义国家(其各项制度已在《名哲言行录》卷七 32 – 33 中有所提及)的安全。该论点是否有可能被看作一种社会—政治分析?当然有理由来给出肯定的回答,如果我们考虑到古希腊的同性恋现象。

我们在这里不讨论深深地根植于个人的心理,形成一种稳定的、通常排他的性取向的那种同性恋。可以假定芝诺想到的是古希腊人那种合乎文化风尚的同性恋行为,尤其是上流社会中的年轻男性——包括成年人和青少年——在开始结婚为人父之前的一定生命时期里,相当普遍从事的一种行为。George Devereux 称之为伪同性恋。① 这种同性恋的古典代表是神话故事中的阿基琉斯(Achilles)和帕特罗克洛斯(Patroclus),还有历史中的哈墨狄俄斯(Harmodius)和阿里斯托盖通(Aristogeiton)。在柏拉图对话中,对体育场内[36]——在古典雅典(或至少是柏拉图想象中的雅典),体育场中盛行着这种同性恋——激动人心的浪漫气氛有着令人难忘的描述。

近些年,学者们从许多视角出发对古希腊同性恋做了大量讨论。但有一个似乎是基本的发现,由不同作者以各种方式得出。我将从 Dover 的研究成果《希腊同性恋》中引用对这种发现的明

---

① George Devereux, "Greek pseudo-homosexuality and the 'Greek miracle'", *Symb. Osl.* 42(1967)69 – 92。

确表达:①

> 希腊的一个城邦—国家在与具有侵略性的邻邦竞争时得不断面对生存的问题,因此战士即成年男性公民是城邦重要的成员。共同体中的成年男性公民充分享有审议和政治决策上的权力,以及批准或否决社会和文化变革上的权威;女人不适合充当战士,这就使得人们一般都怀疑女人的智识能力和稳定情绪;同时年轻男性由于具有成为战士的潜在价值,因而得到承认。唯有斯巴达和克里特(Crete)不惜一切代价来建构一种社会,在其中,家庭关系和个人关系都正式而有效地隶属于军事组织;而其他城邦都在不同程度上调和了共同体的诉求与普遍存在的家庭和个人的诉求。为了军事、政治、宗教和社会的目的,男性愿意把他们自己组织在一起,这虽然在一定程度上并没有使他们集结成一架完全有效的战争机器,但仍足以遏制夫妻或父子之间亲密关系的充分发展。

斯巴达和克里特基于军事模式之上的组织结构与我们的讨论特别相关。一个社会如果被组织成一架战争机器,就必然会降低家庭的作用和地位,从而削弱父母和子女、幼者和长者之间的纵向关系以及婚姻的重要性。同理,青少年男性和年轻的未婚成年男性之间的[37]横向或接近横向的关系必定会变得更加重要和紧密。社会将鼓励和利用这种关系。我们可以想到同性恋将在这种环境中盛行起来,因为它对这种关系具有极大的促进作用。

似乎有证据表明同性恋确实盛行于斯巴达和克里特,尽管这些

---

① Dover, *Greek Homosexuality*, 页 201–202。

证据显然是零碎的,而且已经被那些道德化的成见或其他偏见所曲解。① 柏拉图很有理由来思考克里特和斯巴达制度中的精华部分。众所周知,他反对这两个国家在组织公餐和体育运动上所开辟的道路,因为他相信这会对同性恋交往造成他所理解的歪曲(《法义》[Laws]636 AB,836 BC)。亚里士多德认可同性恋在克里特人中间的流行(《政治学》1272 a 23 – 26),但把斯巴达人描述成是羸弱的,这毋宁归咎于斯巴达人为他们的女人所深深诱惑(1269 b 12 – 70 a 11)。然而,这种从斯巴达社会中女人的影响力出发所作的推理似乎是错误的。② 关于克里特的最出色的文本是斯特拉波的一段话(《地理志》10.4.20 – 21),它再现了厄佛若斯(Ephorus,四世纪中叶)的记述,即少男遭其ἐραστής[爱欲者]仪式般的同性强奸。至于斯巴达,我们不仅拥有关于法律和习俗的一般阐述,还拥有政治史和军事史方面的细节记载,对此 Anton Powell 评论道,"甚至根据希腊的标准,斯巴达人特殊的同性依恋也是引人注目的"。③ 例如:

> 我们读……色诺芬的《希腊志》(Hellenika)时会看到一位叫阿纳克西庇俄斯(Anaxibios)的斯巴达指挥官,他发现自己陷于无望的战争局势中,但仍选择和同僚们一起坚守阵地、共同赴死。余下的军士纷纷溃逃,除了阿纳克西庇俄斯的παιδικά[男

---

① Ibid., Ch. IV, Section A。

② 关于这点,例参 P. A. Cartledge, "Spartan wives: liberation or licence?", *CQ* 31(1981)84 – 105; A. S. Bradford, "Gynaikokratoumenoi: did Spartan women rule Spartan men?", *Ancient World* 14(1986)13 ff.; S. Hodkinson, "Inheritance, marriage and demography: perspectives upon the success and decline of classical Sparta", in *Classical Sparta: Techniques behind her Success*, ed. A. Powell(London 1989), Ch. 4。

③ A. Powell, *Athens and Sparta*(London 1988), 页 225。

伴],此人守候在他身边,直至最终死去。通过介绍这个忠诚之人的性身份(sexual status)而非名字,色诺芬表达了自己对他的看法,那很可能便是,性[即性关系]造就了格外的忠心。

[38]Powell的这种阐释在色诺芬《会饮》(Symposium, 8.35)的某段话中得到了印证,那段话宣称斯巴达的ἐρασταί[爱欲者们]使得他们的ἐρώμενοι[被爱欲者们]如此具有德性,以至于即使在远离自己的爱欲者,和陌生人一道的战场中,被爱欲者还是耻于抛弃战友。

在我们看来,普鲁塔克《吕库古》(Lycurgus)中的两项信息特别有意思。第一项是,他认为少男恋(paederasty)部分构成了某种ἀγωγή,即斯巴达所有少男必须接受的令人生畏的教育体制(《吕库古》17-18)。这种ἀγωγή[教育](尤指斯巴达训练体制)中的某项著名规定(克里特也有)是,对青少年的权威从父亲那里转移给共同体,因而对他进一步的培养便是特派官员的职责所在。看起来,他通常会拥有一位ἐραστής[爱欲者],这位爱欲者将赢得荣誉,或者因为自己的ἐρώμενος[被爱欲者]在德性和智识上的测试表现糟糕而丢脸。可以假定ἐραστής[爱欲者]会作为ἐρώμενος[被爱欲者]的榜样,尽管似乎更加难以确定的是,这一证据是否说明ἐραστής[爱欲者]参与了对ἐρώμενος[被爱欲者]的教育或训练,或者取代了父亲的位置。当然,和Dover、Devereux一样,Cartledge的一个看法很有说服力:具有公民团体成员身份的年长(但不算太老)者的友爱,可以为青少年提供一种途径来应对斯巴达体制所带来的巨大压力,以及应对其所带来的对其他人,尤其是成年人的矛盾心理。①

---

① Paul Cartledge, "The politics of Spartan pederasty", PCPS 207(1981)17-36,页28,参照本书页61注1。

普鲁塔克另一段值得关注的文本事实上只有一句话(《吕库古》25.1):

> 三十岁以下的人绝不曾去过市场,他们的家务管理所需的交易均由自己的亲属们和ἐρασταί[爱欲者们]负责操办。

我们难以明白为何要这样做。与这份关于斯巴达的材料并不矛盾的是,同性恋方面的古代证据通常给我们留下这样的印象,ἐρασταί[爱欲者们]本人常常是[39]二十到三十岁之间的年轻的未婚男性。① Hodkinson 提出了一种可能合理的观点,即普鲁塔克记叙的年龄限制承袭自"某个较早的时期,当时人们直到三十岁才被允许结婚,因为到了这个年龄,他们就彻底不需要接受ἀγωγή[教育(尤指斯巴达训练体制)],并完全成为成年人"。② 禁止三十岁以前结婚,鼓励ἐραστής[爱欲者]和ἐρώμενος[被爱欲者]维持他们的友爱直至其中更年幼者达到那个年龄,这显然是基于某种军事上的理据。这里我们需要进行推断——但有意思的是,我们接近了廊下派给出的劝诫,即一个人要一直陪伴着自己的ἐρώμενος[被爱欲者],直到他年满二十八岁。

因此,我们没有理由不相信同性恋是斯巴达社会体制中的关键元素。正如我业已论证,我们可以假定能在它对斯巴达这个男性俱乐部(male club)的凝聚作用中看到同性恋的理据。如果我判断没错的话,同性恋的一些特征,尤其是我们在普鲁塔克《吕库古》中所确认的那两项特征,和芝诺《政制》中的爱欲观念相近。事实上,在

---

① 对此参见 Dover, *Greek Homosexuality*, 页 171; F. Buffière, *Eros adolescent* (Paris 1980), 页 605–617。

② Hodkinson, "Inheritance, Marriage and Demography", 页 109。

道德论者看来,斯巴达甚至非常像芝诺笔下的城邦。以下是色诺芬的记述(《斯巴达政制》2.13-14):

> 如果某人本人作为一个人中楷模,赞美一位少男的灵魂,并试图和这位少男结为朋友,以体面的方式与其相伴,那么,他[即吕库古]将批准这项行为,且认为它是一种最美好的教育。但倘若有人明摆着是在渴望一个少男的身体,则他会判定这是非常可耻的,并要斯巴达的爱欲者们远离他们的男伴,正如父母子女之间和兄弟之间应避免发生性关系。但我不会对某些人不相信这点感到奇怪,因为许多城邦的法律都不反对向少男表达色欲。

尽管ἐραστής-ἐρώμενος[爱欲者—被爱欲者]的关系似乎在ἀγωγή[教育](尤指斯巴达训练体制)中享有地位,但色诺芬将同性恋本身视作παιδεία(教育),这无疑是一种不能令人信服的理想化——事实上是柏拉图化——做法。如果把吕库古的名字换成芝诺的名字,那么这段话[40]就构成了对芝诺在《政制》中教导的杰出转述。①

---

① "希腊人一贯倾向于把同性恋看作是教育关系和生殖关系的复合"(Dover, *Greek Homosexuality*, 页202),例参 Marrou, *Historie de l'Education dans l'Antiquité*, Pt. I Ch. III ("论作为教育的少男恋"[De la pédérasty comme éducation])。忒俄格尼斯(Theognis, 1049—1050)说,"我对你好言相劝,就像父亲对儿子那样";在普鲁塔克看来,ἐραστής[爱欲者]支配着μειράκιον(青少年),正如保姆支配着婴儿,教师支配着少男,以及法律支配着所有达到法定年龄的人(《爱欲对话》[*Amatorius*]754 D)。有些学者走得更远,他们将古典希腊的同性恋阐释成一种 rite de passage[成人礼],借此少男们逐渐加入了由成年男性组成的战士共同体。K. J. Dover 带着怀疑的眼光很好地探讨了这个假说,参见 *The Greeks and their Legacy*(Oxford 1988),Ch. 12("希腊人的同性恋和教诲")。

确实,像克里提阿(Critias)、色诺芬和狄凯阿尔科斯(Dicaearchus)这些作家描述的斯巴达政制(constitution)非常可能是芝诺在提出《政制》中的观点时所参照的范例之一,正如柏拉图在创作他的《王制》时显然也参照了斯巴达的政制。关于斯巴达政制的价值,普鲁塔克实际上很可能会向我们大谈道(《吕库古》31.1–3):

> 吕库古的主要成就不在于让他的城邦去领导其他众多的城邦。相反,他认为整个城邦的幸福如同个人生活的幸福一样,系于德性以及自身内部的和谐。为此,他规划城邦并使其实现如下目标:让人们过上自在和自足的生活,且通过自制,他们可以长久地保持这种生活。柏拉图也认为这是自己政制的原则[或《王制》中的原则],这样做的还有第欧根尼、芝诺以及所有那些试图道出对这一主题的看法而赢得称许的人;尽管他们留下的只是著述与理论。另一方面,吕库古带来的光明却不是著述与理论,而是实践中不可复制的[或不可模仿的]、不可臻达的政制。有些人认为,那种据说是属于智者的性情不可能真实存在;但吕库古却给他们提供了一个范例:整个城邦都在从事哲思。所以,他的声名超越所有那些曾经在希腊人当中从事政治实务的人就不奇怪了。①

严格讲来,这段话只是说哲人们根据和吕库古一样的原则来制定他们的方案,[41]而不是说他们借鉴了他的原则。② 但当普

---

① [译按]译文参考了《希腊罗马名人传》(上册),普鲁塔克著,黄宏煦主编,陆永庭、吴彭鹏等译,商务印书馆,1999年,页116,有改动。

② 对此例参 P. Merlan, "Alexander the Great or Antiphon the Sophist?", *CP* 45(1950)161–166,页161–162,以及 Baldry, *JHS* 79(1959)3–15,页8,他拒绝了 W. W. Tarn(*Alexander the Great*[Cambridge 1948],卷 II,页418)的阐释。

鲁塔克说吕库古建立的政制是 $ἀμίμητον$[不可模仿的]时,他的意思很可能是他无法从其他人——比如柏拉图等——那里找到与此完全一致的政制。无论如何,有其他证据表明芝诺心仪斯巴达体制。

首先,我们知道芝诺的亲密学伴基提翁的佩赛俄斯写过《斯巴达政制》(*Spartan Constitution*)一书,并在某七卷本著作中批判了柏拉图的《法义》(《名哲言行录》卷七 36)。由此我们易于推论说,芝诺希望在政治理论化方面和柏拉图保持距离,但同时强调了他与柏拉图共享的斯巴达情结。我们没有关于佩赛俄斯对《法义》的抨击方面的信息,但《法义》中有很多内容不符合我们对芝诺《政制》的认知:比如——仅举一例——对法庭(766 D)和神庙(778 BC)的明确规定。然而柏拉图一开始讨论的是斯巴达和克里特的政制(624 A 以下);并且,他通过指出它们鼓励同性恋(636 A – D)和禁止饮酒(636 E 以下),来对其予以特别的批判。既然我们清楚芝诺的立场是什么,而且考虑到同性恋议题的敏感性和柏拉图赋予它的重要性,那么,我们猜想佩赛俄斯的回

Merlan大量利用了这个观点,即 $τῆς\ πολιτείας$(上文中译成"政制[或《王制》(*Republic*)]")指的是"政制"而非"《王制》"(*Republic*)。他为何这样认为?即使他的看法是对的,但普鲁塔克所想的显然是柏拉图、芝诺和第欧根尼那些名为 *Republic* 的书。同时,Merlan 进一步给出的反对意见也是基本无效的。"如果斯巴达是芝诺 *Politeia*[《政制》]的立论基础(正如 Tarn 所认为的),那么,Tarn 如何解释芝诺在那本书中对随意性交的辩护(或提倡)?要知道,吕库古的斯巴达极为尊重婚姻制度。"但芝诺显然会尊崇斯巴达人生活中的共产主义和同性恋风气,与此同时,他还认为斯巴达人为了维系婚姻制度而不会在这点上走得太远。E. N. Tigerstedt 很好地概括和介绍了芝诺对斯巴达的兴趣,参见 *The Legend of Sparta in Classical Antiquity II*(Uppsala 1974),页 41 – 48(以及第 317 – 327 页中的注释)。

应应该含有对同性恋的辩护,基于同样的理由应该还有对斯巴达实践的辩护。我们还知道芝诺及其学生对饮酒有过一些论述。由于某些未知的原因,智者该不该喝酒这个问题显然是早期廊下派讨论的一个标准议题。① 或许,佩赛俄斯对《法义》的大力关注可以为我们提供线索。[42]廊下派有可能认为这个议题是一个由柏拉图在《法义》中提上政治哲学议程的问题。倘若如此,则佩赛俄斯的批判无疑也会针对这一问题。更年少的斯菲若斯被视作三卷本的《论吕库古和苏格拉底》(*On Lycurgus and Socrates*)和至少三卷本的《论斯巴达政制》(*On the Spartan Constitution*,我们拥有一段来自该书第三卷的引文)的作者。② 在对那个主题的兴趣上,斯菲若斯很可能要比佩赛俄斯更加复杂。他对斯巴达的廊下派式的(或者是芝诺式的,正如我正在论证的那样)热忱以某种方式体现在自己担任克勒俄美涅斯三世(Cleomenes III)的顾问一职上,并且这种热忱也许部分由他的工作经验所塑造。普鲁塔克再次告诉我们一项有价值的信息,那便是斯菲若斯辅佐克勒俄美涅斯重新引入并改革 ἀγωγή [教育](尤指斯巴达训练体制)(普鲁塔克《克

---

① 对此的一些讨论,参见我的论文,"The syllogisms of Zeno of Citium", *Phronesis* 28(1983)31–58,页41–43。

② 《欢宴上的智者》卷四 141 CD:其中记有关于 ἐπάικλα (after-dinner savouries,公餐上的餐后咸点)的信息,这也是从佩赛俄斯《斯巴达政制》(140 EF)和狄凯阿尔科斯《三种政治家》(*Tripoliticus*,141 A–C)中援引来的某些段落所关注的主题。人们通常认为,《三种政治家》(参照西塞罗《致阿提库斯的书简》[*Ad Att.*]第十三封 32 = 辑语 70 W.)就是《苏伊达斯辞书》(Suda)中《斯巴达人的政制》这个词条(= 辑语 1 W.)归给狄凯阿尔科斯的著作《斯巴达人的政制》(*Constitution of the Spartiates*)。对此进一步的讨论,参见 Elizabeth Rawson, *The Spartan Tradition in European Thought* (Oxford 1969),页82–83。

勒俄美涅斯》[*Cleom.*]11;参照2)。①

其次,芝诺《政制》中为我们所知的大多数制度性建议很可能受到他对柏拉图《王制》的反思或与克拉特斯的交谈的很大启发,然而,斯巴达模式很有可能强化了他对希腊标准的教育体制的反对立场[卡希俄斯清单中的命题(1)],并提供了唯一明显的原型,以便他去宣扬爱欲在年轻人教育中的重要性,至少正如我们所看到的,爱欲有助于国家内部的团结。

芝诺笔下的城邦和理想化的斯巴达之间越是密切相关,其中的 ἐραστής-ἐρώμενος [爱欲者—被爱欲者] 关系的理据就越是明显。也就是说,如果芝诺构想的不仅是一个为了最大化地实现公民之间和谐的共产主义国家,还是一个像是被组织成男性俱乐部的国家,那么我们就能够用 Dover 解释斯巴达同性恋时所说的话,来理解爱欲为何会被高举到城邦安全守护神的地位。

5

[43]那么芝诺的城邦是否确实是一个男性俱乐部,女人是否被看作二等公民?我们知道,芝诺的《政制》就像柏拉图的《王制》那样主张(1)女人应当共有。然而,我们缺乏明确的信息证明,芝诺是否像柏拉图那样主张(2)女人有资格承担和男人一样的政治责

---

① 我不相信有些人对斯菲若斯的一种看法,即他对斯巴达革命产生了广泛的影响,且他的影响比普鲁塔克所认为的要大得多(参照 Tigerstedt, *The Legend of Sparta in Classical Antiquity II*,页68-70)。一种相反的意见参见 Erskine, *The Hellenistic Stoa*, Ch. 6,其中对《克勒俄美涅斯》11做出了最新的评论,并很好地给出了相关的参考文献。

任。我们容易错误地假设如果赞成(1)就必须同时赞成(2)。要知道，柏拉图在《王制》第五卷中根据两种不同的基础对这两点做出了迥异的论证。如果护卫者应该尽可能和睦相处，那么(1)就以思考实现这点所需的条件作为基础；然而，(2)是以审视两性具有的自然能力作为基础。因此，我们不能从芝诺主张(1)中推出他也会承认(2)。是否有任何其他证据，使我们有可能判断出他对(2)的态度？

廊下派的伦理学极为关注人性，尤其是所有人共有的理性。我们在其中任何地方都看不到亚里士多德对男性和女性能力的那种区分。我们甚至有某种理由认为，该学派明确拒绝亚里士多德的立场，后者宣称女人和奴隶天生就是低等的人种。在拉克坦提乌斯 (Lactantius) 看来，廊下派规定奴隶和女人应该从事哲思；并且他似乎合理地暗示道，这是因为廊下派看到这两者在朝向智慧的能力上和男人毫无区别(《神圣原理》[Inst.] 卷三 25；同时参照儒福斯 [Musonius Rufus]，见《读本》卷二 235.23 – 239.29, 244.6 – 247.2)。这个观点从克勒昂忒斯某本书的名字中得到支持：《关于男女共有德性这个主题》(On the thesis that the same virtue belongs to both a man and a woman,《名哲言行录》卷七 175)；也从克律希珀斯赞同该书主题中得到支持(斐洛德谟斯《论虔敬》[de piet.] 卷五 8 – 11；参照安提司忒涅斯，见《名哲言行录》卷六 12)。而且，芝诺的《政制》取消了男人和女人在服饰上的差异，可以假定这是因为他主张二者在天性上没有根本性的差别。所以，他当然没有理由区分道德上良善的男人和道德上良善的女人的公民职责。我们应当总结说，他是承认(2)的。

然而，如果这就是芝诺斟酌后所持的立场，那么我们必须怀疑，在其关于智者对年轻人的爱欲和这种爱欲在保存城邦上的作用的学说中,隐藏着性别歧视和错误[44]意识。当他谈论爱欲的时候,他是否指的不是男人对青年男性的爱欲? 他的教义受到了柏拉图和斯巴达的影响,这是否使得它没有成为最可能的阐释? 芝诺有没有记起——至少暂时记起了——女人也能成为圣贤,从而成为公民?①

不幸的是,我们没有足够的证据来明确回答这些问题。但有一两项因素可以证明(虽然是间接地证明)芝诺式爱欲是一种追求,追求在道德上有指望的少男——以及少女。

首先是柏拉图《王制》这个先例。柏拉图所说的护卫者包括女人和男人;因此,在斯巴达那样的本质上是男性共同体的城邦中,尽管同性恋可以合理地实现城邦的动态统一,但柏拉图却认为它不可能具有这种作用。不同于芝诺的情况,让柏拉图的城邦(或它的治理者们)凝聚起来的不是爱欲,而是男女老少之间的亲属关系所带来的普遍共感(sympathy)和广泛共识(462 A - 465 E)。人们有可能认为,这是从异性恋角度来反思作为希腊概念的同性恋(*Kriegskameradschaft*)。柏拉图确实遵循了希腊传统,把爱欲和战场上的勇气结合起来,但毋庸置疑的是,由于他的护卫者共同体组成了一个混合社会,他因而通过鼓励不分性别的爱欲改写了那种希腊传统(468 B - C)。这显然证明了柏拉图的政治洞见具有穿透力和持久性,以及他对 $\dot{\varepsilon}\varrho\alpha\sigma\tau\dot{\eta}\varsigma\text{-}\dot{\varepsilon}\varrho\dot{\omega}\mu\varepsilon\nu o\varsigma$ [爱欲者—被爱欲者] 关系的看法具有高度的智识性、道德性和审美性,如果考虑到他在《会饮》和《斐德若》中对这种关系所作的透

---

① 对早期希腊政治哲学中的那种错误意识的讨论,参见我的文章,"Ideology and Philosophy in Aristotle's Theory of Slavery",见 G. Patzig(ed.), *Aristotles "Politik"* (Göttingen 1990)。

彻描述。

其次,我们很有理由相信,芝诺在《政制》中讨论过同性恋关系所特有的身体股间部位的性交(διαμηρισμός)(《论廊下派》卷十五1-9;普鲁塔克《把酒畅谈》[quaest. conv.]653 E)。恩披里柯保存了芝诺对这一主题所作论述的片段,这个片段要么出自《政制》,要么出自其他著作(参照《名哲言行录》卷七34,其中认为其可能出自《爱欲的艺术》或《清谈录》)。显然,芝诺断言这种性交就像任何性交一样,对德性和幸福而言是中性的(参照《皮浪主义述要》卷一160,卷三200;奥利金《驳科尔苏斯》[Contra Celsum]卷四45),并且他由此规定[45](《驳学问家》卷十一190 =《皮浪主义述要》卷三245):

> 不要只与你爱的青年人交往,而不愿与你不爱的青年人交往(反之亦然);也不要只与女性交往,而不愿与男性交往(反之亦然)。因为事实上不能说,一种事物有利于并适合你爱的人,另一种事物有利于并适合你不爱的人,或者,一种事物有利于并适合女性,另一种事物有利于并适合男性。相反,适合女性与男性的事物都是一样的。

这段文本表明,在思考爱欲和同性恋时,芝诺(1)意识到自己有必要同时考察和年轻女性的关系以及和年轻男性的关系,他还(2)认为自己在某个重要的问题(无疑不是他所说的爱欲本身)上没有理由来区别对待两性。①

---

① 关于διαμηρισμός[股间性交]的材料从基调上看是出自犬儒派(但请参照柏拉图《斐德若》230 E - 234 C):这间接地提供了进一步的证据来表明芝诺

总之,这样一来我们就应该可以作出如下总结,正如柏拉图的城邦,芝诺的城邦不是一个男性俱乐部。

然而,与柏拉图的一个有趣对比浮现于我的脑海。我已经做出论证,由于柏拉图把护卫者看作是由男女共同组成的,他就认为维系他们的纽带不是同性恋(斯巴达却不然),而是家庭所具有的共感和共同责任。也许芝诺会认为柏拉图[46]转向上述看法是一次错误的决定;因为强烈的爱欲——显然是一种升华了的柏拉图式爱欲——定能维持社会的稳固;不过得让它包括异性恋和同性恋才行。在这种情况下,芝诺的城邦将保留男性俱乐部的优势,而又不会在哲学上不合理地仅限于男性。

所说的爱欲并非专指同性恋。因为芝诺是克拉特斯的学生(《名哲言行录》卷六 105 和卷七 2 - 4 等处,在芝诺的著作编目中有本名为《回忆克拉特斯》[Recollections of Crates]的作品[卷七 4],证实了这一信息的还有芝诺的《轶闻录》[Χρείαι, Anecdotes, 卷六 91 - 92]载有的某个关于克拉特斯的故事)。在拉尔修的克拉特斯传中,希帕基娅因为爱克拉特斯的 logoi[学说]和生活方式而赢得了赞誉(卷六 96;参照爱比克泰德《清谈录》卷三 22,76)。希帕基娅之所以声名远播,是因为她穿着和她的丈夫一样的衣服,更是因为她有着和她的丈夫一样的生活方式(卷六 93,97 - 98)。关于这点的证据都是些轶闻,但数量却很多(参见 G. Giannantoni,《苏格拉底与苏格拉底学派遗稿》[Naples 1983]卷二 712 - 715 [= V H 19 - 26]),可以假定,此乃"无风不起浪"。很可能克拉特斯和希帕基娅的犬儒式婚姻在一定程度上塑造了芝诺的爱欲观。有个文本(克雷芒《教师》[Paidag.]卷三 2,74)看上去描述了圣贤有可能会恰如其分地去爱的一种人——这种人是男性(参见附录三)。然而,我们不能由此断定芝诺相信只有男性才是合适的被爱欲者。还有,在其诗篇的残本中,公元前三世纪的犬儒科尔基达斯(Cercidas)决意将ερως Ζανωνικός即"芝诺式爱欲"和一种明显升华了的男同性恋联系起来:τοῦ[τ᾽ἐ]στὶ ποτ᾽ ἄρσενας ἄρση[ν, τοῦ]τ᾽ ερως Ζανωνικός[这种爱欲是朝向具有男子气的男性,芝诺式爱欲便是如此],(托名)厄克叙尔律尼基(p. Oxy)1082 辑语 4. 13 - 14(最近的注疏版本见 E. Livrea, Studi Cercidei [Bonn 1986]140 - 158)。这些证据可以使我们公允地反思早期廊下派理论与实践留给人们的印象,但与此同时,我们不能认为这是对早期廊下派学说充分而精确的概述。

6

阿忒纳欧斯宣称,在芝诺看来,爱欲产生友爱、自由与和谐。在证实爱欲和友爱这个论题在《政制》中的存在,以及明确它在其中的地位之后,通过检验其他证据,我们已经能够阐明该论题的含义。然而,自由以及和谐又如何呢?

我们有很好的理由认为,阿忒纳欧斯对和谐的陈述显然反映了《政制》中提出的某些观点。对雅典在伯罗奔尼撒半岛战争(Peloponnesian War)结束后发生 στάσις[内乱]的担心,似乎已经成为一种催化剂,借此才能理解所谓的 ὁμόνοια 即和谐;ὁμόνοια[和谐]是政治学和政治哲学语库中的一个关键词,其最初和根本的用途便在于表达国家内部稳定所需的前提条件。① 这种用法在柏拉图《王制》第四卷中得到了展现,在那里,ὁμόνοια[和谐]被等同于 σωφροσύνη[节制],也就是被视为理想国必定具备的主要优势之一;并且在那里,阶级体系这个柏拉图的核心理论之所以被如此设计,事实上是为了给 ὁμόνοια[和谐]的形成创造最优的条件(《王制》431 D – 432 A)。相应地,既然芝诺的《政制》在很多方面都沿袭了柏拉图《王制》中的说法,那么 ὁμόνοια[和谐]在芝诺政治哲学中具有的核心地位也就不足为奇了。

为了论证上述观点,我们转向狄都谟斯在阐述廊下派伦理学时

---

① 相关证据以及对它们的出色讨论,参见 J. de Romilly, "Vocabulaire et propaganda ou les premiers employs du mot ὁμόνοια", 见 *Mélanges de Linguistique et de Philologie Grecques offerts à Pierre Chantraine* (Paris 1972), 页 199 – 209。

给出的一项间接的证据。① 他暗示道,[47]廊下派是用和谐来定义友爱的。有关论证,《读本》卷二 106.12 - 17 记载如下:

> 而且他们主张,每个愚者还与诸神敌对。因为敌对是指生活事务方面缺乏和睦,是一种不谐,正如友爱是指和睦与和谐;但道德败坏的人在生活事务方面与诸神不睦,所以每个愚者都与诸神敌对。

《读本》卷二 108.15 - 18 传达了一个显然最终来自芝诺《政制》的关于友爱的论题,并且通过论证来支持它,而这一论证还是取决于对和谐的界定:

> 他们使友爱成为某种只能在智者中间找到的事物。因为只有在这些人中间,才能找到生活事务方面的和谐。和谐是关于共同善(common goods)的知识。

在关于智者和愚者的那一部分中,狄都谟斯一开始就阐明了这

---

① 事实上还有一个间接的证据,即克律希珀斯的论著《论和谐》(On Concord)明显是一本政治学著作——至少可以说,它像芝诺的《政制》那样是一本政治学著作。因为该著作显然给出了关于"自由的"和"奴隶的"各种不同的定义(这两个词事实上是芝诺《政制》中的关键术语:《名哲言行录》卷七 32 - 33):参见《欢宴上的智者》267 B,《名哲言行录》卷七 121。这些定义在 Erskine 那里得到了虽冒失但不乏趣味的处理,参见 The Hellenistic Stoa, Ch. 2。非常可能的是,克律希珀斯在那本论著中 inter alia[特别]想解释芝诺《政制》中自由与和谐这两个概念的意涵。根据《名哲言行录》卷七 122,他在一本名为《论芝诺对词语的权威运用》(On Zeno's having used words in the underivative sense[κυρίως])的著作中讨论了与王制相关的这两个概念。

里所用的和谐概念(93.19 – 94.6)：

> 他们说，所有好的事物都为道德上良善的人共有，因为有益于自己任一邻人的人，也有益于他自己。和谐是关于共同善的知识，这就是为何道德上良善的人可以彼此和谐相处——因为他们在生活事务上是和睦的。但道德败坏的人相互之间不睦，所以，他们是敌人，且相互间好作恶，同时也是仇人。

和谐在何种意义上是一种关于共同善的知识？可以假定廊下派心里想的是智者所共享的那种知识，即诸善（也就是廊下派理论中的德性和德性行动）有益于所有智慧且道德上良善的人，至少有益于这些人中所有与施惠者毗邻的人。如果你我知道任何善都是于我们二人有益的，那么我们显然会一致认同我们在智识上存在共识，更重要的是，我们还会一致认为我们之间是平等的——也就是说，我们中的任何一人在德性行动方面[48]是处在和对方一样的有利位置上。这与和睦的关系并没有看起来那样一目了然。但狄都谟斯在稍前的一个段落中告知我们，廊下派将和睦定义成"生活事务方面共享的信念"(74.4 – 5)。如果这种共享的信念取决于群贤所具有的那种知识，即任一圣贤的德性行动都会使所有圣贤受益，那么这一共享的信念——据我推测——就不仅是和睦，而且是和谐。我猜想，一种对和谐的充分定义本该是："生活事务方面共享的信念，且产生自那种关于共同善的知识。""关于共同善的知识"这个短语只是充分定义中对和谐与和睦做出区分的一个要素，比方说，它疏漏了一项必要的规定：和谐该是人与人之间共享的（我们相信廊下派会接受这一规定)。①

《读本》对友爱与和谐所作记叙的细节不能被假定为出自芝诺的那本著作。然而,《读本》卷二 93.19-94.6 是狄都谟斯撰写的核心段落,其中认为智慧且道德上良善的人们彼此愿意结成共同体,因此这段话很可能源于芝诺。进一步说来,除非芝诺本人以某种方式来连接友爱与和谐,从而暗示要根据和谐来理解友爱,否则我们难以想象《读本》能够如此详尽地描述友爱与和谐。如果《读本》的这份描述公允地反映了芝诺心中之所思,那么可以推出芝诺会因为爱欲产生友爱,而认为爱欲也产生和谐:某事物是事态 S 出现的原因,则它也是 S 之所以如是定义的原因。

7

相比之下,爱欲和自由之间的联系是成问题的。廊下派主义认为自由是一种道德特征:"一种独立行事[49]的权力。"(《名哲言行录》卷七 121)芝诺在《政制》中非常可能认为除了道德上良善的人以外,其他任何人都不具有这种道德自由(卷七 33),其理由非常可能是苏格拉底式的,即只有良善且智慧的人才能选择去做他们真正

---

① 我提出这项论点是为了得出:将和谐(ὁμόνοια)看作"关于诸善的知识"不是一个廊下派会赞成的完整定义,而只是完整定义中最独特的组成要素。但为此还可以提出另外一个论点,它来自对如下可能性的反思,即狄都谟斯记载的廊下派关于友爱与和谐的思想在极大程度上利用了柏拉图的资源——事实上,那一思想是对柏拉图(此处的柏拉图应被视作可疑的对话如《阿尔喀比亚德前篇》[*Alcibiades I*]和《克利托普丰》[*Cleitophon*]的作者)的疏解。可进一步参见本书附录五。

想做的事。① 然而，我们难以看出这和爱欲或友爱有什么关系。

如果我们把自由看作政治自由，认为它是免于僭主统治或免于服从外国权力的国家自由，那么我们就能更好地理解阿忒纳欧斯的那份资料。这就是阿忒纳欧斯本人对芝诺的理解，且当我们继续引用他的陈述时，他的理解将会逐渐变得清晰起来（561 C – 562 A）：

> 珀提阿诺斯说，基提翁的芝诺把爱欲看作一位神，而该神所带来的不外乎是友爱和自由，再就是和谐。这就解释了为何他在《政制》中说爱欲是一位神，并作为襄助者来促进城邦的安全。然而，芝诺之前的哲人们也认识到爱神是一位神圣的存在者，远离任何卑贱的事物，这明显地反映在，体育场中他的雕像事实上被竖立在赫耳墨斯（Hermes）和赫拉克勒斯（Heracles）雕像的旁边，赫耳墨斯掌管着 logos[逻各斯]，赫拉克勒斯掌管着力量：当逻各斯和力量被结合起来时，友爱与和谐就诞生了；并且，对于那些追求友爱与和谐的人来说，正是通过它们，最高贵的自由才得以生长。雅典人不认为爱神掌管着任何性交，因此尽管阿卡德米（Academy）很明显是被奉献给雅典娜

---

① 这是廊下派为自由学说所定的基本原则，对此的证明并没有我们所期望的那样有力。但在狄翁的《讲辞》（Dio *Or.* 第十四篇 16[=《早期廊下派辑语》卷三 356]）和斐洛（[译按] 即 Philo Judaeus，犹太人斐洛）的《每个好人都自由》（*quod omnis probus liber*，卷二 页 454. 12 以下 Mang. [=《早期廊下派辑语》卷三 362]；参照卷二 页 454. 31 以下[=《早期廊下派辑语》卷三 363]）中，有些与此一致的思想使这一原则不会受到很大的质疑，如果考虑到狄翁给出的有关自由的廊下派式定义（一种关于什么是被允许的和什么是被禁止的知识），斐洛呈现的各种推理的三段论模式，以及他们对那个得到充分证实的廊下派论题——即道德上良善的人能够做好任何事情——的倚重（特别是狄都谟斯[《读本》卷二 99.9 – 100.2]推进了这一论题）。

(Athena)的,但他们还是把爱神的雕像正立在那儿,并让他和雅典娜一起得到祭祀。忒斯庇亚(Thespiae)人庆祝爱神节(Ἐρωτίδια),正如他们[即雅典人]庆祝雅典娜节(Athenaea),或者奥林匹亚的埃利亚人(Elians the Olympia)或玫瑰岛人庆祝太阳神节(Ἀλίεια)。一般说来,他们用公共开支所奉献的祭品来荣耀[50]爱神。斯巴达人在军队整装待发以前会首先给爱神奉献牺牲,因为他们相信安全和胜利取决于那些并肩作战者之间的友爱。还有,克里特人整顿军列以便最英俊的公民彼此相邻,并由他们来给爱神奉献牺牲,索希克拉特斯(Sosicrates)就是这样记载的。忒拜人(Thebans)所谓的圣军(Sacred Band)由爱欲者及其男伴组成——这暗示出对爱神的敬畏——因为他们愿意光荣赴死,而不愿苟且偷生。厄尔克希阿斯(Erxias)在其《科洛芬志》(*History of Colophon*)中说,萨摩斯人(Samians)在给爱神奉献了一座体育场之后,还把他们为了荣耀他而引入的节日称为自由神节(Ἐλευθέρια)。也正是由于这个神,雅典人才赢得自由;而在受到驱逐以后,庇西斯特拉图家族(Peisistratides)是最早企图诋毁关于该神的各种法令的人。

如果我们追随阿忒纳欧斯,那么,我们的阐释将依托于斯巴达人和克里特人的例子、哈墨狄俄斯和阿里斯托盖通的例子以及圣军的例子。爱欲唤起了公民彼此之间的责任感,而这种责任感是必要的,如果想推翻独裁者,如果想在危机时期保持强健的斗志并使国家免遭外部威胁。由此,芝诺受到共和主义的感召而将自由纳入爱欲所保障的益处之中。他分享了传统希腊所为之献身的免于僭政统治的自由观,不管这种僭政是来自内部还是外部。他呵护着自由,并视其为城邦本身的一项属性,而不仅仅是个人的标记。

阿忒纳欧斯这里关于芝诺的看法既和《政制》中的斯巴达精神一致(参照上文第4节)，也和《政制》中的柏拉图模式一致：斯巴达人的国家以及护卫者的共同体是为了战争而设置的制度。但在设想芝诺笔下的国家也奉行军国主义时，我们会遇到一个困难，相关的原始文献并没有流露出一丝军国主义气息。并且，斐洛德谟斯在证明犬儒第欧根尼的《政制》是真作时曾利用的证据之一，是克律希珀斯在《论政制》中提到的第欧根尼"关于武器之无用性"的观点——这一观点似乎得到了克律希珀斯的支持(《论廊下派》卷十五31—卷十六4)。学者们似乎有理由推断，[51]克律希珀斯对这一观点的采纳很可能反映出芝诺在《政制》中也采用了类似的论断。① 如果是这样，那么阿忒纳欧斯上述那份比较性材料暗示的爱欲和自由之间的关联就不会是芝诺的看法，因为这种关联以恋人们为国而战的意愿作为媒介。

为何犬儒第欧根尼要谴责武器是无用的？《名哲言行录》卷六70-71学述式地记录了他的教义，这可以提供给我们一些与某种回答相关的材料。犬儒教义中的核心论题是 ἄσκησις(锻炼/训练)或 πόνος(suffering/struggle, 吃苦/抗争)：训练或抗争的唯一价值在于其指向德性和道德自由。从第71节来看，第欧根尼在这里看上去像是利用了一个军事比喻，因为他将训练描述成"能够彻底战胜一切"。原文继续写道："因此，我们应该选择的不是那些无用的抗争，而是那些合乎自然的抗争——生活只有这样才会幸福。"这些观点看起来颇有可能提供了第欧根尼对武器评价的上下文背景。军事活动及其对武器的使用无疑属于第欧根尼所认为的那些无用的抗争。只有道德抗争才能给予我们有价值

---

① 对此参见 Baldry, *JHS* 79(1959)，页10，注12。

的胜利。① 克拉特斯在其关于理想城邦的诗篇(卷六 85)中也强调说武器是多余的——因为武器对于自足的犬儒而言是毫无意义的。他笔下的"公民们"在自己的袋子里放的是百里香、大蒜、无花果和面包：

> 因此,他们不会为了这些东西而互相开战,也不会为了金钱或荣誉而拿起武器去战斗。

我把这点理解成,自足性所必需的事物已被智者据有——所以为之而战是毫无意义的;而自足性[52]所无需的事物(金钱、荣誉)是没有必要的——所以为之而战也是毫无意义的。②

芝诺显然以某种方式同意犬儒派的观点,即道德德性对个人而言特别重要。我们可以假定这解释了为何他在《政制》中追随犬儒派以反对"普通教育"(卷七 32;参照卷六 73,103–104),正如色诺芬笔下的斯巴达人——事实上是主张某种 ἀγωγή[教育](尤指斯巴达训练体制)观的斯巴达人——所做的那样(《斯巴达政制》2.1)。因

---

① 第欧根尼对这个论题的讨论,参见 Goulet-Cazé, *L'Ascese Cynique*;亦参照 Giannantoni,《苏格拉底与苏格拉底学派遗稿》(Rome 1985),卷三,第 50 号,相关原文见卷二 V B 290–331。特别相关的原文见 V B 299(推罗的马克希谟斯《哲学演说》[Maxim. Tyr. Philosoph.]第三十六篇 5–6),其中认为从事军事远征是第欧根尼所规避的许多徒劳无用的事业之一,人们通常是出于贪婪(πλεονεξία)才进行这项事业;并且,其中还记有以下轶闻："当希腊处于战争状态以及人人相互攻击时,'相比那些先前给彼此带来充满泪水的战争的人',他只是给他们带来了一份休战协定,要求这些武装人员解除武装。"当然,这里提到的"他"是一个第欧根尼般的人物,而不是第欧根尼。
② 参照克勒昂忒斯,《宙斯颂》(*Hymn to Zeus*) 27–28(《读本》卷一 26.16–17),其中认为荣誉和获利是常人所热衷的前两种愚蠢的追求。

此,芝诺坚持认为德性且只有德性对个人幸福而言是重要的,这点可能最终反映在克律希珀斯重复第欧根尼对武器无用性的评述中。

据我们所知,犬儒派在反对战争时,并没有考虑政治自由是否就像钱币或荣誉那样无法作为争战的有效理由。他们在进行论证时依据的那些价值仅仅是个人的,而非共同体的。但我们不可能从芝诺赞同犬儒的反战立场推断出他同样没有考虑政治自由的问题,特别是鉴于如下事实:在赋予和谐以关键作用时,《政制》无疑不仅诉诸纯粹的个人价值。尽管如此,《政制》中有很多地方主张犬儒的反律法主义,这就要求一些人承担起举证责任,因为他们想要坚称芝诺在其方案中赋予了所有的共同体价值以重要地位。经过盖然性权衡可以说,芝诺完全出于犬儒派所给的那些理由,才会带着犬儒式的反感来看待为国而战的观点——因此在这点上,他彻底背离了柏拉图《王制》和斯巴达人的主张,用通常的希腊话来说,他是在彻底背离"城邦意识形态"。①

[53]我们能否解释芝诺如何认为爱欲产生自由,而这种自由又无关乎阿忒纳欧斯记叙中的那种战争?一种替代的考察路径有可

---

① 事实上,早期廊下派主义在某个时候进一步阐述了智者面对各种现存环境——指理想共同体之诞生所需的条件没有得到满足的环境——该如何行动的问题(参见附录四)。在这种情况下,廊下派既想让为国服务成为行为的有效动机(例如,政治行动:《读本》卷二 111.5 – 9;结婚:94.14 – 17;自杀:《名哲言行录》卷七 130),还想将智者视作唯一真正的将军(《读本》卷二 102.11 – 13)。后者或许可以追溯到芝诺本人那里。普鲁塔克(《阿拉托斯》[Aratus]23)记述过一段关于佩赛俄斯的有趣轶闻:年轻的阿拉托斯将他逐出科林斯卫城(Acrocorinth),在这之前,他被安提戈诺斯(Antigonus,[译按]即 Antigonus Gonatas,"弯膝"安提戈诺斯)任命为那里的卫戍指挥官,于是人们断定他提到过智者是唯一真正的将军这样的观点,并且在芝诺主张的所有学说中,这是他最喜欢的一个——但后来某个来自西库昂(Sicyon)的年轻人给他上了一课,才改变了他的想法。

能是,假定爱欲严格说来只是带来了友爱;接着,芝诺宣称他笔下的国家由于公民间的友爱,而臻达了公元前四世纪和三世纪的希腊政治理论家和政论家普遍都会认同的和谐与自由理想。我们可以猜测,和谐与自由已经成为许多高尚的政治规划几乎都要具备的目标,因此(1)我们能够理解一个哲人认为自己有责任表明,通过引介他所主张的政治体制,就能够保证实现那两个目标,而(2)这些目标又不必成为他自己方案中某种独特或根本的理想。基于此,芝诺会说真正重要的是友爱,而非和谐与自由。所以,即使对和谐与自由的追求需要军事这一维度,也不必把这种维度看作芝诺思想中的重要元素,但它在阿忒纳欧斯那里肯定是重要的元素。

我们可以轻易地从文献中找到政治修辞意义上的和谐与自由这对观念。我只是从许多可能的例子中择取了两个。公元前四世纪,伊索克拉底(Isocrates)屡次提到他自己的宣言,即呼吁希腊人应在内部实现和谐,并打响反对野蛮人的战役(例如《泛雅典娜节献辞》[Panath.]13,《交换法》[Antidosis]77,《致腓力辞》[Philip]16,《泛希腊集会辞》[Paneg.]85,104);或者,就像他在《泛希腊集会辞》106中所表述的那样,他首先描述了雅典为德洛斯同盟(Delian League)各成员国建立的民主制,随后说道"自由取决于野蛮人,免于内乱($στάσις$)则取决于他们自己"。在公元前三世纪的雅典,克瑞谟尼德斯(Chremonides)领导的反马其顿派(the anti-Macedonian party)也利用了类似的修辞。克瑞谟尼德斯颁布的公元前268或267年法令——当时芝诺尚在人世——在雅典和斯巴达之间确立了一项条约,其中 inter alia[特别]提到了要在希腊人内部建立起"共同的和谐",这使希波战争(Persian Wars)时期——当时它们"为自己赢得声名,为其他希腊人争取自由"——曾有的友爱与联盟得以恢复。约在同一[54]时期或晚些,克瑞谟尼德斯的兄弟格劳孔

(Glaucon)颁布的法令确立了对解放者宙斯(Zeus Eleutherios,自由之神)与和谐神(Concord)的崇拜,并选址于普拉提亚(Plataea)这个公元前480年希腊人大胜波斯人的地方,这再次呼应了"为保卫希腊人的自由而反对野蛮人"的抗争。①

一个人只有通过再现这一修辞才能认识到,上述那种替代性解释无法恰当地说明芝诺在《政制》中为何有可能探讨了和谐与自由问题。这一修辞尽管常规,但具有根深蒂固的好战性。无论芝诺在何种意义上承认了它,我们难免会得出结论,《政制》是一部军国主义著作,但这和其余证据所反映的观点不一致。如果芝诺不承认它,那么该书的立意将会降低。并且我们不得不相信,当他在《政制》的其他地方兴致盎然地大规模摧毁政治传统时,他在这里又口口声声支持这些传统。把对斯巴达和圣军的顶礼膜拜换成泛希腊主义意识形态,并不能使我们更容易接受这种阐释。

我们因此陷入了僵局。当我们毫无困难地承认芝诺在《政制》中认为爱欲能够产生友爱与和谐时,爱欲和自由的关系依然是非常成问题的。

---

① R. Etienne 和 M. Piérart 给出并讨论了关于这一话题的证据,参见"Un décret du koinon des Hellénes ú Platèes en l'honneur de Glaucon, fils d' 'Eteocles, d'Athènes",*Bull. Corresp. Hell.* 99(1975)51 – 75(其中涉及的内容比文章题目有可能揭示的要广得多);W. C. West,"Hellenic Homonoia and the New Decree from Plataea",*GRBS* 18(1977)307 – 319。克瑞谟尼德斯的法令可见于 H. Schmitt, *Die Staatsverträge des Altertums* III(Munich,1969),no. 476,页 129 – 133。Erskine (*The Hellenistic Stoa*,Ch. 4)试图充分调和阿忒纳欧斯告知我们的关于芝诺对和谐与自由的认同,和克瑞谟尼德斯为反对马其顿而运用的修辞。在我看来,这一尝试是失败的:那些将芝诺同雅典和马其顿政治关联起来的证据都是薄弱的轶闻材料,并且正如上面引用的文章所表明的,克瑞谟尼德斯是在利用一种悠久的泛希腊(pan-Hellenic)修辞传统,而不是在利用乌托邦哲学。

对这一迷局的破解,有一个直截了当的办法:阿忒纳欧斯的记叙是有误的——芝诺事实上从未宣称爱欲和自由有什么关系。

这一解决办法并非武断。如果芝诺说过阿忒纳欧斯认为他说过的话,那么他一定是在谈论政治自由。然而后来的廊下派未曾打算阐述政治自由这个概念,尽管他们费尽心力地定义和发展芝诺《政制》所应用的且为我们所看到的所有其他[55]概念,包括友爱与和谐。他们之所以这样做,显然是因为芝诺在《政制》中没有谈到政治自由。

如果我们回过头去看阿忒纳欧斯的那段话,我们就会看到,他原本是如何在芝诺教义中插入自由的(561 C):

> 珀提阿诺斯说,基提翁的芝诺把爱欲看作一位神,而该神所带来的不外乎是友爱和自由,再是和谐。这就解释了为何他在《政制》中说爱欲是一位神,并作为襄助者来促进城邦的安全。

我认为,阿忒纳欧斯从芝诺真实的论题即城邦安全出发,推出一种关于自由的主张:也就是说,事实上芝诺的确曾说过爱欲促进城邦的安全,但阿忒纳欧斯却把这点转化成一种自由观。这一转变做得非常自然——自然到他根本没有意识到这是一种转变。

我们可以从两个方面来构想城邦或联盟的安全:它们的安定来自其独立地位不受外界的侵犯;或者说它们的安定来自其免于 στάσις[内乱]和内部分裂。希腊作家们在谈论安全时首先想到的通常是第一种观念,例如修昔底德(Thucydides,《战争志》卷二 60.4)、柏拉图(《普罗塔戈拉》354 B)以及伊索克拉底(《泛希腊集会辞》85)。其中伊索克拉底说道,希波战争时期的雅典人和斯巴达人"并没有拍那个蛮子的马屁而使希腊人沦为奴隶,相反,他们对共同安全有着一致的看法(ὁμονοοῦντες)"。① 然而,第二种观念也随处可见,例如在安多基德斯(Andocides,《论秘仪》[*Myst.*]140)、柏拉图(《王制》433 B)和声名卓著的亚里士多德那里。亚里士多德利用《政治学》第五卷的整个篇幅来研究政制的"崩溃"和"保存"(σωτηρίαι)(1,1301 a 19 – 25),他极其关心内部稳定所面临的威胁。正如伊索克拉底的话暗示,第一种观念认为全力关注安全相当于全力关注自由。但第二种观念却不然。当然,我们可能有理由来论证或假定,无法免于στάσις[内乱]的国家或联盟将很少能够并愿意为独立而战,或者去抵抗各种外来统治对其自由的侵犯。不过[56]这就是另一个问题了。政治家或理论家完全可能关心和谐与免于στάσις[内乱]的安定,而不会非常关注免受外来统治的自由。对此,柏拉图《王制》第四卷和亚里士多德《政治学》第五卷就是明证。这两个例子或许使得如下看法变得更加可信,甚至是确定无疑的:芝诺也只是把和谐与内部稳定意义上的安全联系起来。阿忒纳欧斯的错误是因为他在思考第一种安全观,从而在思考它的必然伴随物,即免于军事威胁的自由。

8

我已经论证,芝诺的《政制》接续了某种类似于柏拉图《王制》所表明的政治哲学的传统和类型。芝诺想象了一种通常意义上的

---

① [译按]译文参考了《古希腊抒情诗选(罗念生全集·第六卷)》,世纪出版集团上海人民出版社,2004年,页241,有改动。

共同体，然而，这个共同体是尽可能完美的，因其共产主义制度、公民的道德品格，以及存在于公民中间的友爱与和谐。芝诺的这本著作之所以要比柏拉图的那本薄得多——一卷对十卷——主要是因为他仅仅涉及了柏拉图《王制》中的某些话题，也因为他更加注重简明：没有精细的教育体制，没有划分阶级。简明是芝诺为实现善与和谐而提供的秘诀。①

简明扼要是拉科尼亚人的（Laconic）美德，也是犬儒派的美德。且我已经表明，芝诺的《政制》对柏拉图的雅典异乡人构成了一种斯巴达式的回应，或者（我猜想斯菲若斯展现出了这点）对柏拉图《王制》中的苏格拉底构成了一种吕库古式的回应。就像斯巴达人一样，芝诺认为爱欲是其政治体制安排中的独特元素。然而，这种爱欲是一种完全升华了的爱欲（正如柏拉图所认为的那样）；它是同性的，但很可能也是异性的；而且它与战争无关。

---

① 关于扼要是芝诺思考方式的特点，参见我的文章，"The syllogisms of Zeno of Citium", *Phronesis* 28(1983)31 – 58。

三　宇宙城邦

1

[57]在克里米亚(Crimaea)的布格(Bug)河畔,往布格河与第聂伯(Dnieper,希腊人谓之波律斯忒涅斯[Borysthenes])河交汇处上溯一点,曾坐落着古代米利都建立的殖民地奥尔比亚(Olbia)或波律斯忒涅斯。该殖民地的其他独特之处包括,它崇拜阿基琉斯,①它给予我们一份早期关于酒神节中的俄耳甫斯教(the Dionysiac dimension of Orphism)的宝贵证据,②以及为"金嘴"狄翁的第三十六篇讲辞提供了背景。③

---

①　参照 E. Belin de Ballu, *Olbia*: *cité antique du littoral nord de la mer noire* (Leiden 1972)77 – 82,139 – 140,164 – 165;进一步的信息,参见 C. P. Jones, *The Rome World of Dio Chrysostom* (Cambridge MA/London 1978)62 – 63,178 – 179。

②　参照 M. L. West,"The Orphics of Olbia", *ZPE* 45(1982)17 – 29;对这份证据的简述,参见《前苏格拉底哲人》,30,208 注 1。

③　根据 von Arnim 的辑本所遵循的,且再现于 Loeb 版中的某种传统,我采用了诸如"第三十六篇"这样的编号。关于 *Borysthenitikos logos*[波律斯忒涅斯讲辞],我参考了 H. von Arnim, *Leben und Werke des Dio von Prusa* (Berlin 1898),特别参见页 482 – 489(非常有价值);P. Desideri, *Dione di Prusa* (Messina/Firenze 1978),特别参见页 318 – 327,361 – 371(其中的注释很有用);以及 Jones, *The Rome World*

在这篇讲辞中,狄翁一开始(节1)便告知我们他正在访问波律斯忒涅斯城邦,当时他是在从斯库提亚(Scythia)前往盖塔伊人(Getae)——后者的民族志是他的某本现已遗失的著作的主题——那里的旅途中。这场远行使他越过希腊世界的边界而来到野蛮人中间。并且该讲辞稍后便澄清,波律斯忒涅斯是[58]希腊人和野蛮人之间的联络点,这不仅是在物理和商业意义上而言的。由于它的历史、位置和人口结构,波律斯忒涅斯是希腊人和野蛮人混居的城邦。

因此波律斯忒涅斯"总是处于战争状态"(节4);为了强调这点,狄翁说该城邦是斯库提亚突袭的受害者,他声称这场突袭恰好发生在与波律斯忒涅斯人的交谈的前一天(节15)。波律斯忒涅斯"过去常常被攻占,最近的最大规模的一次距今顶多150年"——据说都是盖塔伊人所为(节4)。根据狄翁的说法,那最后一次占领导致它不再发挥城邦的功能,并且存活下来的希腊人均作鸟兽散。这里暗示,波律斯忒涅斯被"野蛮人"接管了;它与希腊的联络也终止了,因为斯库提亚人不会说希腊语,同时"既没有雄心也没有知识来仿效希腊人建立一个贸易中心"。最后,希腊殖民者们重新集聚,并使它再度成为一个城邦。狄翁暗示,这是由于斯库提亚人想要恢复

---

of Dio Chrysostom, ch. 7(其中有大量的历史信息,但当狄翁认为奥尔比亚人徘徊在希腊主义和野蛮主义之间时,Jones 在没有做出任何论证的情况下,便从根本上把狄翁的意图误解成,"将奥尔比亚人视作一个具有理想德性且自足的共同体"[页63])。在我阅读 M. B. Trapp 的文章之前,就差不多已经得出了本章第1节中展开的阐释,也正是因为我们二人见解一致,我感到自己备受鼓舞,参见"Plato's *Phaedurs* in Second-Century Greek Literature",收在 D. A. Russell(ed.),*Antonine Literature*(Oxford 1990)。我受益于他对第1节首稿的评论,并且心怀感激地借用了他对第三十六篇讲辞第18-19节(*ibid.*,页151)以及许多其他方面的考察。

贸易(节5)。但这个城邦现如今只占旧址的一部分;其中的屋舍破败不堪,城墙的新建部分劣质易损,葬礼的纪念碑和神庙中的雕像也均遭毁坏(节6)。狄翁并没有沿着波律斯忒涅斯人的历史和地势环境所产生的文化后果等类似线索,来给出一种与之联系的记述。尽管如此,他仍留下了一些提示。波律斯忒涅斯人穿得像斯库提亚人,即使他们长长的须发令人想起荷马笔下的希腊人(节7和17)。他们不再能够说流利的希腊语,因为他们生活在野蛮人中间(节9)。他们崇敬荷马,其中少数人还知道柏拉图,但他们几乎完全不了解其他人的诗歌和哲学,虽说在求知欲上他们堪称真正的希腊人(节9、14、16、26)。狄翁将年老的希耶罗松(Hieroson)描述成虽有掩饰但却精准地觉察到他们自己的"野蛮主义"(节24-26)。相应地,狄翁结束这篇讲辞的方式相当精妙:他给廊下派宇宙论披上神话的外衣,并认为这个神话出自琐罗亚斯德(Zoroaster)和东方三博士(Magi)(节39-61),是一首"野蛮之歌"——他为自己没能奉上一首"希腊式的优雅的"曲子感到抱歉(节43)。

狄翁使这篇讲辞的主题和方法匹配于自己所描绘的波律斯忒涅斯,他的主题是城邦。由于波律斯忒涅斯未能牢牢守住城邦身份和[59]希腊精神,那么狄翁对它的访问就成了提起一个哲学问题的恰当时机:城邦是什么?狄翁通过两个阶段来引入这个话题。首先,他从波律斯忒涅斯人的水平出发,以讨论诗歌、荷马以及战争开始。他向第一位对话者提出了一个过分的问题:"你觉得荷马是一位比佛库利德斯(Phocylides)更好的诗人吗?"(节10)这名对话者从未听说过佛库利德斯。为此,狄翁接着在佛库利德斯的文风和题材与荷马的创作方式之间展开对比;其中,荷马擅长"让一首冗长不断的诗变得连贯顺畅",擅长"用五千行以上的诗句来连续描述一场战斗"(节10-12)。狄翁特别关注了佛库利德斯那些由"两三行诗句"组成的箴言(节13)：

> 这也是佛库利德斯说的话：一个城邦建在石岩上，秩序良好，虽小但好过发疯的尼尼微(Nineveh)。
>
> 堪与整本《伊利亚特》(Iliad)和《奥德赛》(Odyssey)比肩的难道不是这些在竖耳聆听者听来高贵的诗句？难道聆听阿基琉斯的飞跃和猛冲，聆听他的声音，听他如何单凭自己的口才便大败特洛伊人(Trojans)，对你更有好处？难道用心学习这些诗句要比用心学习真理更有益于你？该真理便是，一个设在崎岖石岩上的小城邦，只要其中的秩序良好，那它就是更好更幸运的，比起那位于坦荡平原上的大城邦，其中的居民过着无序无法的生活。

佛库利德斯是一位诗人。然而，他的风格简约严谨而且符合他质朴的学说——预示着狄翁即将引出的廊下派主义。因为，在把城邦提上议程之后，狄翁进入了他辩证法的第二个阶段：直接从哲学上讨论城邦是什么，以及好的城邦又是什么，而实质上这份讨论大体是廊下派式的，尽管也关键性地提到了柏拉图的学说(节18 - 23)。随后，希耶罗松提出的一种阐释使得这篇讲辞顺利地转到另一个方向；不过，对此我们下文再议。

狄翁在这篇讲辞中采用的方法受到了柏拉图的启发。这从两个方面上讲符合波律斯忒涅斯人的情况。(1)由于他们与荷马、战争结缘(节9 - 10)，所以有必要通过某种冲击来挑战这一联合，正如柏拉图笔下的苏格拉底对其对话者所做的那样；这样一来，他们就可以回应中期柏拉图对话把论证和[60]神话相结合的特征(参照节27)。(2)既然他们先前多少明白点哲学，那么这点哲学知识是来自柏拉图(节 26 – 27)。

显然,读者只能说狄翁的方法就是柏拉图的。在第二阶段一开始(节 18),他就强调对于一个事物提出 τί ἐστι;[是什么?]这样的问题的重要性,如果想要弄清楚它是何种事物(ὁποῖόν τι ἐστιν)的话。以类似于苏格拉底的方式,他给出了一个自己心里已然装着的例子(节 19):就人(ἄνθρωπος)这一字眼,我们需要知道的不仅是如何使用这个词,还有如何正确地回答 τί ἐστι;[是什么?]这样的问题——答案是"必死的理性动物"。狄翁在讲辞第二阶段采用这一步骤几乎没什么可奇怪的,考虑到他与波律斯忒涅斯人之间发生的整个故事都是以柏拉图对话的风格来呈现的。实际上,狄翁心里明显装着一个具体的参照模版——《斐德若》。就像《斐德若》开篇中的苏格拉底和斐德若(Phaedrus),狄翁在第三十六篇讲辞的开头(节 1)也于城邦外散步——准确地说是沿着叙帕尼斯(Hypanis)河或布格河散步,正如苏格拉底和斐德若沿着伊利索斯(Ilissus)河往下游走。这两个序言都在某种程度上决心处理地势问题(节 1 – 7)。苏格拉底很少离开城邦,这点显然极富象征意义。同样颇具象征意义的是,狄翁和波律斯忒涅斯人走进城邦,继续进行他们有关城邦的讨论,以便完成我所说的狄翁辩证法中那显然是哲学性的第二阶段(节 16 – 17)。第三十六篇讲辞在宙斯马车的神话中达到高潮,这呼应着《斐德若》第一部分结尾处关于马车和御夫的神话(节 39 以下)。在讲辞最初阶段,狄翁在描述卡利斯特拉托斯(Callistratus),即那第一位对话者时,让读者们更加感到他在一般意义上呼应着柏拉图,具体而言呼应的是《斐德若》。狄翁以那些适合用在柏拉图式理想 ἐρώμενος[被爱欲者]身上的美赞之辞来刻画卡利斯特拉托斯(节 8)。但同时,狄翁暗示波律忒涅斯的同性恋存在着被歪曲的危险,考虑到野蛮人很可能占据了该城

(同上),这不经意间令人想起《斐德若》试图区分好的和坏的 ἔρως [爱欲]。最后,狄翁强烈主张首先得弄清楚一个人正在谈论的内容(节18),这类似于《斐德若》中苏格拉底首次发言时所说的话(237 B – C)。

在这种情况下,狄翁需要给出的不是一套他自卖自夸的城邦观念,而是一种有关[61]这个主题的希腊和哲学的权威教诲。但首先,这种教诲最终不是柏拉图的,而是廊下派的学说:希耶罗松这位自称熟悉柏拉图的人宣称自己和波律斯忒涅斯人都对"那种更加精确的哲学"毫无经验,而这在古代通常是指廊下派主义(节26);并且,我们有众多其他类似的原始文献证据来确定,狄翁归给"我们的人"(τῶν ἡμετέρων,节29)或归作"哲人们的理论"的那些重要论点出自廊下派(节38)。

因此,他开始告诉波律斯忒涅斯人"他们"[非特指]说城邦是"由生活在同一个地方并受法律规制的人们(ἄνϑρωποι)所组成的群体"(节20)。这是克雷芒记录的那个廊下派定义的翻版(《杂缀集》卷四26):①

> 廊下派说宇宙(οὐρανός)在确切的意义上是一个城邦,但地上的那些城邦却不是——它们被称作城邦,但事实上并不是城邦。因为城邦或民族是道德上良善的事物;也是人们组成的组织结构或群体,受展示文雅的(ἀστεῖον)法律规制。②

---

① 这一标准的廊下派定义与克勒昂忒斯那个有关城邦的三段论之间的关系,参见本书附录六中的讨论。
② ἀστεῖον[展示文雅的]在这里或其他早期廊下派文本中的含义参见本书附录七。

狄翁从自己的那个定义中引出了一个具有廊下派特征的结论，并以近乎廊下派的语汇进行表达（节20）：

> 因而这一表述[即城邦]显然并不适用于任何一个愚蠢而枉法的所谓城邦。所以，诗人甚至不会说尼尼微是一个城邦，既然它是发疯的。因为，好比不以理性作为自身品性的人算不得一个人，不以守法作为自身属性的城邦也不算城邦。而要是一个城邦愚钝无序，那它就绝不可能是守法的。

这实际上是在澄清如下二者之间的关联：城邦的定义，以及克雷芒假定但没有明白说出的论点，即地上的各城邦不是真正的城邦。

真正说来，狄翁还不至于明确主张我们所说的克雷芒的论点，即地上的各城邦事实上并不是[62]城邦；也没有明确宣称过与此互补的论点：宇宙本身是唯一真正的城邦。这似乎出于两个原因，一个内在于狄翁第三十六篇讲辞的特殊意图之中，另一个反映在希腊政治哲学的著名课题之中。

狄翁认为自己在该篇讲辞这一部分中的政治意图是，鼓励人们积极地展望地上的城邦如何有可能至少在一定程度上实现公道，即便它将必然无法成为一个受神法支配的共同体（节23）：

> 相比神圣而赐福的法律和正确的规制所具有的至高的正当性，其他各个地方的共同体[即除了诸神彼此结成的社会以外的所有共同体]几乎不受限制地陷于错误和道德败坏的境地。但就目前的意图来说，可以举一些相较腐败透顶的共同体

而言还算公道的共同体作为例子,这就好比在所有病号中间,我们把病情轻微的与病情糟糕的做对比。

我发现,他在早些时候已经暗示出这种共同体有可能是什么样子的(节21):

> 或许有人会问,要是其中的统治者和领导者们是智慧的,是有判断力的人,而其余人则服从这些人以清醒而守法的方式做出的决定的规制,此时这个共同体是否应该被认为是清醒而守法的,从而事实上是一个城邦——答案是肯定的,考虑到那些管制着它的人。这就好比我们或许也会认为一个合唱队是精于音乐的,只要其中那位领头人物精于音乐,只要其他人听从他并且唱出的歌声绝不违反音律,或者只是有些微弱和模糊罢了。因为,没有人了解一个完全由好的要素所组成的好城邦——它既不是出现在过去的必死的城邦,也不是将来某一天可以设想的城邦——除了知道它是天上赐福的诸神所结成。

狄翁在摆弄的观点是,人们可以拥有这样一个地上的共同体,它算是守法的,从而满足廊下派的城邦定义,但还称不上好的城邦,即称不上完全由好人[63]组成的城邦。显然,这个观点不是狄翁本人的,而是柏拉图的。正是柏拉图的《王制》构想了一个只有统治者们是智者的城邦。因此,狄翁实际上是在邀请波律斯忒涅斯人与他一道以柏拉图的风格来从事某种政治哲学。①

---

① 我感谢 Trapp 向我指出狄翁这整段文本的柏拉图渊源和意旨。

这份邀请遭到了委婉的拒绝。希耶罗松和波律斯忒涅斯人更感兴趣的是狄翁关于宇宙之"神圣规制"的论述(节 25 – 26;参照节 22)。他们告诉狄翁(节 27):

> 如果你愿意帮帮我们大伙儿的忙,那就暂且搁置你关于必死城邦的讲辞……还是来谈谈神圣的城邦或规制,不管你选择哪一种称呼——告诉我们这种城邦或规制是啥样儿的,以便让我们尽可能地向你所谓的柏拉图式的高贵看齐,正如你刚才在我们面前看起来在做的那样。

这为该篇讲辞的剩余部分(事实上也是为我们这一章的余下内容)设定了议程;神圣的城邦或规制这一议题显然要比某种政治理论(关于必死城邦的讲辞)更符合波律斯忒涅斯人所偏爱的高尚风格。可以假定,不仅仅是狄翁谈论那个神圣城邦时所使用的措辞激起了波律斯忒涅斯人的遐想。因为,狄翁业已勾勒的,由诸神相互结成的城邦这一概念的核心,在于一种共同生活的观念,这种共同生活中没有内乱,也不可能受到外部力量的挫败,相反它是"一支由智虑会同最高智慧合跳的幸福舞蹈"(节 22)——但过这种生活的人可能拥有那种成人世界里的孩童所共享的东西。从狄翁引导我们想到的所有维度上看,这样的共同生活观与波律斯忒涅斯人的当前处境处处不同。难怪他们会为它如此着迷。要知道通常情况下,一无所有的人更爱天堂的景象而非政治思想。

2

我们首先讨论了一名智术师(sophist)在公元一世纪和二世纪之交写下的一份 epideixis[演示],以此开始对[64]早期廊下派宇宙城邦学说的探究,这 prima facie[表面上]显得有些奇怪。① 事实上,狄翁的文本的确不是廊下派主义中其他思想内容的主要来源。② 然据本章第 1 节的论证,波律斯忒涅斯讲辞的特殊意图使他意外但可靠地见证了廊下派关于城邦和宇宙的正统观点。因此,我们有理由支持 von Arnim 的《早期廊下派辑语》通过摘录这篇演说的重要内容来说明廊下派有关这些话题的思想。另一方面,狄翁文学上的老练和野心体现在,一旦脱离他所记叙的城邦定义,我们就无法直接从他的陈述中推出早期廊下派的观点。

幸运的是,我们拥有足够多的学述(将在下文第 3 和 4 节中讨论)来辨识出廊下派原初的宇宙城邦理论的形态和哲学语境。接着,我们要思考斐洛德谟斯记载的克律希珀斯在《论自然》(*On nature*)第三卷中引入的宇宙城邦学说,并试图根据普鲁塔克对《论自

---

① 有些人会反对安给狄翁"智术师"的头衔,狄翁本人也不愿以此自居:例参 Jones, *The Roman World of Dio Chrysostom*。狄翁结合了智术和哲学,对此令人信服的细致讨论参见 J. L. Moles, "The career and conversion of Dio Chrysostom", *JHS* 98(1978)79 – 100,其中告诉我们说,"智术师"这个术语最确切地描述了一个沉浸在自我表现及其文学和哲学内涵之中的人,而狄翁的《讲辞》反映出自己就是这样的人。

② 参照 P. A. Brunt, "From Epictetus to Arrian", *Athenaeum* 55(1977)19 – 48,页 39:"肯定的是,我们确实应该把'金嘴'狄翁看作一名智术师和折衷主义者,除了将他视作廊下派伦理学的阐释者以外。"

然》的大量辑录和援引,来重构出《论自然》中的相关观念之间的主要次序(下文第 5 节)。此后,我们就可以检验狄翁在这篇讲辞第 29－38 节中对宇宙城邦理论所作的陈述(下文第 6 节)。

3

当犬儒第欧根尼将自己描述成 κοσμοπολίτης 即"世界公民"时,他是在暗示自己无处为家——除了宇宙本身外。甚少可疑的是,廊下派的宇宙城邦学说通过阐述这一格言而得以发展。① 该格言包含的那些安慰性的元素[65]反映在上述学说所属的廊下派主义系统的语境之中,因为它是廊下派关于神圣天意教诲的一部分。

关于这方面最明显的证据来自西塞罗的《论神性》(de natura deorum)。其中第二卷致力于论述廊下派的神学,并将其明确规划成四个部分来组织论述。廊下派"首先教导说诸神是存在的,接着说他们是什么样子的,然后说宇宙由他们规制,最后说他们关心人类的事务"(卷二 3)。西塞罗最终在第 154 节中触及了第四个话题:②

---

① 关于第欧根尼的世界主义(cosmopolitanism)以及廊下派对这种世界主义的阐释,参见本书附录八中的讨论。

② 评论者们一般认为——如果不是一致同意——这是卷二第四个话题正式的论述起点,尽管实际上西塞罗还因为从第 133 节开始谈论这个话题而常常被指责为把原本清楚的顺序搞乱了。例参 J. B. Mayor, *M. Tulli Ciceronis De Natura Deorum* (Cambridge 1883) II 253(即第 133 节); A. S. Pease, *M. Tulli Ciceronis De Natura Deorum* (Cambridge MA 1958) II 894(即第 132 节), 949(即第 154 节); A. J. Kleywegt, *Ciceros Arbeitsweise im zweiten und dritten Buch der Schrift De Natura Deorum* (Groningen 1961) 92－116。[译按]译文参考了《论神性》,西塞罗著,石敏敏译,上海三联书店, 2007 年,页 106,有改动;下同。

> 在结论中我仍须教导说,宇宙中人类所使用的一切都是为人类创造和安排的。

他为这个论点提供的第一项论证基于宇宙城邦学说(同上):

> 首先,宇宙本身是为了诸神与人类而创造的,其中的事物是为了人类的享用而设计安排的。因为宇宙如同是诸神与人类共同的家,或者说是一个属于二者的城邦。因为只有他们凭借理性,根据正义和法律来生活。所以,正如我们必须认为,雅典和斯巴达是为雅典人和斯巴达人建立的,这两个城邦中的一切也可以说是属于其中的民族,同样,整个宇宙中的任何事物必须被认为是属于诸神与人类的。

这段话有着清晰的推理结构。基本的前提是命题(1),即事实上只有人类和诸神凭借理性而根据正义和法律来生活。西塞罗认为从这个命题可以推出,(2)人类和诸神形成一个共同体或城邦。接着他假设,(3)这个[66]城邦的地点就是宇宙本身。论证进一步指向前提(4),即各城邦是为自己的居民创造的。根据(4)这个一般性的命题,以及(2)和(3),他认为可以推出,(5)宇宙(及其组成部分)是为了人类和诸神而创造的,城邦是为自己的公民创造的。(5)中的人类中心主义目的论以不同的程度体现在他的各种表述中。我们应该认为其中最权威的表述很可能是那最细致的最初陈述:"这个宇宙中人类所使用的一切都是为人类创造和安排的。"①

---

① 这个细致的表述([译按]比较本书原页码[65]上的译文)使得廊下派轻易地避开了一项指责(参照 M. Dragona-Monachou, *The Stoic Arguments for*

这个西塞罗记载的论证看起来是一份可靠的学述。他在《论神性》第二卷中的简述是为了阐明廊下派学说;并且,尽管他留下了许多篇幅来以自己个人的风格细述该卷中的廊下派材料,但上述那段引文却不属于这种情况。它作为一份学述的可信度为优西庇乌斯(Eusebius)笔下对狄都谟斯的摘录所证实(《福音的预备》[*Praep. ev.*]卷十五 15):

> 宇宙据说是一个由天空、空气、土地、大海以及其中的自然物所组成的组织结构。宇宙也被称作是诸神与人类的居所,是由诸神与人类以及那些为他们产生的事物所组成的组织结构。因为正如可从两种意义上谈论城邦,一是指居所,二是指由其居民和公民所组成的组织结构,同样,宇宙如同是一个由诸神与人类组成的城邦,其中诸神行使领导权,而人类服从之。他们结成共同体,因为他们分享理性,这种理性即自然法;而且,所有其他事物都是为他们产生的。因此我们必须相信,[67]那个规制万物的神对人类执行天意,他是仁慈的、善意的、爱护人类的,也是正义的,乃至拥有所有的美德。

狄都谟斯几乎以同样的顺序呈现了西塞罗所利用的材料,但其

Existence and Providence of the Gods [Athens 1976] 156–159):这里的人类中心主义与他们的如下观点矛盾:人是为了沉思宇宙而被创造的(《论神性》卷二 37);也不符合他们这样的论点:宇宙是人类的而非诸神的住处这种想法是疯狂的(卷二 17)。《论神性》第二卷另外两个地方在论证天意时引入了宇宙城邦的观念。其中,第一处的思路难以理解(参照 Mayor, *ad loc.*),至少难以被接受为真正的廊下派推理。也许原文遭到了某种篡改。而第二处的推理线索(《论神性》卷二 133)好像只是第 154 节中那一论证的简化但更夸张的版本,并且它实际上没有明确提到城邦。

论证结构却较不明晰。他更想要通过宇宙城邦学说来阐发宇宙的定义,而非引出西塞罗文本所关注的神学结论。不过仍然清楚的是,(2)由(1)推出。假说(3)得到了最大的关注,这无疑是因为狄都谟斯对定义的专注。从形式上看他没有根据(2)至(4)推出(5),并且事实上压根就没有给出(4)。但(5)暗含在文本当中,尽管是草草带过;因为,在处理完(3)以及从(1)到(2)的推论之后,他相当蹩脚地附上了(5)的一种笼统表述,"所有其他事物都是为他们产生的"。紧随其后的是一个以结论形式出现的更加一般性的陈述,即某位神通过执行天意来关心人类。我们能够合理地推断,这份文本原本依托于从(1)至(4)开始,逐步推至(5)这样一种明晰的论证线索,正如西塞罗文本的情况;但后来这一线索被破坏了,因为狄都谟斯用一开始给出的那些定义取代了(5)而成为文本要点。在其他地方,他把这些定义与克律希珀斯关联起来(《读本》卷一 184. 8 – 11)。因此,即便这些定义的表述方式出自狄都谟斯本人,但其归属使我们有理由认为这些表述所依据的材料[包括从(1)到(5)的论证]源于克律希珀斯。

4

为何理性存在者因其过着合乎法律和正义的生活而可以结成一个共同体? 为何(2)被认为可从(1)中推出? 这个推论在西塞罗的另一个文本中得到了逐步的澄清(《论法律》[*Leg.*]卷一 23):

> 既然没有什么比理性更好,而且它既存在于人也存在于神,那么人和神的第一个关联即在于理性。但那些共同拥有理

性的存在者也共同拥有正当理性(right reason)。既然正当理性即是法律,因此也应该认为,我们[68]人类与诸神的关联在于法律。但还有那些共同拥有法律的存在者也共同拥有正义;而那些共同拥有法律和正义的存在者都应被视为属于同一个国家(civitas)。①

西塞罗没有告知我们他是在运用廊下派的材料;同时,不像《论神性》第二卷被明确认为是在阐述廊下派神学,《论法律》第一卷并非旨在阐释廊下派学说,尽管它显然基本改编自廊下派的材料。但这段引文仍可算作廊下派文本,因为奥勒留写过一段与此类似的文字(《沉思录》[Med.]卷四 4),②还因为它是一种廊下派的典型论

---

① 西塞罗说的是"国家"(civitas)而非"共和国"(res publica, commonwealth);紧接着,他从诸神和人类服从同一个统治者论证出他们属于同一个国家(卷一 23,这个论证并不那么明显地属于廊下派)。但可以假定他是在以 civitas 来翻译πόλις,相应地我们不可以贸然假定,那个从共享理性出发的论证的廊下派原型涉及的是一种国家概念,而非(如我将论证的)共同体或共和国。[译按]译文参考了《西塞罗文集(政治学卷)》,西塞罗著,王焕生译,中央编译出版社,2010 年,页 160 - 161,以及《国家篇·法律篇》,西塞罗著,沈叔平、苏力译,商务印书馆,2005 年,页 160 - 161;有改动,下同。

② 奥勒留(以一种更具克律希珀斯而非他自己的特征的风格)论证道:"如果心灵是我们共有的,那么使我们成为理性者的那种理性也是共有的。如果是这样,那么规定何事该为或何事不该为的理性也是共有的。如果是这样,那么法律也是共有的;如果是这样,那么我们便都是公民;如果是这样,那么我们便分享某种政治体制(πολιτεύματός τινος);如果是这样,宇宙就如同一个城邦。要知道,有谁会把其他共同的政治体制说成是由整个人类所分享的? 而且如果心灵以及我们朝向理性和法律的能力并非源于这一共同的城邦,那么它们又能从哪里来呢?"这段话中值得注意的是奥勒留对宇宙城邦的修正主义式处理,即它不是诸神和人类共有的,而只为人类共有——尽管他的论证就像西塞罗的论证那样也基于那些共同拥有理性的存在者都是公民同胞这一观点。就我所见,这种宇宙城邦观为奥勒留特有:罗马帝国时期的其他廊下派哲人坚持学派的传统观念,

证。事实上,西塞罗指出的那些概念之间的关联能够在其他肯定或很可能是廊下派的文本中得到证实。尤其是,法律就是正当理性,用于规定该做的以及[69]不该做的,这一命题无疑是廊下派的,准确地说是克律希珀斯的论题。①

如果说廊下派始终满足于以传统的方式来解释法律的观念,那么不论这是否是实定法,我们都能毫无困难地理解如何从法律过渡到共同体或城邦。我们所理解的法律是某个共同体、城邦或国家的法律;并且,它那作为法律的权威源自它在某种意义上是这个城邦、共同体或国家的声音。然而,廊下派明确拒绝这样一种关于法律权威的观念。在他们看来,法律权威并非来自国家,尤其是我们所知的"地上的"国家。他们将法律视作正当理性,是为了认同法律权威的另一个来源——不是国家,而是理性。结果是,法律被内在化了,变得像是良知之声或(再往后的道德传统所谓的)内心道德律。然而在论证宇宙城邦时,廊下派似乎想要分一杯羹。如果说在阐述法律本身时他们貌似完全没有提到城邦、共同体或国家,那么现在他们想努力重建起它们之间的关联。

认为宇宙城邦是一个由诸神和人类所组成的组织结构,例参塞涅卡《论闲暇》(de otio) 4;儒福斯,见《读本》卷三 74 9.2–14;爱比克泰德《清谈录》卷一 9.4(其中 θεοῦ[神]替代了 θεῶν[诸神]);还有其他许多文本收集在 Pease, *M. Tulli Ciceronis De Natura Deorum*, II 950–951(即对《论神性》卷二 154 的义疏)。这惊人地证明了奥勒留的非正统性,即他不相信人和神之间的亲缘性,对这种非正统性的评论例参 R. B. Rutherford, *The Meditations of Marcus Aurelius*: *a Study* (Oxford 1989), ch. VI, esp. 特别参见页 227(但 Rutherford 讨论《沉思录》卷四 4 时没有注意到诸神在宇宙城邦中的缺席,参见页 239–240;同样的疏忽见 G. R. Stanton, "The cosmopolitan ideas of Epictetus and Marcus Aurelius", *Phronesis* 13 [1968] 183–195)。

① 参见马尔基安乌斯《法学阶梯》(Marcianus *Inst.*)卷一 11.25,普鲁塔克《论廊下派的自相矛盾》1037 F,司托拜俄斯《读本》卷二 96.10–12, 102.4–6。

《论法律》卷一23显然将如下观念置于上下文中关键的位置：理性、正当理性、法律以及正义是被"共同"拥有的。这一观念需要仔细审查。因为我们通常无法由它推出，如果两个人共同拥有某种属性，他们就应结成一个共同体。我的名字"斯科菲尔德"和头衔"作者"为所有其他既叫斯科菲尔德也是作者的人所共有。然而只因这一事实，主张所有既叫斯科菲尔德也是作者的人形成一个共同体乃是荒唐的。同样的，即便你我都是红颊蓝眼的，我俩也并不因此就共属某一个社会。那么，是什么使得廊下派认为共有理性却能让我俩同属一个社会？

　　为此，我们必须首先回答他们所承认的理性是何种哲学概念。一种现当代流行的观点认为，理性是纯形式的观念。若以逻辑学术语来表述的话，就是说理性的恰当范围限于推论及其有效性的评估。前提的内容以及对前提真实性的评估超出了理性所能胜任的[70]领域。根据这样的假定，我们毫无理由地设想两个理性人能因是理性人而结成一个共同体。他们实践的是一种高度一般性的技能，其应用无需相互合作，无需赞成共同的目标，也无需做其他任何被认为是能够或足以使共同体或社会得以创建的事情。

　　相比之下，廊下派明显信奉一种实质理性概念。正如理性指导整个宇宙的进程，同样，它也指导理性个体何者当为而何者不当为。理性远不是我们激情纯粹的工具，如果它时刻警醒，即可取代激情，并以正确的善恶观来替代激情所含的错误的善恶观。这种实质理性观念貌似使我们更有理由来认为理性存在者们能够因其理性而结成一个共同体。他们不仅共同拥有那种一般性的技能，还共同归附于某些价值，即理性所规定的那些价值。显然，共同归附同一套特定的价值，绝对应该被视作共同体至少应该满足的一个必要条件,也就是说,如果一大伙人想被看作一个共同体,则必须满足这个条件。但是,我们似乎可以怀疑它是否是一项充分条件。假设沉迷纵横字谜之人唯一的共同点是对纵横字谜的沉迷,即他或她自己个人的沉迷,那么我们会说这些人是一个共同体吗?很可能不会吧。

《论法律》卷一23及其他相关文本将正当理性等同于法律,这反映出该理性是廊下派所关注的规定理性(prescriptive reason),以及"法律"这个词自然是用来谈论权威性规定,除此以外还反映出什么呢?摘自克律希珀斯的一段重要辑语暗示,廊下派不只是如此使用这些术语的。这段辑语告诉我们,他在《论法律》(On Law)一书的开篇说过(马尔基安乌斯《法学阶梯》卷一11.25 =《早期廊下派辑语》卷三314):

> 法律是所有人事与神事的国王。法律必须掌管荣耀之事与卑贱之事,既作为统治者也作为引导者;因此,它还必须是正义与不义之事的标准,为本性是政治的动物规定他们应该做的,而禁止他们不应该做的。

[71]我们已经对法律即规定理性这一廊下派观点有所了解,而该文本进一步解释说法律是对"本性是政治的动物"而言的。我认为,克律希珀斯的这一表述与亚里士多德的表述具有相同的含义:也就是说都是指"本性上是社会的动物",①或者指狄都谟斯在展示

---

① 这里我追随 Miller 等人对亚里士多德的那一表述的阐释,参见 F. D. Miller, "Aristotle's Political Naturalism",收入 Nature, Knowledge and Virtue: Essays in memory of Joan Kung, ed. by T. Penner and R. Kraut (Edmonton 1989) 195–218,页198–207。

廊下派伦理学时有处地方给出的理解,即本性上"适合共同生活的"(κοινωνικόν)①动物。

可以假定,"本性是政治的动物"这个从句是为了指出理性在做出规定时的特定辖域(亦参照《读本》卷二 59.4－6)。如果理性是在引导那些旨在过共同体生活的存在者,那它的命令和禁止就关系着他们彼此如何以社会动物相待,即如何把对方视为可能与之过共同生活的生物。这样,理性也就完全有资格享有"法律"的头衔。可如果仅仅把理性视为一种没有进一步限定的纯粹的规定理性,如同孤立的道德意识,则理性的法律资格就要弱得多。至此,社会行为规矩的观念最终成了廊下派所理解的法律之必要组成部分。相比我们前面以良知之声和内心道德律作比的那种法律,这种法律概念与共同体福祉之间的关系要紧密得多。尽管事实上法律权威在廊下派看来仍然并非来自社会,但它所规定的主要是社会或公共的规范。

如此来阐释"本性是政治的动物"这个从句的意义,能够得到克律希珀斯上述文本的另一种表述的支持。"为本性是政治的动物规定他们应该做的,而禁止他们不应该做的"这一准则用来注解"正义与不义之事的标准"这个表述。该表述本身业已表明,以法律所等同的规定,理性地关注着社会道德事务;或廊下派会说的,关注着以其应得[72]的方式待人。因为廊下派对正义德性的标准定义是,"理解如何配给每个人以其应得之物"(例参《读本》卷二

---

① 《读本》卷二 109.17;参照《名哲言行录》卷七 123。这个表达也出现在后来的廊下派文本中,对此 A. Bonhöffer 给出了一份有用的整理,其中包括爱比克泰德的《清谈录》卷一 23.1,卷二 20.6,卷三 13.5,卷四 11.1(有趣的是,所有这些文本都处于论辩的语境之中),参见 *Die Ethik des stoïkers Epictet* (Stuttgart 1894)118 注 70。

59.9–10,84.15–16);又据西塞罗的说法(位于《论法律》第一卷稍前的地方,且处于类似的廊下派语境之中),viri doctissimi[一些学识渊博的人]认为 νόμος[法律]源于 νέμω[分配],并把它与赋予每个人所应得的这样的观念结合起来(卷一 19)。

因此,人类和诸神共同拥有的理性不是一种没有进一步限定的纯粹的规定理性。相反,它是一种指导他们相互间如何以社会动物相待的规定理性。现在假设有 X、Y 和 Z 三者——无论他们是人还是神——他们每一个都关心这种理性所等同的法律。并且,单凭 X、Y 和 Z 关心法律,他们即可被视为某共同体的成员。之所以如此,除了我们能够发现他们共同拥有一般的规定理性外,还有其他什么理由吗?事实上,X、Y 和 Z 不仅归附于同一套价值,而且他们中的任何一个都致力于以其应得的方式来对待另外两者,更概括地说,把这两者视为必须与自己共处者。即使三者彼此间可能未曾相遇或有过其他接触,我们仍有充足的理由将他们描述成一个共同体,正如我们在谈论学术共同体时会做的那样。一位英国学者和一位意大利学者之间可能从未相遇过,也未曾互通观点或信息。但倘若其中的任何一位不单致力于客观的研究,还信奉一种与其他学者保持合作的理想(例如包括尊重知识产权,乐于学习其他任何一位学者的语言),他们就可以真正被视为属于同一个共同体。显然,要是在如何以其应得的方式来对待他者这点上,X 的个别看法不同于 Y 的也不同于 Z 的,那他们形成的共同体有可能最终根本算不上一个共同体——恰如学者们若只相信合作,而对怎样合作存在严重的分歧,他们就不可能达成充分的共识,从而也就不能被视作一个学术共同体。然而,正是通过被构想为具有实质性的理性,也只有通过这种规定着 X、Y 和 Z 这三者如何理解以其应得的方式来对待他者的理性。面对同样的社会伦理问题时,X、Y 和 Z 才会取得相同且正确合理的答案。

[73]那些共同拥有理性、正当理性、法律以及正义的人同属一个共同体，这一廊下派学说因此是一个合理明了的论题。那认为这个共同体即是城邦也是合理的吗？回想下克雷芒记录的关于廊下派城邦观的阐述：

> 城邦或民族是道德上良善的事物；也是人们组成的组织结构（σύστημα）或群体（πλῆϑος），受展示文雅的法律规制。

这个定义需要一群人满足的道德要求是很高的，如果他们要结成一个城邦。另一方面，它规定的条件却是最低限度的。只要一大伙人"受……法律规制"，他们就可被看成一个城邦的公民。而我们的范例即 X、Y 和 Z 三者，完全满足这一条件（事实上在这个范例中，该条件结果最终成了一项纯粹的伦理要求，因为他们所服从的法律即是正当理性）。可见，廊下派的城邦观只是一种以共同接受社会规范为基础的共同体的观念。它不是一种国家的概念：如果我们认为共同体若想成为国家，还得进一步满足某些其他条件（例如权威的集中化、权力的分化）。那些共享正当理性的人组成了一个共同体，以及他们结成了一个城邦，这两个论题在廊下派看来完全一致。

此外，狄翁版的城邦定义提出，城邦是由生活在同一个地方的人们所组成的群体。我们不可能确定这是否代表了标准的廊下派观点，也无法得知这与亚里士多德《政治学》卷三 3（尤见 1276 a 24 以下）对"生活在同一个地方"的讨论可能具有何种联系。可能该学派内部针对"生活在同一个地方"这点有着不同的思路，正如对于友爱可出现在任何两位圣贤之间，还是只可产生于彼此相熟且毗邻的两位圣贤之间,该学派内也存有不同的看法。但无论如何,狄翁关于任地的要求根本没有明确地规定何种共同体是城邦,以及何种共同体不是城邦。因为,既然诸神和人类共同拥有正当理性,那么根据我们一直在检验的论证,他们事实上就生活在同一处地方,即宇宙本身,正如狄翁下一步推理所明示的那样。

显然,当廊下派的城邦定义将公民权仅限于人类享有时[74],该定义就无法适用于诸神和人类之间的情况。一个人有可能会推测,这便是为何原始文献一般都认为宇宙"如同"(οἱάνει, ὡσάνει, quasi, as it were)一个城邦。① 这个猜想尽管能从狄翁(第三十六篇29)那里获得支持,但仍缺少一定的合理性。因为我们会感到奇怪,"城邦"能够完全自然又合理地延伸至让神明和人类都作为公民,而廊下派却对此有所顾忌。我猜测还有另一项动机来使用"如同"这个限定词:通常理解的家或城邦是人手所造;但宇宙乃是自然之工,并非通常的家或城邦——而是"如同"一个城邦。依照这种阐释,那个限定是对流行假说的让步,尽管该假说不为廊下派本身所认同。他们只是要求城邦应是一个居所。但这个居所既非建在这儿,也非建在那儿。因此,根据他们自己的前提,宇宙可以被视作一个共同体,从而是一个城邦——无需任何限定。

5

斐洛德谟斯在《论虔敬》中长篇展示了哲人们试图将传统的诸

---

① 参见狄都谟斯的记叙,载于优西庇乌斯《福音的预备》卷十五 15;奥勒留《沉思录》卷四 3.2,卷四 4;西塞罗《论至善与至恶》卷三 64,《论神性》卷二 154。

神信仰理性化,其中,当关于克律希珀斯的那部分接近尾声时,文本这样告诉我们(卷七 12—卷八 4):①

> 他在《论自然》中写了一些具有可比性的东西,即让它们类似于赫拉克利特以及我们已经提到的那些人的学说。这样,在第一卷中,他说夜乃是第一位女神;在第三卷中他说,智者的宇宙是一,其公民权是由诸神与人类一同持有的,②他还说战争与宙斯是同[75]一的,正如赫拉克利特所说。在第五卷中,他论证了一个论题,那便是,宇宙是个动物,是理性的,且有智虑(exercises understanding)③,还是一个神。

---

① 我参引的原文来自 A. Henrichs 最近一份初步的选辑本,"Die Kritik der stoïschen Theologie im p. Herc. 1428", *Cron. Erc.* 4(1974)5 - 32。参照其更早的一篇文章,"Towards a New Edition of Philodemus' Treatise *On Piety*", *GRBS* 13(1972)67 - 98。

② 希腊文作:ἐν δὲ τῷ τρίτῳ τὸν κ[όσ]μον ἕνα τῶν φρονίμ[ω]ν, συνπολειτευ[ό]μενον θεοῖς καὶ ἀνθρώποις。Henrichs 译作:"在第三卷中他说,宇宙是智者的,也属于诸神和人类。"(Im 3. (Buch), der Kosmos sei einer der Weisen und gehöre zum Staat der Götter und Menschen)但该译文既没有涉及宇宙城邦观念(συνπολειτευόμενον因此必定是被动态而非中动态,[译按]即译成"[其]公民权是由……一同持有的"),也没有反映出赫拉克利特的回音(εἷς在接属格时等同于εἷς καὶ ὁ αὐτός[同一的]或κοινός[共同的])。

③ φρονοῦν:Henrichs 译作"能够思考"(zum Denken fähig),但这种译法没有将φρονοῦν同λογικόν("理性的")充分区别开来。再者,他依然忽视了赫拉克利特的回音。分词φρονοῦν[有智虑的]几乎等同于φρόνιμον("智慧的")。可以构想,其动词形式顾及到了《读本》卷二 78.7 - 12(其中以φρονεῖν[有智虑]为例)和 97.15 - 98.13 中在值得选择的(αἱρετόν, choiceworthy)与应选择的事物(αἱρετέον, what-should-be-chosen)之间所作区分的要点。对这个区分的讨论,参见 A. A. Long and D. N. Sedley, *The Hellenistic Philosophers* (Cambridge 1987) I 202, II 201。

学述和论战在斐洛德谟斯那里向来难解难分，但我们没有理由怀疑他这里是在扭曲或虚构克律希珀斯的思想。首先，可以假定他所记叙的《论自然》第一卷中的学说是克律希珀斯从诗人们——或许特别是穆赛欧斯(Musaeus)——那里取来的。因为，斐洛德谟斯在稍前一点的地方(卷六16-26)曾援引克律希珀斯的《论诸神》(On Gods)第二卷，以便将俄耳甫斯(Orpheus)、穆赛欧斯、荷马等人的思想与廊下派学说糅合起来；而在这之前，他记叙道，穆赛欧斯在一些诗句中认为塔尔塔罗斯(Tartarus)或夜神(Night)是最早诞生的事物，且是其他一切事物的源泉。① 诉诸赫拉克利特初看起来像是仅限于战争论题，因为只有这个论题明确提及了他的名字。但根据整段引文的开场白，对《论自然》的所有引用都是为了说明克律希珀斯如何利用赫拉克利特和诗人们的观点，因此似乎更可信的是，斐洛德谟斯暗示除了有关夜的学说以外，克律希珀斯认为其他所有材料都与赫拉克利特的教义相一致。可见，"正如赫拉克利特也这么说"很可能涉及第三卷的整个论述，以显示文本现在正从诗歌过渡到赫拉克利特。

克律希珀斯在宣称第五卷论证的廊下派宇宙学说源自赫拉克利特时，心中有可能想到了赫拉克利特的许多说法。至于斐洛德谟斯所记叙的第三卷中的学说，我们能够相当具体地给出克律希珀斯必定援引或暗示过的文本(赫拉克利特辑语53):

战争是万物之父，亦是万物之王。从而，他证明这一些是

---

① 参见 Henrichs, *GRBS* 13(1972)77-79, Text II(=《前苏格拉底哲人》18 和 17)。

神,另一些是人;也让一些人成为奴隶,一些人成为自由人。①

[76]荷马称宙斯为诸神与人类之父。赫拉克利特让战争成为万物——诸神与人类,奴隶与自由人——之父。克律希珀斯正确地意识到赫拉克利特在荷马的启发下挑战了荷马的神学,并足够合理地认为赫拉克利特是在把宙斯等同于战争,亦即是在阐述荷马的宙斯之实际所是。

这些便是赫拉克利特辑语的编者们已经提供的解读。② 但可以论证,克律希珀斯对第53条辑语的利用要更进一步。在我们所知的赫拉克利特语录中,唯有第53条辑语既区分了人类和诸神,同时又认为他们是同一个父亲和国王的子女和臣民。③ 因此,它必定

---

① [译按]译文参考了《古希腊哲学》,苗力田主编,中国人民大学出版社,1990年,页41;下文中赫拉克利特第2条辑语的中译见该书第38页,均略有改动。第30条辑语的中译见刘小枫,"浑在自然之神——赫拉克利特残篇札记",载于《古典研究》,刘小枫主编,2010年夏季卷(总第2期),页14,略作改动。另外,第1条辑语的中译见《赫拉克利特著作残篇》,赫拉克利特著,T. M. 罗宾森英译/评注,楚荷汉译,广西师范大学出版社,2007年,页11,略有改动。

② 对此,例参 G. S. Kirk, *Heraclitus: The Cosmic Fragments* (Cambridge 1954) 245-246。

③ 赫拉克利特这里谈论的诸神,其身份显然是模糊的:相关讨论参见 Kirk, *Heraclitus*, 245-249; C. H. Kahn, *The Art and Thought of Heraclitus* (Cambridge 1979) 208-210, 276-278(亦参照页250:"诸神,即是……宇宙诸元素和力量")。几乎没有原始文献证据暗示,在发展宇宙城邦观时,早期廊下派要比赫拉克利特做出了更大的努力来明确诸神的身份。也许相比任何关于诸神的非常具体的真理,二者更确信的是,诸神明必定存在(包括宇宙的统治原则[the ruling principle]在内,而它愿意又不愿意被称作宙斯),以及人类和诸神必定共享同样的万物秩序。但早期廊下派此外/或者认为,这些一般性的真理对于有序地阐述宇宙学说来讲更加重要也更加基本。不过,廊下派主义在某个发展阶段,可以假定是在克律希珀斯之后,貌似补论了关于诸神的具体细节。

是克律希珀斯可资利用的主要文本，由此他发现赫拉克利特预示了廊下派那由人类和诸神组成的共同体的观念。①

[77] 然而第 53 条辑语无法支持克律希珀斯的另一个论题：宇宙是一，为智者（φρόνιμοι）共有。为此，他最可倚赖的赫拉克利特文本似乎是第 2 条辑语：

> 尽管逻各斯乃是共同的，但许多人却好像以自己的智虑（φρόνησις）生活着似的。

以及第 31 条辑语（起首部分）：

有一个相关的文本是普鲁塔克在《反驳廊下派的一般观念》中关于廊下派神学的部分快结束时所做的简短评述，其中他提到一项论题，"宇宙是一个城邦，星辰是其公民"（1076 F）。他留给我们的印象是，此乃廊下派的论题——但也只是一种印象罢了。在其他明确记叙廊下派宇宙学说的原始文献中，没有可与之比较的文段存在。然正如 Cherniss 在评注 1076 F 时指出的，与之类似的段落还是有的，这些段落貌似有理由被认为是呼应了廊下派的宇宙城邦教义，尤见斐洛《论特殊的律法》(de spec. leg.) 卷一 13–14，马尼利乌斯（Manilius）《天象术》卷五 734–735。1076 F 中的宇宙城邦论匹配于作为廊下派宇宙论之组成部分的多神论，尤其匹配于"太阳、月亮及其他同样重要的诸神"是会毁灭的神圣存在这一学说（普鲁塔克《论廊下派的自相矛盾》1052 A；参照《反驳廊下派的一般观念》1074 D–1075 D）。

① 关于克律希珀斯对第 53 条辑语的处理，更多的讨论见本书第 89 页及以下。我们期望克律希珀斯为之还会利用第 114 条辑语，因为它把那些凭智虑说话的人遵循人所共有的某种东西，比作城邦信任自己的法律。但我们掌握的关于《论自然》的 testimonia [诸证言] 中并没有明确涉及这条辑语，尽管克勒昂忒斯《宙斯颂》（特别参见行 24–25）以及廊下派天意说显然大量利用了它。其中，在廊下派的天意说方面，该辑语反映在普鲁塔克的如下记叙中（《伊希斯与俄赛里斯》[de Iside] 369 A）：他们承认 ἕνα λόγον καὶ μίαν πρόνοιαν...περιγιγνομένην ἁπάντων καὶ κρατοῦσαν [一个理性和一个胜过并支配万物的天意]（参照 Kirk, *Heraclitus*, 49–50）。

宇宙,亦即对万事万物来说同样的东西,①既不是某个神,也不是某个人造出来的。

赫拉克利特暗示道,只有那些具备真正智虑的人(即 φρόνιμοι[智者])才会认识到宇宙的逻各斯是一个原则,并视它为对万事万物来说同样的一种秩序。如果说克律希珀斯的论题"宇宙是一,为智者[共有]"(τὸν κόσμον ἕνα τῶν φρονίμων)对此有所超越的话,那也只是在于它阻止了多数人分享自己所不能掌握的宇宙——但赫拉克利特应该基本不会反对这样的结论,每一个芸芸众生都生活在自己虚假的世界中。

斐洛德谟斯的证言暗示,在廊下派看来唯有智者才能履践宇宙真正的公民权,这点既为其他相关证据所支持,也为关于克律希珀斯《论自然》内容的另一些信息所证明。

对此,狄翁第三十六篇讲辞提供了最为精细的阐述。② 我们注

---

① 不同于 Kirk《Heraclitus》,307 – 310;参照《前苏格拉底哲人》第198页注1),我倾向于认为 τὸν αὐτὸν ἁπάντων[对万事万物来说同样的东西]是赫拉克利特的原话(亦持此意者如 Kahn,*The Art and Thought of Heraclitus*,312 注 121)。

② 但斐洛的阐释还值得一提,只要注意他如何使用廊下派宇宙城邦学说的这层含义来为自己的目的服务。在《论世界的创造》(*op. mund.* 3)中他说:"守法的人因为守法而成为世界公民(a citizen of the universe, κοσμοπολίτης),他规范自己的行动以符合自然的意志,也是这个意志使得整个世界得到规制。"(参照《论摩西的生平》[*Mos.*]卷一 157,卷二 50)在其他地方他甚至打算进一步限制宇宙公民权(《论天使》[*Cherub.*]120 – 121):"我们每个人来到这个世界,就像来到一个我们出生前所未曾享有的陌生城邦,并且在抵达后客居其中,直至耗尽自己注定的生命时光……严格说来唯有上帝(God)才是公民,而受造的万物只是客居者和异乡者。所谓的公民之所以被说成公民,是出于该词的流俗用法而非真实用法。如果智者与上帝这个唯一的公民相对,他们就位居异乡者和客居者之列。此乃智者领受的一份大礼,因为任何愚者均完全不能成为神之城邦中的异乡者和客居者,我们会发现他们不过是逃亡者。"

意[78]到，狄翁在讨论佛库利德斯关于尼尼微的说法时（其背景是他正要细述廊下派城邦定义所引出的各项结论），论证说不守法的城邦确切讲来不是城邦。这使他怀疑任何不完全由好人结成的城邦是否为守法的城邦。事实上，他没有去找出这个问题的答案，而是断言一个好城邦只能全由好成员所结成（节20-22）。这同宇宙城邦有何关系？狄翁确信宇宙城邦必定是一个好的或"纯粹幸福的"城邦。他说（节23）：

> 这是我们唯一应称作纯粹幸福的政制乃至城邦：诸神彼此结成的共同体——不过你还需加入任何具有理性能力的事物，也就是将人类和诸神一并计算在内，就像孩童据说同成人分享城邦。这是因为人类本性上就是公民，而不是因为他们理解并履行公民的义务，也不是因为他们共享某个法律，既然他们无法掌握它。

狄翁这里所想的就是宇宙的定义，即宇宙是由诸神和人类组成的组织结构，从而也是一个城邦；并且引文中提到的"任何具有理性能力的事物"（ξύμπαν τό λογικόν），暗示了他还想到西塞罗所保存的关于宇宙城邦论题的那个论证，而他本人稍后也提及了那个论证（节31）。他显然是在应对宇宙定义所带来的一个问题：鉴于人类通常在道德上不是良善的，那他们如何能够成为宇宙城邦的成员，而没有破坏它的幸福、善乃至城邦身份？狄翁的解决办法是把他们看作虽不完全，但却是潜在的公民，就像孩童一样。如此解决很可能是廊下派的正统做法，因为他利用了人的定义，即人在本性上就是政治动物（注意，"本性上就是公民"），从而也是法律或正当理性所作规定和禁止的承受者；不仅如此，他的结语（"也不是因为他们共享某个法律，既然他们无法掌握[ἀξύνετοι]它")透着赫拉克利特的口气,而我们现已知晓这种口气也与克律希珀斯有关联。但除了反映第 2 条辑语外,该结语还呼应了赫拉克利特书中那出名的第一句话(辑语 1):

> 这个逻各斯,人们总证明其无法掌握(ἀξύνετοι),无论在听到之前,还是闻及之后。

[79]对赫拉克利特的影射看起来遍布克律希珀斯的《论自然》之中,而以此著作为来源,斐洛德谟斯记述了宇宙城邦学说。我们非常了解该论著的情况,这主要是因为普鲁塔克在关于廊下派自相矛盾的小册子中频繁地引用或摘述它。① 他援引第一卷如下(《论廊下派的自相矛盾》1053 A):

---

① von Arnim 提出一个问题(《早期廊下派辑语》卷三 页 204):《论自然》是否就是其他地方提到的《物理学》(τὰ φυσικά)一书? 被归给《物理学》的学说中至少有些是不太可能出现在《论自然》这种明显是宇宙论的著作里。因此,《名哲言行录》卷七 50,55,157(均涉及《物理学》第二卷)关注的是我们有可能会归类为的心理—物理学的学说(而同样提到那第二卷的《名哲言行录》卷七 158 自然也是如此)。《名哲言行录》卷七 151 涉及《物理学》第三卷,关注的是完全混合(total mixture)学说:从我们掌握的关于这个话题的信息上判断,《论自然》第三卷看起来极不可能对此做过论述。曾提及《物理学》第一卷的那些文本(《名哲言行录》卷七 134,136,142)所处理的话题(积极和消极原则[the active and passive principles];四元素及其相互间的转化)事实上完全合乎我们对《论自然》第一卷的认识。但(1)对《物理学》第二、三卷的涉及情况明显暗示,该著作和《论自然》并非是同一本书;(2)拉尔修收录了关于所谓的《物理学》一书的所有信息,而没有透露半点有关所谓的《论自然》一书的信息——因而我们不能假定他掌握了关于后一本著作的具体信息;(3)克律希珀斯完全有理由至少在两本不同的著作中讨论相同的话题:《物理学》的第一卷和《论自然》的第一卷。所以完全可能的是,这两个书名不是同一部论著的不同称呼。

> 火的转化是这样的:它经过气转变成水;水又凝结成土,并蒸发出气;气进一步稀化,然后以太扩散成一个圈,太阳及其他星辰经由海洋而被点燃。

这仅仅是在重述赫拉克利特的关键文本,该文本的前半部分保留在第31条辑语中,而对这整个文本的转述是在《名哲言行录》卷九9-10中。还有,在《论廊下派的自相矛盾》1049 AB中,普鲁塔克通过提及赫拉克利特那令人难忘的大麦酒意象(辑语125),因而所有发生之事均符合"共同的自然及其逻各斯"这点,给出了一长串引文:

> 他首先在《论自然》第一卷中将变化之永恒性比作大麦酒,因为通过不同方向的转动和搅拌,大麦酒会分解成不同的东西;随后,他这样说道:"既然所有事物的管理以这种方式进行,那么与该管理必然相符的是,我们可能处于任何一种状态,例如在[80]违背我们个人本性的情况下,我们或生病或伤残,抑或成了文法学家或音乐家。"

这在某种程度上表明了克律希珀斯必定会如此阐发赫拉克利特的一个观点:战争是万物的国王和父亲,即宇宙秩序是一种变化和冲突的功能。在唯一一段出自《论自然》第二卷的引文中(《论廊下派的自相矛盾》1050 EF),我们发现克律希珀斯发展了这个一般性的论题,准确地说,他开始关注邪恶在自然的天意计划中的位置问题。

尽管如此,与我们当前的关注点更相关的是普鲁塔克保存的摘自《论自然》第三卷的三段话,因为正是这一卷阐述了宇宙城邦。

(1) 为说明德性或邪恶没有程度之分这一廊下派观点,普鲁塔克援引了一段文本(《论廊下派的自相矛盾》1038 CD):

> 他在《论自然》第三卷中说:"就像宙斯可以以自己及其生活方式为荣,可以高傲自大,并且如果我们可以说的话,他还可以趾高气扬、自吹自擂,因为他的生活方式值得吹嘘;类此,所有好人亦可如是,因为他们在任何方面都不会被宙斯胜过。"

(2) 出自《论廊下派的自相矛盾》1048 B:

> 在《论自然》第三卷中他说,庆贺一些人成为国王,成为有钱人,就好像庆贺他们用上了金尿壶,戴上了金流苏;但在好人看来,倾家荡产好比丢了一枚银币,染患疾病又好比被绊了一脚。

(3) 出自《论廊下派的自相矛盾》1042 AB:

> 他宣称邪恶是不幸的实质,在每本物理学和伦理学著述中他都写下并力主,根据邪恶来生活就是不幸的生活。但在《论自然》第三卷中,他先评论说,即使一个人绝不会变得智慧,愚蠢的生活也要比放弃生活来得更有利;之后,他补充道:"因为对人类而言,善的事物比中间事物(intermediates)更有好处,甚至在某种程度上邪恶也要比中间事物更有好处。"

克律希珀斯接着说,而且很可能是紧接着说(《论廊下派的自相矛盾》1042 C;参照《反驳廊下派的一般观念》1064 E):

[81]有好处的不是这些,而是理性;并且我们颇有责任去凭理性生活,即使我们终将成为愚者。

我们不可能重构出《论自然》第三卷中的这些段落所处的某种或某些论证语境,但似乎可以做出一些推论。第一,(2)和(3)一同暗示,克律希珀斯打算对比好人和愚者在面对中性事物时采取的与己相称的态度;而单就(3)来说,他利用赫拉克利特的语言如 φρονεῖν[有智虑]等来谈论愚蠢和智慧,这证实了斐洛德谟斯就这个主题已然暗示的东西。将人们分成好人和坏人、智者和愚者,而且这一划分出自我们在普鲁塔克引文中所瞥见的那样一本论著,这不禁让人想起克勒昂忒斯那极具赫拉克利特气息的诗篇《宙斯颂》。① 在该诗篇的第二个主要部分(2.7–31),克勒昂忒斯先是阐述了物理宇宙(尤其是火)及其秩序(2.7–14);随后,他强调任何发生之事均因宙斯而发生——除了邪恶以外,但即便如此,邪恶在万物的天意计划中仍占有一席之地(2.15–21);最终,他以诊断恶人的处境作结(2.22–31)。看起来,克律希珀斯的战略方针与之非常类似。首先,第一卷通过突出火的作用,从而阐述了物理宇宙;接着,它论证道,所有发生之事均根据共同的自然及其逻各斯而发生(并顺带称赞了荷马的一句话[《伊利亚特》A 5],"宙斯的意志就这样实现了",参见《论廊下派的自相矛盾》1050 B)。② 第二卷讨论邪恶在天

---

① 关于《宙斯颂》的赫拉克利特维度,尤参 A. A. Long, "Heraclitus and Stoicism", *ΦΙΛΟΦΙΑ* 5–6(1975–1976)133–156;赫拉克利特与《宙斯颂》最重要的一些关联,可参 N. Hopkinson (ed.), *A Hellenistic Anthology* (Cambridge 1988)132–136。

② [译按]荷马这句诗的中译采自《荷马史诗·伊利亚特》,荷马著,罗念生、王焕生译,人民文学出版社,1994年,第1页注5。

意中的作用,而第三卷探讨的是好人与恶人之分的本质。所有这三卷都大量参引了赫拉克利特的学说,其显著程度并不亚于克勒昂忒斯的那部诗作。因此,《宙斯颂》和《论自然》试图以不同的方式来发展芝诺对那些论题的原初处理,这一推测似乎是无从反驳的。①

[82]第二,(2)和(3)的论证完全符合斐洛德谟斯的暗示:宇宙城邦真正的公民权只限于良善且智慧的人享有。这个论题在(1)中是否得到了进一步的澄清？(1)的要点显然是,以能够想到的最具挑衅的方式来强调好人绝不次于宙斯。这种用平等主义话语来表述人神亲缘关系的做法,未曾出现在克勒昂忒斯《宙斯颂》(2.4-5)关于人神亲缘说的讨论中。但它对由人类和诸神组成共同体这一观念产生了显著的影响;无论是在《论自然》中还是在其他地方,克律希珀斯看起来至少阐明了这个观念所引出的一项结论

---

① Long(*ΦΙΛΟΦΙΑ* 5-6[1975-1976]133-156)认为,事实上主要是克勒昂忒斯发展了赫拉克利特对廊下派主义的"各种预示"。对此我并不表示反对。然而(正如 Long 承认的,*ibid.*,页152),克勒昂忒斯在这方面的努力"很可能是出于芝诺(本人)的激励"。因为,他所做的推进是如此之广泛和决然,以致必须诉诸芝诺的权威,而克律希珀斯也没有以别的方式来继续这项事业(关于《论自然》的证据表明,他为此投入的热情要比 Long[*ibid.*,页152-153]所承认的更多)。概括说来,克律希珀斯并不特别敬重克勒昂忒斯(参照《名哲言行录》卷七 179),然而,二人都认为自己有责任去细化芝诺那些显然常常是深邃但又凝练的陈述,他们的许多分歧都 inter alia[特别]明显地体现在如何疏释芝诺上。比方说,他们确实对 τέλος[目标](《名哲言行录》卷七 87-89)以及对 φαντασία[印象](《驳学问家》卷七 227-231)做过不同的阐述,而其他一些话题也被怀疑可能是如此,如 τέχνη[技艺](参见 J. Mansfeld, "*Techne*: A New Fragment of Chrysippus", *GRBS* 24 [1983] 57-65)和 ἀπόδειξις[演绎](参见 J. Brunschwig 的名文, "Proof Defined",刊于 *Doubt and Dogmatism*, ed. M. Schofield, M. Burnyeat, J. Barnes[Oxford 1980] 125-160)。参照 D. N. Sedley, "Philosophical Allegiance in the Greco-Roman World",刊于 *Philosophia Togata*, ed. M. Griffin and J. Barnes(Oxford 1989) 97-119。

(《反驳廊下派的一般观念》1076 A）：

> 宙斯在德性上并不超过狄翁（Dion），当其中一位遇到另一位的行动，二者就因都是智慧的而彼此同等互益。因为，一旦人类已然变得智慧，诸神给人类的以及人类给诸神的善就会是这样的，除此无他。

普鲁塔克接着反驳道（1076 B）：

> 这个智者既不存在于现世的任何地方，也未曾存在于其他地方，但有数不尽的人极其不幸地生活在那种提供最佳规制（πολίτεια）的政治统治（διοίκησις）或宙斯统治之下。

也许我们可以推断出，任何好人都和宇宙共同体之统治者宙斯本人同等强烈地要求享有该共同体的公民权。

根据上文第 3 节检验的关于宇宙城邦的论证，其他一切事物据说都是为人类和诸神[83]创造的。普鲁塔克从《论自然》中引来的剩下两段文字，其中一段或两段都对这个论题产生了影响。首先，据《反驳廊下派的一般观念》1044 D：

> 在《论自然》第五卷中，他说臭虫帮助我们起床，老鼠帮助我们注意仔细储放物品；还说自然很可能爱美的东西，因为她喜欢多样性，对此他的 verbatim [原话] 是："孔雀的尾巴特别令人印象深刻地表征了这一点。因为，自然在这里显明这种生物是因尾巴而诞生的，反之则不然，同时既然雄孔雀由此诞生了，则必定存在雌孔雀。"

自然通过创造动物,从而塑造出一副美的景象,它不仅产生了老鼠和臭虫,事实上还应该证明了创世的人类中心主义。此外,普鲁塔克还在接下来的一章中援引过第五卷的内容(1045 A):

> (还是)在《论自然》第五卷中,他说,赫西俄德禁止人们对着河流泉水撒尿,这很好,但更有理由严禁人们朝神的祭坛或圣所撒尿。因为,狗和驴以及小孩如果这样做了并不要紧,既然他们对这些事物毫无敬意和智虑。

我们不清楚克律希珀斯这段评论的原本意图。但想来他是在强调我们与诸神具有亲缘性,相应地我们和非理性动物之间隔着巨大的鸿沟。

无疑,克律希珀斯不只在一本著作中发展了宇宙城邦学说。如果上文第3节的论证是对的,那么该学说很可能主要出现在《论天意》(*On Providence*)中,并且西塞罗在《论神性》卷二 154 以及狄都谟斯在优西庇乌斯《福音的预备》卷十五 15 中的阐述也很可能最终源自该书的论证版本。① 但本节的论证主张,宇宙城邦学说还是主要出现在赫拉克利特式的《论自然》中,而狄翁可能知道这本书提供的论证版本,因为他看起来摹仿了其中的赫拉克利特[84]术语并探求了宇宙城邦成员的道德德性和理智德性问题,这个问题在某种程度上使人想起《论自然》一书,尽管我们第3至第4节所研究的那些学述没有着手处理它。

---

① 在《论神性》第二卷第四部分中,首先进行的便是关于宇宙城邦的论证。这可能反映出克律希珀斯本人对该论证的重视。

6

认为宇宙是那个由诸神和人类组成的共同体或城邦之所在,从而在(1)作为居所的意义上讲,它本身便是一个城邦。另一方面,狄都谟斯暗示(见优西庇乌斯《福音的预备》卷十五 15),在(2)作为诸神和人类组成的组织结构或群体的意义上,它也可被视作城邦。在谈论宇宙城邦时从第一种意义过渡到第二种意义是容易且无害的,如果解释为类似于如下步骤:说雅典是雅典人生活的地方,相当于说"雅典"就是指"雅典人"。根据本章第 3 节所研究的那个西塞罗的论证,宇宙显然在第一种意义上被视作一个城邦。但狄都谟斯暗示,我们还能在第二种意义上说宇宙是一个城邦,这明显只是因为当共同体居于宇宙之中时,宇宙就可被称为城邦。事实上,第 3 至第 5 节所考察的材料,包括从克律希珀斯《论自然》中引来的那些文摘,都没有证明我们还能采取什么别的阐释。

尽管如此,狄翁在波律斯忒涅斯讲辞中以更加直接的方式构建了从第二种意义上理解的宇宙城邦学说。雅典的建筑和市镇规划貌似被称为人们组成的组织结构——准确地说,是好像人们组成的组织结构——这不是因为住在那里的人的缘故,而是由于建筑和市镇规划本身的组织方式。以此来阐释宇宙城邦,结果是宇宙因其自身的规划而被认为是一个城邦:不是看它包括了什么,而是看它本身是什么。这个规划"如同"一个城邦——即类似于人的组织结构。特别是狄翁宣称宇宙被组织得像是一个国王在其中实施规制。

我们不能根据宇宙是所有理性存在者的居所这个论点,推出狄翁最后给出的关于城邦和宇宙之间的某种直接类比。因为该论点完全没有涉及宇宙[85]的本质特征。如果没有进一步的假设，我们也不能根据宇宙被组织得像是由一个国王规制这个前提，推出宇宙是人类和诸神组成的共同体之所在地。总之，狄翁通过那项类比而形成的宇宙城邦理论，看起来完全不同于克律希珀斯以及随后的学述传统对宇宙城邦学说的经典解读。

狄翁对宇宙城邦的阐述起于第29至第38节。他以一份导论开始，其中强调宇宙城邦是一个类比的观念（节29-30）。对于这份导论，我们将在适当的地方讨论，而现在先让我们转向他接下来对宇宙城邦学说要点的概述（节31）：

> 简单地说，这个理论（λόγος）意使人类与神明和睦，并将任何具备理性能力的（λογικόν）事物都包括进同一个解释（λόγος）当中，从而发现此乃共同体和正义唯一牢不可破的原则。

这显然证明狄翁清楚我所说的关于宇宙城邦学说的经典解读：他的概述包含狄都谟斯（参见本章第3节）以及西塞罗《论法律》（参见本章第4节）的相关文本中那些支撑起关键论证的概念；并且，"使人类与神明和睦"这一说法令人想起西塞罗在《论法律》卷一22-24上下文中给出的那段道德论证。但狄翁的大部分讨论（节31-37）都是在发展城邦和宇宙之间的那项直接类比关系，并以此支持他概述过的那个经典论题。（在发展这项类比时，他说的第一句话是："因为事实上'城邦'这个词应当据此［κατά τοῦτο；即，根据'和睦'一词］来使用。"）只有当完成这项任务以后，也就是在整个关于宇宙城邦的阐述快结束时，狄翁才回到经典的题材上来（节38）：

那么,哲人们的这种理论旨在建立一个好的共同体,这个共同体是爱护人类的(φιλάνθρωπον,well disposed to men),且由诸神和人类组成,它不让随便哪一种生物都来共享法律和政制,而只有其中那些共享理性和智慧(φρόνησις)的生物才可以。

[86]正统的早期廊下派哲人也会如此论证吗?从狄翁安排给那项直接类比关系的篇幅和地位上看,我们很可能会对此表示怀疑。而且通过检验第31至第37节这个文本的细节,我们可以证实自己的怀疑。在该文本中,狄翁对将宇宙比作城邦这点,做出了主要和次要的论证。首先,我将讨论那个主要论证(节31–32)。

狄翁告诉我们,名副其实的城邦不会(1)接受卑劣或道德上邪恶的领导者,也不会(2)因为僭主制、民主制、寡头制等"其他类似的疾病(ἀρρωστήματα, sicknesses)",而出现分裂和持续的στάσις[内乱]。相反,

(1′)它被装饰上最好最节制的王制,(2′)从而事实上被当作一种王制来施以合乎法律的治理,最终完全处于友爱与和谐的状态之中(节32)。这[即王制]正是那位最智慧最高的统治者和立法者规定(προστάττει)给一切存在者的,无论是必死的还是不朽的。他是这整个宇宙的领导者,是所有存在者的主人。通过这种方式[即通过他的领导和支配],他自己阐明并提供他自己的规制(διοίκησις)作为一种幸福和赐福之状态[即王制]的范例(παράδειγμα)。受学于缪斯(Muses)的神圣的诗人们歌颂他,并称他为"诸神与人类之父"。

这一连串思想与那由人类和诸神组成的共同体之间的关系并

不十分清楚。可以假定关键在于,只有王制才能确保共同体成员间的友爱与和谐;而友爱与和谐是必然的,倘若实现了和睦的话。通过假设,人类和诸神组成的共同体是和睦的。因此,它必须被当为一种王制来规制。

如果这便是狄翁正在主张的,那他就不是令人信服的。前面所谓的廊下派经典理论表明,甚至狄翁自己对该理论的概述也暗示出:正是正当理性使得人类和诸神结成的不只是个共同体,还是个好共同体。只有当王制仅被视作是对正当理性之直接效果的隐喻时——正如"法律是所有人事与神事的国王"这句克律希珀斯格言所说——那个经典理论才会使和睦取决于王制。但狄翁这里显然是把王制看成一种具体的政制形式。

[87]该引文的非廊下派特征,或者至少是非纯粹廊下派特征,并不仅限于此。在文体风格上它接受了柏拉图的启发,这无疑是为了糅合廊下派和柏拉图的学说,而这种糅合也是整个第三十六篇演说的主要目的。至于措辞,那份关于不完美政制的清单也令人联想到柏拉图,但这些政制被描述成"疾病"($ἀρρώστηματα$),却是在利用廊下派道德语库中的一个独特的著名术语。早期廊下派称宙斯为"对万物进行这种规制($διοίκησις$)的领导者"(《名哲言行录》卷七 87),①但如今训练有素的读者会注意到,"$οὐρανός$ [宇宙]的领导者"这个被用在宙斯身上的短语,其直接来源是《斐德若》(264 E)。狄翁实际想说的一个三段论完全不属于廊下派:

1 当且仅当某事物被作为一种王制来规制时,它才是一

---

① [译按]应作《名哲言行录》卷七 88,疑误。

个名副其实的城邦。

  2　然而,宇宙被规制得像是一种王制。

  3　因此,宇宙如同一个名副其实的城邦。

  我们没有充分的理由认为早期廊下派把王制视作唯一或最佳的政制。

  显然,柏拉图是第一个前提最著名的古代支持者,至少是支持将王制作为最佳政制。然而,这里出现的第一个前提以及王制是一种以宙斯对宇宙的统治作为模型的政制这一观点,乃至对这种神圣王制的进一步处理,都得通过狄翁本人对王制的倾力关注来进行解释。以王制为主题的四篇讲辞最明显地证实了他的这一关注。人们一般将这四篇讲辞置于他演说集的开始部分。其中,与第三十六篇讲辞第31至第32节最相关的是第三篇讲辞的某个部分(节42-50),那里狄翁论证了他想要主张的政制理论。他发展出的观点是彻底传统的,因为其中的语言处处暗示着在亚里士多德关于三种好政制和三种变态政制的传统分析框架之下形成的传统哲学主张。① 在各种好的政制中,民主制被宣布为实际上是不可能的;而贵族制更加不可能,也更加不方便(节45),相比于"一个好人利用自己的判断和德性来善治一个城邦或众多[88]民族或全人类",也就是相比他在第50节中所说的"现已胜出的那种幸福和神圣的状态"(这条短语预示着第三十六篇讲辞第32节)。他继续道(节50):

  关于这种统治,现有一些明白的意象和不晦涩的范例

---

① 参照 von Arnim, *Leben und Werke des Dio von Prusa*, 419。

($παραδείγματα$),因为在牧群和蜂群中,自然(nature)显示出,强者统治弱者并为其做好打算是合乎自然的。然而,不可能有哪一种统治会比由那首位的最好的神来领导全体事物这种统治形式更合理或更美。

学者们有时会谈到犬儒派或廊下派对狄翁王制概念的影响。然而,世俗国王和神圣国王之间的对比十分常见(例如参照伊索克拉底《致尼古克勒斯辞》[Nic.] 25 - 26,塞涅卡《论仁慈》[clem.]卷一 7,普鲁塔克《致一位无知的统治者》780 E - 781 C,克雷芒《杂缀集》卷一 24);并且,尽管"领导全体事物"乃典型的廊下派说法,但我们已经注意到它在柏拉图那里的原型。特别是第三篇讲辞第 42 至第 50 节中没有关于宇宙城邦学说的任何痕迹。① 一个自然的推论是,狄翁在第三十六篇讲辞第 31 至第 32 节中企图迫使柏拉图—亚里士多德的王制理论与廊下派那以宇宙作为家园的由诸神和人类结成的共同体联姻。然这一企图最终失败了。

在第三十六篇讲辞第 32 节末尾,狄翁通过利用诗人们称宙斯为"诸神与人类之父"这点,支持说这位"全体存在者的主人"向我们提供了他自己对万物的规制,将其作为一种范例或典型。但为使自己的讲演再一次符合波律斯忒涅斯听众的品位,狄翁把关于宇宙城邦这个类比概念余下的讨论交给了诗人们,让他们继续称颂宙斯的 endoxon[荣耀]。尽管如此,他从中取得了有关那项类比概念进

---

① 我要强调,我现在只是否认第三篇讲辞的这一部分曾受到廊下派或犬儒派的重要影响,而这种影响至少相当明显地反映在该篇讲辞稍前和稍后的部分中,那里狄翁解释了国王是什么以及应该是什么。例参 R. Hoïstad, *Cynic Hero and Cynic King* (Lund 1948) 183 - 194。

一步的证据。相关段落援引如下(节35-37):

> 事实上,所有这些诗人都称这个首位的最伟大的神是全体理性存在者共同[89]的"父亲"——也是他们共同的"国王"。由于听信了这些诗人,人们为宙斯这个国王建起了祭坛,更有甚者还在祈祷时毫不犹豫地称呼他为父亲,因为人们假定存在着宇宙的这种统治和组织结构。据此,我想他们会毫不犹豫地宣称:整个宇宙乃宙斯的住所,既然他是其中的存在者们的父亲;宙斯在上! 宇宙还是他的城邦,由于他那更显重要的统治,正如我们[即我们哲人]对那个类比概念所说的。因为"王制"更适合用来描述城邦而非住所。因为那些称宙斯为凌驾万物之上的"国王"的人,定然不会反对整个宇宙是被当作一种王制来治理的。而如果他们承认它是作为一种王制来治理的,则他们不会否认它是政治性的治理,从而不会否认存在着宇宙的政治性治理。但如果他们承认这种"政治性治理",他们就会同意宇宙非常像"城邦"或某种得到政治形式的治理的事物。

显然,这段话最后一连串的推论采用了廊下派的方式。狄翁是否在重复一系列事实上属于早期廊下派的论证? 不可否认,作为一名文体大师,他有能力利用廊下派的常用语来表述他自己的东西,正如他能够模仿柏拉图的ὕψος[高度]。另一方面,我们在关于克律希珀斯《论自然》对赫拉克利特第53条辑语的运用情况的讨论中提出,克律希珀斯从宙斯是国王的观念推出论点:赫拉克利特笔下的诸神和人类乃公民同胞。为使克律希珀斯的推论成立,我们着实需要狄翁的那串论证;并且我们已经看到有证据表明,狄翁或许因为知晓《论自然》才认识到宇宙城邦学说的赫拉克利特维度。我由此推测这串论证的原作者是克律希珀斯,①准确地说它是《论自然》的又一"辑语"。诚然,狄翁在引文的前面部分谈论了宇宙与王制相关的组织结构,正如他在第 31 至第 32 节这个非廊下派文本中所做的。然而(不同于第 31 至第 32 节中的情况),并非是这点支持了关于宇宙城邦的推论。对这项推论而言更重要的是,[90]他在开头把宙斯唤作"全体理性存在者共同的"那位"国王"。

当他介绍性地评述那以类比的方式构建的宇宙城邦学说时(节 29–30),狄翁提到了廊下派的论证,而这些论证似乎支持他用我所论证的非廊下派方式来表达(节 30):

> 然而他们以某种方式将现存的秩序(即宇宙)——整个宇宙被分割并划分成多种植物以及多种必死或不朽的生物,同时还有多种形式的气、土、水以及火,但这时其本质仍是所有这一切中的一个事物,并受一个灵魂或力量的支配——比作城邦:(1)因为大量事物进出其中,还(ἔτι)(2)由于这种规制所带来的安排和井然秩序。

幸运的是,廊下派原始文献中有证据能够证明(1)和(2)。这些证据足够清楚地表明,虽然狄翁正确地看到廊下派在讨论宇宙时类比地运用了城邦的观念,但这些观念并不支持他自己对宇宙城邦

---

① 就像第 20 节(《早期廊下派辑语》卷三 329)、第 23 节(《早期廊下派辑语》卷三 334)以及第 29 节(《早期廊下派辑语》卷二 1130)中的情况,von Arnim 也把第 37 节[《早期廊下派辑语》卷三 1129]纳进他的早期廊下派 testimonia[证言]中,尽管排版极差,且只是说"它有益于认识克律希珀斯学说在研究上的某种限度"(quae aliquo modo ad cognoscendam Chrysippi doctrinam utilia viderentur,卷一 页 v)。

学说的阐释。

关于(2)，我们拥有优西庇乌斯保存的阿里斯托克勒斯(Aristocles)的一段学述(《福音的预备》卷十五 14.2)：

> 接着，他们还说整个宇宙在命运决定的某段时间内被火所吞噬，而后又被再一次重建成一种万物的秩序。但原初的火(primal fire)如同一粒种子，其中包含着一切事物的程式，包含着何种事物曾出现、何种事物正在或将要出现的原因。所有事物之间的关联性和连贯性就是命运、知识、真理，也是支配着这些事物的一种必然的、不可规避的法律。这样，宇宙的状况得到了最好的规制(διοικεῖται)，就像一个由卓越法律所规制的政治社会(πολιτεία)的状况。

可以肯定，阿里斯托克勒斯笔下的廊下派所作的政治性类比针对的是宇宙的循环，而在狄翁那里却是针对现存的διακόσμησις[宇宙的组织结构]。但这种类比的作用无疑是一样的：不经意间富有想象力地提高了我们对宇宙[91]组织结构的意识——而非提出一种学说，更别说是提出宇宙城邦的经典学说。

(1)所指涉的廊下派教义保存在爱比克泰德那里，而此人将之归在"哲人们"名下(《清谈录》卷三 24.10-12)：

> 这个宇宙是一个单一的城邦，形成这个宇宙的物质是唯一的。有一种周期性的变化必然会发生，一个事物替代另一个事物，有些事物被分解，另一些则生成，有些原地不动，另一些则被移动。一切事物中间遍布着朋友，首先是诸神，然后是人类，因为人类本性上就被制造得彼此亲密。有些人必

定要彼此相聚,而另一些却要彼此分离;人们必须因为有人跟自己在一起而欣喜,但决不能因为有人离开而悲伤。人除了本性上是高贵的,能够蔑视其意志之外的一切事物,还天生就不是扎根生长在大地上的,可以一会儿到这个地方,一会儿又去那个地方,有时是因为有此需要,有时又只是为了看一看。①

出生和死亡的必然性应该是亚里士多德所谓的假设的必然性,为宇宙的天算所定。关于这个必然性,爱比克泰德曾在其他地方做过生动的描述(《清谈录》卷四 1.106):

还是给别人腾出地方来吧。别人也要出生,就像你曾经出生一样;出生以后,他们也得有一个地方,有一所房子——有自己生活必需的东西。但如果先到的人不离开,还能有什么东西留给后到的人呢?为什么你不知满足呢?为什么你从不满意呢?为什么你要把这个世界弄得拥挤不堪呢?

在这些文本中,爱比克泰德的论证都是基于而非指向作为一个秩序井然的城邦的宇宙这一概念。再者,他在提到这个概念时并没有附上术语"如同"来加以限定。但他必须道出的一些话的效力倚赖于类比:"想想生与死的方式,它就像是人们在一个城邦中进进出出。尤须记住,人们实际上会且应该离开这个城邦,因为一些妥切

---

① [译按]译文参考了《哲学谈话录》,爱比克泰德著,吴欲波等译,中国社会科学出版社,2008 年,页 245,以及《爱比克泰德论说集》,爱比克泰德著,王文华译,商务印书馆,2009 年,页 243-244;有改动,下同。

明了的理由,这些理由证明要离开的人不会不情愿[92]离开,其他人也不会因他们的离开而悲伤。"确切地讲,这一城邦即是宇宙城邦,但它以标准的方式被视作理性存在者的居所:①这些存在者本身结成一个非类比意义上的共同体——正如廊下派在其他地方表明——从而结成一个城邦。

---

① 值得注意的是(同时也无需奇怪的是),我们的一些原始文献在谈论"居所"意义上的宇宙城邦时,常常不去在意将宇宙说成是一个城邦还是说成一个住所或家(例如《论神性》卷二 154:Pease 在对该文段的注释中提到了其他许多相关文本;亦参照 D. T. Runia, *Philo of Alexandria and the Timaeus of Plato* [Leiden 1986]165 – 169,注 30 – 32)。这些原始文献在这样处理的时候,至少使得廊下派的宇宙城邦学说开始向亚里士多德那著名的类比靠拢(《论神性》卷二 95)。

四 从共和主义到自然法

1

[93]塞涅卡这样写道(《论闲暇》4)：

> 让我们用心接受两种共和国(res publicae, commonwealths)：一种是巨大并真正共同的共和国，诸神和人类都囊括在内，其中我们不是顾及这一隅或那一隅，而是以太阳运行的轨迹来衡量我们这个国家(civitas, state)的界线。另一种共和国是由与生俱来的各种具体条件将我们分配到其中的，这会是雅典人或迦太基人(Carthaginians)的共和国，或者是其他任何并不属于全人类而只属于某个特定人群(certos)的城邦(urbs)。有些人同时服务于两种共和国——较大的和较小的，有些人只为较小的服务，有些人只为较大的服务。我们即便在闲暇时也能为这种较大的共和国服务，或者毋宁说也许我们在闲暇时才能更好地为之服务。闲暇时我们可以探寻何为德性，德性是一还是多，是自然还是技艺使人臻于善；这个包举海洋、陆地及其所承载的万物的世界是否是独一无二的，神(God)是

否还四处撒播了许多此类的体系……①

对于塞涅卡而言,真正的城邦是宇宙城邦。对于早期罗马帝国其他重要的廊下派作家而言亦如是,他们是儒福斯、爱比克泰德、奥勒留。而且犹太人斐洛、狄翁也是这么认为的。我们在马尼利乌斯和普鲁塔克那里也发现了这样的痕迹,他们看起来也像是不知道廊下派其他真正城邦的观念似的。所有这些人的文本都不具有学述的特点。然而,仅有的直接相关的几条学述所言亦与此相差无几。根据克雷芒的意见,廊下派就是将宇宙认定为真正的城邦;并且,西塞罗一贯将此[94],也仅仅将此描述成廊下派的立场。在所有这些材料中,没有芝诺的斯巴达式圣贤共和国的任何痕迹。诚然,普鲁塔克在《论亚历山大大帝的运气与德性》中提到了芝诺和他的《政制》,但认为这部著作的内容类似于宇宙城邦学说。

我们有可能容易得出结论说,芝诺的《政制》不但使后来的廊下派感到不安,而且对他们的思想影响甚微。该书考量了真正城邦的概念,这个概念可能催生了他亲密的学伴们对爱欲与斯巴达的强烈兴趣,但它在后来的廊下派及廊下派化传统中明显遭到摈弃。确实,关于《政制》的独特政治理想的具体记叙能够留存下来在某种程度上似属侥幸。在《名哲言行录》第七卷中,我们有关于爱欲及女人共有的少量学述信息(也可归于克律希珀斯的《论政制》)以及关于婚姻的错误信息。尽管如此,在关键点上,恰恰是两份很可能是廊下派的原始文献将我们从完全的无知中拯救出

---

① [译按]译文参考了《哲学的治疗——塞涅卡伦理文选之二》,塞涅卡著,吴欲波译,包利民校,中国社会科学出版社,2007年,页70;有改动。

来：阿忒纳欧斯收集的那段珍贵的文本，以及拉尔修记述的与删剪和抨击《政制》有关的一则隐晦的传闻，拉尔修将此传闻同阿忒诺多若斯、卡希俄斯及伊希多若斯联系起来。这些文本中所揭示的芝诺，很可能是一个不为廊下派正统，或依赖于廊下派学说的作家们所认同的芝诺。这些文本专事关注芝诺，而非一些更为笼统的廊下派立场。

2

如果《政制》确实如第 1 节的思路所认为的那样对后来的廊下派主义影响甚微，这将非常惹人注目。在希腊化时代，无论如何，芝诺的诸观念，尤其是他的 ipsissima verba[原文]通常都被用来界定何为廊下派主义。它们被当作克勒昂忒斯，特别是克律希珀斯论著中所充斥的理论阐发的起点，结果间接地为后来的廊下派主义所吸收（偶尔也被直接吸收）。对于继芝诺而起的廊下派而言，把《政制》作为无足轻重的作品来对待并不容易，这无需赘言。如果本书第二章的论证[95]正确，芝诺的《政制》是一次伟大的哲学论述，它欲与柏拉图的《王制》较劲。

我将论证，芝诺的《政制》事实上对廊下派主义影响巨大，我们不应因其关于理想城邦的具体建议在表面上遭到忽视就误入歧途。

从后来的廊下派主义来看，芝诺至关重要和最为深远的影响就是他将智慧的或道德上良善的人视作唯一真正的公民、朋友和自由人，而将坏人认作异邦人、敌人和奴隶。这种观点的影响弥散在廊下派主义中，例如司托拜俄斯在阐释狄都谟斯所述的廊下派伦理学时给出的第三个主要划分（以下简称 S3）。整个 S3 都致力于讨论

道德上良善的人和道德败坏的人,在讨论的主要部分的前段对此做了清晰的说明(卷二99.3–5):

> 芝诺以及那些忠实于他的廊下派哲人认为存在两类人:道德上良善的人和道德败坏的人。

随后 S3 详尽阐释了两类人的属性,尤其是将他们区分开来的大量谓述(predicates)。其中自然包括富裕的、贫穷的、自由的、奴役的(卷二 101.14–20),这些术语在廊下派被希腊、拉丁文学与哲学作品广为引用的关于圣贤的悖论中十分突出。然而,廊下派也描述了大量不那么为人熟悉的品性,例如好人的品性有,温和的、宁静的、遵守秩序的(卷二 115.10–17),还有精明的、善于达到目标的、善于瞄准时机的、敏于判断何者恰当的、不矫揉造作的、毫无心机的、率直淳朴的、不装腔作势的(卷二 108.9–11)。从我们的观点来看,尤为有趣的是一系列这样的品性:具备成为国王、将军、政治家、家长和发财致富者的技能(卷二 100.4–6)。在以上绝大多数"政治性"谓述的例子中(如果不考虑上述某些非政治性谓述的情况),文本中的某些地方为将讨论的属性归于圣贤提供了某种证明。因此,即使智者不处在能发挥其技能的位置上,也只有他能够胜任统治民人等类似的督导职能,其中包括国王和将军必须履行的督导职能(卷二 102.11–15)。相似的,只有道德上[96]良善的人知晓从何处取财,何时取财,如何取财,取财的限度何在(卷二 95.14–19,21–23)。S3 中的另一份直接与我们关心的问题有关的材料是对法律和城邦的处理(这将在附录六和七中审视)。在这里,狄都谟斯解释说,道德败坏的人是该遭放逐的、粗野的、野性难驯的、蛮横的、任意妄为的和忘恩负义的,因为他不是守法的(卷二 103.9–

104.9);还解释说这样的人是寡廉鲜耻的,因为他不值得尊敬,尊敬是对有益于他人的德性的奖赏,而他丝毫不享有这种德性(卷二103.4－8)。

狄都谟斯将大量谓述分别归于好人和坏人,这明显远远超过了芝诺在《政制》中所列的条目,毫无疑问也超过了芝诺随后的其他著述,即便假设芝诺开列的清单比任何原始文献所明确证实的都更长(这个假设是合理的),这可以作为克律希珀斯及随后的廊下派传统对芝诺观念进行详尽学术解释的经典例子。我已经转向狄都谟斯那里寻找证据。然而,引用西塞罗、普鲁塔克、恩披里柯、拉尔修、阿弗洛底西亚的亚历山大、塞涅卡甚至贺拉斯(Horace)也会是可行的。

正如其他原始文献的情况,我们清楚地看到狄都谟斯的文本不但拓展了芝诺对好人和坏人的处理,而且某种程度上还为这种处理指出了新的方向。《政制》仍是一部政治哲学著作,尽管这种政治哲学(像其他所有古代政治哲学一样)受到伦理关怀引导,也尽管它暗中攻击现存各种社会时过于激进。《政制》对好人和坏人的阐述可被假定为对这一问题的回答:公民体(citizen body)的性质及其与亲属结构的关系是什么? 其回答不容分说就是道德的回答。道德的回答结果就是威胁到问题的真正条件,迫使其条件发生改变——因为它将政治和社会的考量置于道德考量之下。然而,假设芝诺的讨论限制在围绕着"和谐"这一独特政治理想展开的框架内,那么这一威胁就仅仅是威胁而已。而在狄都谟斯那里,这一范畴转变所带来的威胁变成了现实:好人和坏人的主题现在已经毫不含糊地转变为伦理话题。政治关怀和主要具有政治意义的谓述在狄都谟斯的讨论中的确十分突出,正如我们[97]所见,这与芝诺《政制》原初的专注点是一致的。事实上,S3 整个的导论部分都致力于明显具有政治特征的材料,仿佛在强调好人和坏人话题应作为政治问题的焦点。尽管如此,这种操作的根本目的只是在于明示所讨论谓述的得当应用,要么以道德上的良善为条件,要么以道德败坏为条件(这依情况而定);从而表明对政治和司法行为所施加的道德上的高要求(这依凭对法律的得当理解)。结果,狄都谟斯的很多段落读起来很怪异,因为政治哲学的篇章实际上完全缺乏进行具体政治分析的兴趣——或者换种说法,是去政治化的。

3

可以肯定的是,圣贤共同体的观念本身并没有从司托拜俄斯的视野中消失。如第二章所表明的,在 S3 的"政治性"导论部分的开篇,给予了它突出的位置(卷二 93.19 以下)。司托拜俄斯全神贯注的是这样两点:所有善为道德上良善的人共享或共有的论题,以及他们彼此之间和谐的观点(此观点通过诸善论题得到解释)。和谐当然是芝诺《政制》的关键观念;我们也很容易推论出财产共同体的观念同样出现于《政制》中。但可以假定,司托拜俄斯聚焦于这两个相关论题并非是在直接反思《政制》,而是在反思克律希珀斯对《政制》的阐释。

如果芝诺认可毕达戈拉斯的名言 κοινὰ τὰ τῶν φίλων[朋友之间共有彼此的东西],上述那个阐释看上去就好像已然呈现出了芝诺所言之意的道德化或精神化版本。很可能芝诺心里想的是财产的共同所有,同时也想着女人和孩子的共同拥有。然而,狄都谟斯的段落指涉的是共同的"诸善",其中的阐释严格符合廊下派主义对善的正统阐述,换句话说,它们是就德性和德性行为而言的善。因之,诸善共同体学说是就某人通过施行德性行为而施予他人益处(ὠφέλεια)来解释的。[98]一种有益的行为被算作是一种共同的善,因为这种行为不但有益于接受者,而且有益于施行者。

S3 的导论部分实际上提供了这个解释的不止一种版本,而是两种不同且明显带竞争性质的版本。争议点貌似源自这一问题的提出:一位圣贤是能够和其他任何一位圣贤共有诸善,还是只能和他认识的圣贤或生活在同一个地方的圣贤共有诸善?这里首先展示的是人们所谓严格的立场(R),就好像它是种正统立场(卷二 93.19-94.1):

> 他们说,所有的善为道德上良善的人共有,因为有益于自己邻人的人,也有益于他自己。①

在讨论完正义(卷二 94.7)以及现存环境下智者的行为(卷二 94.8-20)后,狄都谟斯开始阐述友爱(卷二 94.21-95.2)。友爱在这里也涉及邻人关系。这种对友爱范围的严格限制看起来很可能源于这样的事实,狄都谟斯认为友爱存在于被构想为邻人共同体的圣贤共同体中。相应地,当狄都谟斯接下来呈现出有关共同善的并不严格或一般的立场(G)时,针对一个以概念"作为邻人"为关键点的讨论,有这样一段注解(卷二 95.3-8):

> 他们以另外一种方式言说诸善共有。因为他们认为每一个有益于不论何人的人都会由于这种施惠而获得同样的益处,同时没有一个道德败坏的人受惠或施惠。因为施惠是维持与

---

① [译按] 比较本书原页码[47]上的译文。

德性相符的状态,受惠是经历一个与德性相符的过程。

仍然不清楚的是区别(R)和(G)的理论基础。

芝诺说过,在他理想的斯巴达式共和国中财物共有,如果我的猜测正确,那么因为他的共和国是一座邻人组成的城邦,自然就可将财物共有阐释为财物由邻人共有。所以,既然(R)涉及了邻人,这就暗示着(R)在尝试再现芝诺建议中的这个特征。(R)因此不但是[99]正式阐述,而且是 S3 导论中出现的两个解释版本中更为古老的版本。

另一方面,(G)读来好像是因反对(R)而出现的。我们有可能可以论证,(R)在为何存在共同善的叙事中带有武断性。根据(R),群贤为何共有诸善的理由是,一位圣贤有益于他的邻人的任何行为同时也有益于他自己。对于这一阐述,一种明显的反对意见就是:有益的行为为何必须指向邻人?如果我撰写这本书有益于我压根就不认识的一个生活在日本的学生,根据(R)中蕴含的反身性原则,接下来的结论不就是他(她)和我之间共有一种善?如果对这个问题回答"是",我们貌似就必须接受版本(G)是一个比版本(R)更为合理的共同善论题。

我们能够看出狄都谟斯本应将(G)作为(R)的矫正性注释的理由吗?我们乐于认为他之所以这样做,是因为 S3 的主要部分向我们提供的是一个与(G)更为一致的共同善论题的版本[而非与(R)一致](卷二 101.21 – 102.3):

> 所有善都为道德上良善的人共有,所有恶都为道德败坏的人共有。因此,有益于他人的人也有益于他自己,有害于他人的人也有害于他自己。所有道德上良善的人彼此互益,即便他

们根本不是彼此的朋友,相互间也并不亲善、赞同和接纳(因为互不相识且并非生活在同一个地方)。尽管如此,他们仍然以一种亲善的方式彼此相待,也就是以一种友善的、赞同的、接纳的方式彼此相待。然而,愚人与此情形相反。

我将这一文本的学说称为(U),因为它不但暗含着(G)所主张的学说,如果任意两人中任何一方有益于对方,那么他们之间就共有一种善;而且它还提出了普遍的命题,所有善由所有圣贤共有。就我们对芝诺在《政制》中的言说所作的预设而言,我们可以假定(U)这种阐述要比(R)好,因为它对"共同的"一词给出了更具说服力的解读。尽管相比(R)而言,(U)与(G)更为接近,它却在尽力避免与友爱概念[这与(R)[100]相联系]的不一致。因为确切地讲,(U)接受的是只有邻人或彼此认识的人才能是朋友。(U)用来替代"……的朋友"的观念,即"以友善的方式相待"的观念,其实用价值尚不清楚。当然,(U)承认只有一种概念可被用作替代,这一事实就非常有趣。

友爱和亲善之间的替代所呈现的这些微妙之处也许显露出,该文本出自一位稍晚些的学者型的廊下派哲人之手,然而(U)的基本论题——所有的善由所有圣贤共有——几乎可以肯定是克律希珀斯的。持有(U)观点的后果必定是,任何有益的行为均有益于所有那些永远能从任何事情当中获益的人,亦即所有智慧的或道德上良善的人。这种学说被普鲁塔克描述成是标准的廊下派立场(《反驳廊下派的一般观念》1068 F):

如果随便一个什么地方的某位圣贤审慎地动动手指,他所居住的整个世界的所有圣贤都要受益。这是他们分配给友爱的任务,也解释了诸德性如何通过圣贤所共有的有益行为而得以成全。

关于狄都谟斯在陈述(U)时提到的彼此相识和作为邻人这两项限制条件,在普鲁塔克接下来的说法中也不见其踪影(1069 A):

> 这种惊人的益处是圣贤从彼此的德性作为中获得的,即便他们并不生活在一起,甚至没有机会互相认识。

随后,他将这种立场的一个具体结果归于克律希珀斯(1076 A):

> 每当其中一位遇到另一位的作为,狄翁和宙斯就因都是智慧的而彼此同等互益。因为,一旦人类已然成为圣贤,人类从诸神那里得来的善以及诸神从人类那里得来的善就会是这样的,除此无他。①

(R)和(G)都不是很常识性的观点,然而,益处和害处具有反身性的观念当然完全是苏格拉底的,如果一个人同意德性的锻炼是一种能够加强行动者自身幸福的善(例如柏拉图、亚里士多德的观点),他就很容易接受这种观念。相较而言,(U)倒是相当反直觉的。[101]可以假定非常重要的是,尽管(R)和(G)是由前提(B)——如果某人有益于他人,他也有益于他自己——衍生出来的,但(U)自身不能得到论证,毋宁被当作(B)的推论的基础。如

---

① [译按]比较本书原页码[82]上的译文。

果每一个有益的行为都有益于所有圣贤,那么显然随后的结论就是,一位圣贤无论何时施行一种有益的行为,他都有益于自己——假定他是群贤中的一位。毫无疑问,克律希珀斯会希望给予(U)本身以某种证明,这种证明也涉及从整全视角而不是从我们作为组成部分的人自身的视角来看待事物。因此可以假定,这一想象出来的物理叙事需要解释说,任何德性行为都能加强 pneuma[普纽玛]的张力,普纽玛是那个弥散在宇宙间,并控制宇宙的逻各斯的载体,所以任何德性行为对所有这样的人都有益:这些人分享并拥有的逻各斯具备受益的能力,就像圣贤的逻各斯那样。

那么,S3 包含了这个命题的两种陈述:诸善由那些道德良善的人共有。导论部分的(R)似乎代表着克律希珀斯对原本可能属于芝诺《政制》一书中的学说的道德化阐释。它持有的观点仅仅是,任何有益于邻人的行为都构成了受惠的邻人与施惠者所共有的一种善。在任何主张"德性行为是幸福的作用功能或组成部分"的古代思想体系的框架内,这种观念都能轻易得到伦理性的辩护。主要部分的(U)是一个更具雄心的论题,这很可能也是克律希珀斯的作品,也许是他对芝诺《政制》中的暗示所进行的另一种解释。它使得所有善(包括所有有益的行为)由所有圣贤共有,无论他们是否彼此相识或是否生活在同一个地方。对它的辩护只有从形而上学一元论中寻找资源;并且,对它的理解也需要我们采用整全的视角。

4

一个可能合理的看法是:正如(R)中的情况,廊下派主义在设想(G)和(U)时所处理的那些问题,至少在部分意义上是诠释性问题。然而,它们为何一开始就出现了?例如,为何邻人的概念倒应该成为详加审查的[102]焦点?我们当然能够恰当地解释说,它们是想要通过宇宙城邦学说来反思芝诺的《政制》,并使芝诺圣贤共同体的概念与作为世界公民的理性存在者所组成的共同体的观念相适应。事实上,这也是处理那些问题的根本动机。这一点已为关于克律希珀斯《论自然》第三卷内容的证据(参见第三章的评论)所暗示。由于我们知道在呈现宇宙城邦学说的那一卷里,克律希珀斯也论证了道德上良善的人有着与宙斯相同的德性,这种说法非常类似于他那宙斯和狄翁共有善的说法,更概括地讲,非常类似于他那诸神和人类共有善的说法。由此自然可以推出,这种对人类和诸神共有善的处理在《论自然》第三卷也出现了,从而属于克律希珀斯关于宇宙城邦的讨论。

如果是这样,第1节的论断就需要修正。与其说后来的廊下派传统因赞成宇宙城邦而忽视了芝诺的圣贤共和国,毋宁说在推进宇宙城邦理论的过程中,克律希珀斯已然使得《政制》的核心学说(圣贤城邦以及圣贤共有财物的论题)变成了该理论的核心要素。如果所有理性存在者——诸神和人类,在德性上并没有区分(至少当人类已然臻达道德上的良善时是如此),那么将诸善共同体限制在邻人间就是不合理的,将城邦成员的身份仅限于人也是不合理的。很可能克律希珀斯认为自己这里不是在纠正芝诺,而只是在从芝诺本人的观念中引出更加清晰的逻辑结论。

从历史的角度上看,《政制》中相应地也有着令人着迷的"雅努斯面孔的"(Janus-facing)理论。如果本书的第二章是正确的,则芝诺是把《政制》当作对古典希腊哲学有关polis[城邦]恰当政制论辩的一种贡献来写的。他的解决方式要比先前任何思想家所给出的都更为简明扼要,因此他没有停下来处理这样的问题:由彼此相识、一同生活的人所组成的群体如何实现生存和幸福所必需的和谐。然而作为一种古典的政治理论著作,《政制》本身就包含着自我毁灭的种子。或者说得更积极一些,它为一种在处理风格上截然不同的政治哲学开辟了道路,使政治哲学不再羁绊于[103]对 polis[城邦]的专注,而是聚焦于人之为人(而非作为公民)的道德潜力。

从这点出发,可以把宇宙城邦的观念看作从共和主义到自然法理论之间起到转承作用的概念。宇宙城邦的学说试图在去除所有关于公民权观念的偶然条件(例如物理位置接近或相互熟识)后仍然保留共同体和公民权。现在,公民权仅存在于如下情况:一群人遵守正当理性各种关于正义待人的诫命,亦即遵守自然所创的法。这样的公民概念显然是不稳定的。社会的道德性出自遵循这样的自然法的指令,这一论题根本不需要为了使自身更易被理解和接受而提及公民权。它仅是一个关于对人或对任何理性的社会动物之为理性的社会动物,应当遵循何种命令的论题。因此,我们对自然法的观念在不乞灵于神圣城邦或天意形而上学理论的社会伦理语境中起作用,就不应感到惊奇。简言之,这个舞台是为出场于西塞罗《论义务》(de officiis)《学说汇纂》(Digest)中的 ius naturale[自然法]而搭建的——也是为格劳秀斯和普芬道夫(Pufendorf)及其后来人著作中登场的 ius naturale[自然法]而搭建的。①

---

① 这一章似乎无需注释。但关于本章主题的观点,J. G. A. Pocock 的一篇论文可能是有趣的:"Virtues, rights and manners: A model for historians of political thought",收于其论文集 *Virtue, Commerce, and History* (Cambridge 1985) 37-50——尽管本章的灵感事实上最终是来自黑格尔主义思想(Hegelian),例如参照 C. Taylor, *Hegel*(Cambridge 1975),页 385。

附录

一　芝诺与亚历山大

[104]普鲁塔克的《论亚历山大大帝的运气与德性》329 A–B 翻译如下:

> 廊下派创建者芝诺备受尊崇的《政制》一书旨在论述这样一个要点,我们对居所的安排不应建立在诸城邦或民族的基础上,①这些城邦或民族以各自特殊的正义体系而相互区分,然而,我们应把所有人都视为公民和民众成员,②只应存在一种生活方式和一种秩序,就像牧群同牧一处,受共同的法律/牧场(νόμος)培育。芝诺写到这儿,仿佛是在勾画一位哲人那规制良

---

① "诸民族"(peoples)翻译的是 δήμους(参照随后的 δημότας 被译为"诸民众成员"[members of the populace])。学者们有时将其译为"诸民社"(demes)和"诸行政区"(parishes)(例参 Long and Sedley, *The Hellenistic Philosophers* I,对他们的翻译我在其他地方已有所借鉴),毫无疑问这样翻译是为了和"诸城邦"(πόλεις)形成对比。然正如 Baldry 所注意到的(*JHS* 79[1959],页13 注19),普鲁塔克稍后将亚历山大的事业描绘成意在将所有人统合成一个民族(δῆμον)(330 D);而且,如果本附录的论证正确,我们很有可能就会设想整句引文是在回忆后来廊下派的观念和术语:克雷芒(《杂缀集》卷四 26,页624 P[=《早期廊下派辑语》卷三 327])将那两个词 ἡ πόλις καὶ ὁ δῆμος[城邦和民族](在一个句法上含混的句子里)并列了起来,好像它们实际上是同义词。

② [译按]比较本书原页码[24]上的译文。

好的共和国的梦想或图景,然而,却是亚历山大让这个理论变成了现实。

根据第一章的论证,芝诺的城邦被构想为一个理想的斯巴达式共和国。普鲁塔克把这作为他眼中亚历山大所努力推进的那个世界范围的共同体的蓝图。但这两个概念的大体精神非常不同。

学者们有时走得更远,断言普鲁塔克的阐述和我们关于《政制》的其他证据之间实际上不相符。这些断言绝大多数是不能成为定论的,例如 Baldry 和 [105] Erskine 已经表明的那样。① 然而,Baldry 那里有两点需要进一步探讨。首先,根据普鲁塔克的说法,我们要把所有人视为我们的公民同胞,而《名哲言行录》卷七 32-33 只把良善或智慧的公民作为公民同胞。进一步考察之后,这一矛盾就解决了。因为,在继续阐述亚历山大的事业时,普鲁塔克写道(329 C):

> 他教导所有人将他们所居住的整个世界作为他们的祖国,他们的军营作为他们的卫城和要塞,所有道德上良善的人作为他们的亲戚,所有道德败坏的人作为异邦人。

众所周知,"所有人"的意思依赖于语境。普鲁塔克的表达具有不严谨的、喜好引申的风格,尽管他也准备赋之以更多的廊下派式的精确性,以便适应他的修辞目的,正如这里的情况——"所有人"现在实际上变成了"所有好人"。而第二个不一致性不可以这样随便解释。普鲁塔克主张对于芝诺而言,我们的生活方式不应建

---

① Baldry, *JHS* 79(1959)12-13; Erskine, *The Hellenistic Stoa*, 页 18-22。

立在诸城邦的基础上,这一主张与芝诺对"城邦安全"的关怀(阿忒纳欧斯《欢宴上的智者》561 C)以及他关于诸城邦(注意复数)中不应有神庙、法庭或体育场的规定(《名哲言行录》卷七 33)不相符。诚然(正如 Baldry 和 Erskine 均强调),普鲁塔克所突出的并不是这样的诸城邦的不恰当性,而是不同城邦存在各自的正义体系(而非处在单一的共同法之下)的不当性。但这并未改变这样一个事实:其他文本的证据似乎想象诸城邦是其公民们道德和政治关怀的焦点。Baldry 和 Erskine 试图以彼此相似的路数来排除这个困难。他们设想,普鲁塔克的段落所想象的乃是一个真正理想的统一社会。这个社会由一些地方共同体(poleis)组成。而这些地方共同体是阿忒纳欧斯讨论和谐与安定的文本的主题,也是怀疑论者卡希俄斯对神庙等记叙的主题。然而,因为这样的 poleis[诸城邦]被剥夺了传统希腊 polis[城邦]如此多的功能和特征,普鲁塔克的文本就恰能代表芝诺已抛弃在 poleis[诸城邦]基础上对生活安排进行组织的观点。这种解决方式是没有说服力的:它使得那个原本被视为承担相同指涉的词语 polis[城邦],既相当明确地符合阿忒纳欧斯文本的语境,同时又不那么符合普鲁塔克文本的语境;它使得 polis[城邦]和理想的统一社会都成了芝诺在关注和谐问题时的焦点。事实却是,一个人仅阅读普鲁塔克的段落,或仅阅读阿忒纳欧斯和拉尔修的文本,做梦也想不到芝诺的观点竟如此复杂。

[106]也许,我们最好尝试将普鲁塔克的文本与我们能够想到的其他相关证据调和,或诉诸芝诺思想前后发展的假设。① 尽管如

---

① 这是 Tarn 曾采用过的权宜之计,参见 *Alexander the Great*, vol. II, 注 417–423。它立论的主要困难是,普鲁塔克认为自己归给芝诺的那些观念都是芝诺 *πολιτεία* 的焦点:Tarn 不得不论证,这里的 *πολιτεία* 仅指"政制",而不是

此,在一个人正确回答如下问题之前尝试这样的任务没有多大意义:是否有理由判断普鲁塔克的信息是可靠的? 为否定的回答找出理据并不困难。

因为一方面,第一章和第二章考虑的所有其他文本都属于学述一类。它们明显衍生于旨在记叙零星学说的原始文献,不论这些记叙是否别有用意。尽管材料的选取可能存有偏见,评注也存派别之见,这些记叙本身并没有显著的偏向性标志。而且,它们和早期廊下派学说的其他阐述是相当融贯的。相比而言,普鲁塔克的这篇文章及随后的一篇同主题文章都是在练习修辞,"缺乏任何严肃的目的"。① 我们所关心的那个段落宣称它是在宏观把握《政制》中的"要点",而非提供《政制》内容的具体细节。亚历山大的功业和雄心应与芝诺的哲学观念水乳交融,显然这点对于作者的论证而言至关重要。相应地,我们没有特别的理由期望他会准确地乃至精确地记录那些哲学观点。当然,他一贯会夸大处理亚历山大。亚历山大事业中的一些小事件在普鲁塔克的亚历山大传中只得到有限的处

书名《政制》,然而这却是一个令人失望的伎俩。但 Tarn 看出普鲁塔克的那个段落与有关《政制》的其他据之间存在真正的不一致性,而后继的学者们并没有对此种不一致性给予足够严肃的对待。

① 这个论断我借自 J. R. Hamilton, *Plutarch*: *Alexander.* A Commentary (Oxford 1969),页 xxxi,其中正确地将其称为"显而易见的观点"。他导论的第二部分(页 xxii – xxxiii)为两篇演说《论亚历山大大帝的运气与德性》及关于这两篇演说的学术讨论提供了很好的最新的指引。那一论断很大程度上也为 D. Babut 所认同(*Plutarque et le Stoïcisme* [Paris 1969],页 84 – 85),他判断普鲁塔克以一种肤浅的方式运用了廊下派的主题:à des fins purement rhetoriques et formelles[以一种纯粹修辞的形式]。关于普鲁塔克对亚历山大所受批评的可能的回应,参见 G. Giannantoni, "Cinici e stoici su Alessandro Magno", in G. Casertano(ed.), *I filosofi e il potere nella società e nella cultura antiche* (Naples 1989);亦参照 Brunt, Athenaeum 55(1977) 19 – 48。

理,而在这些文章中却被夸张地阐释。例如,"他对那些力促他参加奥林匹克运动会竞赛的人的答复[第九章]被假想为他是一名哲人的证据,而在亚历山大传(第四章)中这段答复被恰当地用来[107]表明他不欲求每一种 doxa[意见]"。① 今天很少有人相信亚历山大是名哲人,②将他的那些战役设想成是为了建构一个单一的由各地所有好人组成的共同体;甚至普鲁塔克写作之时,很可能也很少有人这样相信。如果我们对他所述的关于亚历山大的信息根本未予信任,那么对普鲁塔克关于芝诺观点所言说的每一个字都给予绝对信任,就很奇怪了。

　　普鲁塔克文本的细节也没有引起对其可靠性的充分信任。最成问题的部分是,他将据说是芝诺提倡的普遍社会比作同牧一处并受共同法培育的牧群。将民人比作牧群和将国王比作牧人的比喻自荷马以降就在希腊文学和哲学中非常流行(参照《伊利亚特》卷二 243 等处)。③ 例如,它在狄翁的《讲辞》(例如第一篇 13,第三篇 41,第四篇 44－45)和毕达戈拉斯的政治伪作(司托拜俄斯《读本》卷四 5.61,7.64 ＝ 页 36.4－5,页 82.5－6 Thesleff)中一再出现,但这些文本却没有让它发挥重要的理论作用。政治理论文本中相关的经典段落是色诺芬《居鲁士的教育》(*Cyropaedia*)的首页(卷一 1.2)和柏拉图《治邦者》(*Politicus*)265－268,274－276——在这些

---

① 参见 Hamilton, *Plutarch*: *Alexander*, 页 xxxii。[译按]这里的"第九章"是指《论亚历山大大帝的运气与德性》第一篇第九章。
② 这是普鲁塔克虚构出来的,对此《吕库古》31 事实上可以作为证据:吕库古在面对柏拉图、芝诺和第欧根尼时所扮演的那种角色与亚历山大面对芝诺时所扮演的角色是一样的。
③ 关于这个话题的一个很好的简短讨论,参见 J. B. Skemp, *Plato's Statesman*(London 1952),页 52－66。

地方国王比作牧人的概念受到了批评性的检视,而且实际上遭到了抛弃,而在柏拉图伪作《米诺斯》(Minos)中又再度复活。普鲁塔克在做类比时使用的所有词汇(以及相关术语)都能在柏拉图那里找到,在《治邦者》267 – 268 处尤为集中(ἀγέλη[牧群],《治邦者》265 – 268 等处;σύννομος[同牧一处的],《法义》666 E,参照συννομή[共同放牧的],《治邦者》268 C;συντρέφομαι[共同培育],《法义》752 C,参照τροφή[培育],《治邦者》276 D 等处;τροφός[培育],268 A, C)。在νόμος 一词上玩弄(1)"法律"(2)"牧场"的文字游戏在《米诺斯》317 D – 318 A 处已有预示。就我所知,这些比喻并没有反映廊下派关于王制或政治家才能的观点。《早期廊下派辑语》的使用者们有可能会因为该书第三卷第 332 节的内容而倾向于另一种看法。这一节再现的是克雷芒的一个段落(《杂缀集》卷一 169,页 421 P),其中立法被定义为一种监督和照料群众的科学。克雷芒这里的词汇显然利用的是希腊哲学的行话,但必须牢记在心的是他也在利用圣经的文本(《约翰福音》[Ev. Joh.]10.11)"好牧人为羊舍命"。①在这一点上没有明白的廊下派主义的呼应(正如上下文其他地方的情况),也没有一种明显的方式告诉我们,他在多大程度上再现一个先前的哲学定义,他在多大程度上使用希腊哲学的资源来做他自己的定义。无需说,[108]早期的基督徒喜欢把总体的人类和具体的教会描述成牧群或羊群(ἀγέλη:参见 Lampe, *Patristic Greek Lexicon* [Oxford 1961] s. v.)。这种词汇不但在属于政治理论的文本中使用,而且也出现在人类学或动物学的语境中。亚里士多德将动物分为独居的(μοναδικά)和群居的(ἀγελαῖα)(《动物志》[HA]卷一 1,487

---

① [译按]译文引自《圣经》(中英对照和合本),中国基督教两会出版,2008 年,新约全书第 178 页;下同。

b 34);人类明显落入了第二个范畴(《政治学》卷一 2,1253 a 1 - 9;《尼各马可伦理学》卷一 7,1097 a 8 - 11)。据我所知,犹太人斐洛后来最为惊人地发展了这种亚里士多德思想。斐洛知晓作为纯粹动物学分类的群居和独居的区分(卷三 48.10 Cohn - Wendland)。然而在《论天使》58(卷一 184.14 - 17 CW)处,他认为亚当(Adam)和夏娃(Eve)"与同牧一处的群居动物(τῶν συννόμων καὶ ἀγελαίων)相差很远,而是像独居动物一样,过着独居的生活"。讨论《创世纪》(Genesis)问题的如下辑语(第十一号希腊文辑语,Philo Supplementary Vol. II, R. Marcus, Loeb[1961])中,斐洛做出了彻底的亚里士多德的主张(结尾有一点廊下派化):

> 自然使人不像是独居的野兽,而像是高度社会化的同牧一处的群居动物(ὡς ἀγελαῖα καὶ σύννομα κοινικώτατον):这样的话,他不该仅仅为他自己而活,而要为他的父母兄弟、妻子儿女、亲朋故旧、公民同胞、部落成员而活,为他的祖国、同种族的人乃至全人类而活。

考虑过这一切之后,我们就没有多大的理由设想普鲁塔克段落里的牧群譬喻是真正出自芝诺的。普鲁塔克所应用的是希腊思想中的通用语,很可能是毫不犹豫地应用,因为这可以令人联想到柏拉图的观念,从而润色他自己对芝诺学说的陈述。①

---

① 我并不是声言,芝诺之后的廊下派在政治语境中从不使用牧群或羊群的类比。其中一个例子参见希耶罗克勒斯(Hierocles)将人描述为 ζῶον συναγελαστικόν[合群的动物](《伦理学要义》卷十一 14 von Arnim),这支持了对为何人类一定要生活在城邦中的解释。另一个例子是安提帕特若斯(Antipater)的文本(见司托拜俄斯《读本》卷四 507.11 - 13),尽管这里并没有

这有可能暗示着我们可以接受此结论,但不必[109]质疑整个段落是否属于芝诺:普鲁塔克自己原本提供那个类比,以支持该段落的其他材料是真的出自芝诺。然而,在这个文本的措辞中仍有引起怀疑的其他要素。"一种生活方式(βίος),"普鲁塔克说,"和一种秩序(κόσμος)。"(1)我仍不能在代表早期廊下派观点的文本中发现继普鲁塔克之后在社会秩序的意义上使用κόσμος一词的例子。这个词似乎专门用在物理宇宙上,即便其所指的宇宙有时被视为一个宇宙城邦或社会。① 另一方面,事实上普鲁塔克本人在他该文稍后的部分中,恰以相同的方式用κόσμος来指"社会秩序"(329 F)。普鲁塔克说,亚历山大基于节俭的考虑决定选择波斯服饰而不选美地亚(Median)服饰,此乃"合乎这种秩序的"考虑。这看似返回去引用了《论亚历山大大帝的运气与德性》329 C – D,也就是接着前引普鲁塔克段落(页105)的文本:

> [他教导他们]不要以斗篷或轻盾[即典型的希腊着装或武器]、短弯刀或短装[即典型的蛮人武器或装束]来区分希腊

令我们想起普鲁塔克段落中的思想或词汇。有趣的是,当普鲁塔克在其他地方暗指廊下派的宇宙城邦学说时(《反驳廊下派的一般观念》1065 F),(1)他不止一次运用了συννομή[共同放牧的]这个词:"一个诸神和人类共有的城(ἄστυ, town),他们凭着正义和德性,和谐地(ὁμολογουμένως)、极乐地同牧一处(συννομησομένων)";但(2)该词并没有出现在廊下派其他作者大量涉及宇宙城邦的文本中(ἄστυ[城]也是极少见到的),这明显证实它是普鲁塔克的词汇,而非廊下派的。

① 芝诺似乎用了动词κοσμεῖν来表示"装饰"的意思:克雷芒《教师》(Paidag.)卷三 2,74,页296 P,用香水、金银珠宝等类似的东西;司托拜俄斯《文苑集》(Flor.)43,88 Mein.:"芝诺说,诸城邦不应该用还愿的奉献物,而要用它们居民的诸德性来装饰。"(非常可能引自《政制》)

人和野蛮人。而是要把德性作为希腊的标志,把邪恶作为野蛮的标志;将服装、食物、婚姻、生活习惯($διαίτας$)视作所有人共同的,所有人能以血缘和孩子融在一起。①

服饰上的简化而非精心设计,更符合德性和消除文化差异的需求。(2)$κόσμος$的情况也适用于$βίος$。处理早期廊下派有关智者彼此关系的教诲文本相对较少,但我们不能就此主张,他们有着单一的生活方式,就像现在这个段落认为芝诺促使我们想的那样。然而,普鲁塔克使亚历山大"将诸种生活方式($βίους$)、诸种性格、诸种婚姻、诸种习惯融入一个爱杯(loving cup)中,从而将各处而来的做法融入同一个[体系]"。我们不可能就此判断,"一种生活方式和一种秩序"是否真的反映了芝诺在《政制》中给出的任何实际说法。通过盖然性权衡可以说,普鲁塔克已然决定将这一观念归给亚历山大,之后(至少普鲁塔克是这么说的)他自己又将其写进芝诺的文稿中。

尽管如此,能够假定的是除非在《政制》中已经[110]存在某些会导致这样处理的内容,否则普鲁塔克也不会将那个观念或牧群比喻追溯到《政制》一书。一种毋庸置疑是廊下派的观念或表述,不但出现在这部文本的后半部分,而且出现在普鲁塔克那整个段落中,这就是$νόμος\ κοινός$[共同法]。令行正当、禁止不当的神圣自然法的观念在其他地方被归于芝诺。② 其后,它以$κοινὸς\ νόμος$[共同法]

---

① Babut, *Plutarque et le Stoïcisme*, 页 356–359, 表明了普鲁塔克以泛希腊主义方式大力关注希腊人和野蛮人的区分问题, 对此《希腊罗马名人对比列传》(*Lives*) 和《伦语》(*Moralia*) 中均有明证。

② 西塞罗《论神性》卷一 36; 拉克坦提乌斯《神圣原理》卷一 5; 费里克斯《屋大维》(Minuc. Fel. Octav.) 19,10[=《早期廊下派辑语》卷一 162]。

之名明显地出现在克勒昂忒斯的《宙斯颂》中。① 毫无疑问的是,克律希珀斯把自然法当作廊下派的根本学说,认为其对于很多物理学和伦理学理论至关重要,这也包括宇宙城邦的理论。在宇宙城邦理论中,因为那"渗透万物的正当理性"(《名哲言行录》卷七 88),自然法被构想为一个诸神和人类共有的道德原则。② 看来完全可能的是,(1)自然法是芝诺《政制》的关键原则,因此普鲁塔克能够合理地把它称为这部著作的"一个要点";(2)自然法在《政制》中的出现促使普鲁塔克引入牧群比喻,以及把芝诺(很可能在后来的宇宙城邦观念影响下的)诸观念同化进他所认为的亚历山大文化同质纲领当中。③

《政制》本身是如何运用这个原则的?普鲁塔克暗示它是被用来提倡一个普遍社会,对此我们必须表示高度的怀疑,④因为这难以同关于《政制》的其他证据相调和。而且,普鲁塔克在《论亚历山大大帝的运气与德性》中的方法和修辞目的令人无法相信他对这个问题的处理。我猜测芝诺实际上的论点是截然不同的:在某个由良善且智慧的人组成的城邦中,道德权威的来源并不是人造的正义和

---

① 司托拜俄斯《读本》卷一 26.13,27.4(行 24 和 39)。克勒昂忒斯这首诗显然暗示这个观念最终来源于赫拉克利特(尤其是辑语 114)。

② 例参西塞罗《论法律》卷一 23,奥勒留《沉思录》卷四 4(但没有提到诸神)。进一步的讨论参见本书第三章。

③ 没有理由怀疑当普鲁塔克写作《论亚历山大大帝的运气与德性》时,确实知道一些《政制》的真实内容。上文引用的那个段落(有关共同服装、食物、婚姻等,以及有关"以血缘和孩子"融合在一起)和我们从《名哲言行录》卷七 33 处习知的《政制》内容如此接近,因此不应怀疑。

④ 普鲁塔克也许把芝诺对自然法观念的运用与西塞罗《论共和国》卷三 33 处反映的某种思想搅到了一起,这种思想认为不同国家不应各有不同的法律和正义体系。

变动的习俗,而是自然的共同法。① 乞灵于共同法刚好能够为他提供 [111] 恰当的武器来辩护《名哲言行录》卷七 32－33 列出的各种反律法主义措施:κοινὸς νόμος[共同法]是唯一能够命令我们遵守的法律。这一猜测得到了如下事实的支持,那便是,廊下派标准的城邦定义将城邦解释为"受法律规制的一群人"(《杂缀集》卷四 26,页 642 P),因为这里的法律观念(可以假定成自然法或神法)对于他们思考城邦非常关键。②

---

① 以这种风格思考法律的一个无疑极具影响力的早期例子应当是柏拉图《法义》713 E－715 D,它确实在某种程度上形塑了芝诺的诸多观点。然而,该风格为廊下派承认的最终来源是赫拉克利特,尤其是辑语 114 DK(参照本书 152 页注 1)。

② 亦参照克律希珀斯的书名《论城邦与法律》(*On City and Law*,见斐洛德谟斯《论廊下派》卷十五 26－27)。

二　廊下派关于爱欲的定义问题

[112]定义[A]（参见第二章第[29]页）能有效地将爱欲仅限于智者或至少道德上严肃的人：爱欲的对象被至少要求具有某种属性（朝向德性的自然禀赋），而并不是每一个有可能被称为爱欲者的人都有望符合这种属性。有理由认为，[B]的作者做了精心的努力，使他的定义在应用上真正做到更加的一般化。在司托拜俄斯《读本》卷二66.9-11处，[B]之前有这样的观察：

> 爱欲本身只是一种中性事物，因为它有时也出现在道德败坏的人身上。

这貌似与高贵地（καλῶς，卷二66.8）去爱构成对比，而后者正是爱欲的科学所关心的（卷二66.3-9）。爱欲能够因"风华正茂的"年轻人的美而在某种人那里得到促动：正是圣贤凭着他的智虑或关于爱欲的科学，从而以高贵的方式来爱那些有朝向德性之优异天资的人。这很好地体现在《读本》卷二115.1-4中：

> 爱欲是一种和风华正茂的年轻人交朋友的企图，由于对方显现出来的（being apparent）美。这就是为何圣贤也会是爱欲行家（ἐρωτικόν），他会爱那些值得爱的人，即那些出身优良和天资优异的人。

当《读本》卷二 66.3 – 11 把圣贤的那门科学或技艺具体化为"一种关于对天资优异的年轻人进行追求的知识"时,这段文本貌似在呼应[A];所以,易于猜测[B]的作者区分了爱欲本身和圣贤的爱欲,以精心地矫正[A]。

然而,[B]反过来也有不少解释上的困境,我讨论其中两点:

(1)爱欲回应的是身体上的美,当芝诺说某些人从外表上就表征出(ἐμφαινόμενον διὰ τοῦ εἴδους, manifest by their appearance)朝向德性的禀赋,就暗示了这一点。可以假定芝诺的这个表述解释了[B]对词语ἐμφαινόμενον[显现出来的](有的版本作ἔμφασις[显现])的选择。然而,[113]芝诺使美成为ἔμφασις[表征]所需的载体,即朝向德性的禀赋之表征所需的载体,而[B]却把美本身说成是ἐμφαινόμενον[显现出来的]东西。而且,这种转化貌似带有意思上或效果上从"表征出"到"(纯粹)显现出来的"之变化,因为如若不然,[B]就应该只说"由于美"。所以,[B]对ἐμφαινόμενον[显现出来的]/ἔμφασις[显现]的使用最终不过是对芝诺措辞的逐字呼应;并且,"显现出来的美"/"美的显现"事实上是在阐释芝诺所说的τοῦ εἴδους,即"外表"。

正如从普鲁塔克《反驳廊下派的一般观念》章二十八 1072 F以下可以推出,上述那个阐释能够部分地促使我们根据廊下派悖论"只有智者是美的",来得出芝诺关于爱欲的一种基本观点。智者的爱欲聚焦于尚不具有德性的人身上,也就是尚不是圣贤的人的身上,①因此如果我们假设那个悖论的真义是美的人都不是爱

---

① 恩披里柯(《驳学问家》卷十一 170)提供了廊下派如下的三段论:

> 值得爱的人是美的。
> 只有圣贤是值得爱的。
> 所以,只有圣贤是美的。

欲的合适对象,那么跟着就可以推出丑的年轻男子或女子是爱欲的合适对象。可见,必定是美的纯粹显现(the mere appearance of beauty)促动了爱欲。芝诺会欢迎这种阐释吗?也许他希望避免称圣贤爱欲的这些年轻对象们为"美的"。然而,我怀疑这样的观点是否能令芝诺满意:将年轻人身体上的魅力等同于美的纯粹显现。

(2) [B]的作者有可能反对以上两个段落对他的立场的阐述。他有可能会指出,它们没有注意到他将短语"和风华正茂的年轻人"(νεῶν ὡραίων)囊括了进来。因为这种添加也许意味着抓住了爱欲典型对象真正的身体魅力,而没有暗含着这是真正的美(即真正的道德上或精神上的美),也没有将其等同于某种独特的表征,这种表征是某种特别的风华正茂,它并不会吸引所有爱欲,而只吸引高贵的爱欲。

我希望这是[B]的言外之意。但如果是这样,廊下派自己事实上就误解了[B]。因为《名哲言行录》卷七 130 在关于爱欲部分的结尾处记录了如下的阐释:

> 而且,他们说风华正茂(τὴν ὥραν)是德性之花。

[114]这明显是在试图解释[B]的完整版里的"风华正茂的年轻人"。但这种努力显然没有奏效。在芝诺的叙事里,圣贤爱欲的年轻对象是尚不具有德性的(德性之花尚未完全绽放的),而仅仅

他在故弄玄虚。芝诺明显不支持第二个前提,廊下派的正统也不认同它(司托拜俄斯《读本》卷二 115.3 – 4)。而且[B]这个标准的定义只说了外在美,因而第一个前提是否属于廊下派也是可疑的。

有朝向德性的优异天资。申言之,如果我是正确的,[B]所旨在阐述的爱欲在任何情况下于伦理上都处于中性。

或许,这种对"风华正茂"一词理解上的困难使得原始文献里所有关于[B]的例子几乎都省略了短语"和风华正茂的年轻人"。当恩披里柯(为了阐述一个逻辑术语)如是说时,他可能是在伤口上撒盐,也可能没有(《驳学问家》卷七 239):

> 当某人说爱欲是"一种交朋友的企图"时,他也同时暗示出(συνεμφαίνει,字面含义是"同时显现")"和风华正茂的年轻人",即使他没有明确表达出来。因为没有人爱老年人或处于不再拥有爱欲风华的年龄的人。

三　伦理魅力

[115]克雷芒那里存有芝诺言论中一段吸引人的摘录,它是我们拥有的廊下派观相术(physiognomics)方面最好的证据之一(《教师》卷三2,74,页296-297 P =《早期廊下派辑语》卷一246)。这个文本有些棘手,所以我将我准备解读的版本呈现如下:

καλήν τινα καὶ ἀξιέραστον① ὑπογράφειν ὁ Κιτιεὺς ἔοικε Ζήνων εἰκόνα νεανίου②καὶ οὕτως αὐτὸν ἀνδριαντουργεῖ· ἔστω, φησί, καθαρὸν τὸ πρόσωπον, ὀφρὺς μὴ καθειμένη μηδὲ ὄμμα ἀναπεπταμένον μηδὲ ἀνακεκλασμένον③

---

① 根据编者们对这四个词的处理,他们认为这四个词属于前面的句子(例参 W. Dindorf, *Clementis Alexandrini Opera* [Oxford 1869], I 384),以使该句末尾引文"好叫你们承受福气"(ἵνα εὐλογίαν κληρονομήσητε,《彼得前书》[*Ep. Petr.* I] 3.9)圆满地结束。将这四个词与下文联系在一起则更说得通,特别是如果我对此段的这种解读正确的话:此段描述的是朝向德性的自然禀赋的表征吸引了圣贤的爱欲。

② 手稿中作νεανίδα[年轻女子](宾格)或νεανία[年轻男子](宾格)。两者在语法上都不正确,但 Dindorf(ad loc.)给出了一个貌似合理的论证,他认为抄写员出于个人习惯将νεανίου(属格)变作νεανία(宾格)。一个阳性名词需要用αὐτόν[他]指代。

③ Cobet 猜测的是διακεκλασμένον,"娇柔的""无精打采的"(*Mnemosyne* II [1862] 387);他之后的编者们追随了他。但《希英词典》辞条"ἀνακλάω"引用《希波克拉底文集》(Hp. *Coac.*)中关于眼皮的ἀνακεκλασμένοι,"微张"。芝诺对

μὴ ὕπτιος ὁ τράχηλος μηδὲ ἀνιέμενα τὰ τοῦ σώματος μέλη, ἀλλὰ [τὰ]① μετέωρα ἐντόνοις ὅμοια, ὀρθὸν οὖς② πρὸς τὸν λόγον. [ὀξύτης καὶ κατοκωχὴ τῶν ὀρθῶς εἰρημένων]③ καὶ σχηματισμοὶ καὶ κίνησις μηδὲν [116] ἐνδιδοῦσα τοῖς ἀκολάστοις ἐλπίδος αἰδὼς μὲν ἐπανθείτω καὶ ἀρρενωπία, ἀπέστω δὲ καὶ ὁ ἀπὸ τῶν μυροπωλίων καὶ χρυσοχοείων καὶ ἐριοπωλίων ἄλυς καὶ ὁ ἀπὸ τῶν ἄλλων ἐργαστηρίων, ἔνθα ἑταιρικῶς κεκοσμέναι④ ὥσπερ ἐπὶ τέγους καθεζόμεναι⁷ διημερεύουσιν.

比了轻佻的或挑逗的顾盼生姿与暗送秋波的、欲迎还拒的似睁非睁含露目。关键是这些形容词首先指的是眼睛的物理状态，而非情绪属性。

① C. Wachsmuth 很有说服力地删除了 τὰ，参见 *Commentationes de Zenone Citiensi et Cleanthe Assio*, Göttingen 1874，页 6。

② ὀρθὸν οὖς [竖直的耳朵]：Cobet 精妙地猜测手稿中 ὀρθονου 无甚意义 (*Mnemosyne* II [1862] 339 – 340)，Dindorf 接受了这一猜测，但 Wachsmuth (*ibid.*) 反对这一猜测，而更倾向于 ὀρθὸς νοῦς [正确的理智]，这一读法为《早期廊下派辑语》和 A. C. Pearson (*The Fragments of Zeno and Cleanthes* [Cambridge 1891]，页 207 – 208) 所接受。

③ Dindorf (*Clementis Alexandrini Opera*) 删除了方括号中注解 ὀρθὸν οὖς [竖起的耳朵] 的表述。这条思路是正确的；然而方括号中的整个短语应该解释："对正确言辞的敏感和掌握"，是一位古代读者试图对"竖耳聆听逻各斯"这整个表述做出理解。这种理解没有认识到芝诺原本主要指涉身体方面的意思。

④ Cobet (*Mnem.* 6 [1857] 339 – 340) 敏锐地看出这个段落作为一个整体必定是对一个年轻男子的忠告，而非对年轻女子，尽管许多手稿中出现的是 νεανίδα [年轻女子]。但他没有注意到女子身上出现 ἀρρενωπία [男子气的神情] 非常怪异，因此他的论证并不算特别好 (Dindorf 观察到 αὐτόν [他] 需要一个阳性的指代对象，这抓住了要领)。但他随后认为自己必须把似烟花粉黛般的涂脂抹粉转变为男性打扮。所以，他将分词变为阳性的。随后的编者们亦踵事之。这是荒唐的。要点在于年轻男子该远离这等场合，因为这里以出没其间的轻浮女人来诱惑男子。下个句子要求男女区隔："所以亦勿让男子浪费时间在理发店或零售店闲聊扯淡，该让他们停止追求路过身边的女子。"

基提翁的芝诺似乎勾勒的是美的、真正惹人爱的年轻男子形象,他将其形象塑造成这样:

> 让他的表情纯净;他的眉毛不松塌;他的眼睛既不瞠目圆睁,也不似睁非睁;他不佝偻脖颈;他的四肢不松垮,似紧绷之弦;他竖耳聆听逻各斯;他的举止动作无放荡之象。让节制和男子气的神情在他那里绽放,却远离香水铺、珠宝铺、羊毛铺的滋养——实则远离其他一切商铺。女人成天在这等商铺里涂脂抹粉,似烟花粉黛,好像坐在妓院中一般。

克雷芒没说这是逐字的引用。然而,这种言简意赅的风格合乎芝诺的写作方式。而且,如果芝诺本就以干脆利落的第三人称命令式娓娓道来,那么难以想象克雷芒会不厌其烦地将之重写一遍。这个段落来自《教师》第三卷,该卷旨在讨论真正的美。而其中的第二章讨论的大多是服饰。

有很好的理由认为,芝诺在身体举止上的忠告受到了他身体魅力概念的启示。芝诺认为身体魅力能够[117]"表征出朝向德性的自然禀赋",同时也能促使智者产生交朋友的企图。除非所嘉许的身体姿态在道德上可以欲求,否则这个忠告显然就毫无意义。而且,引文某处明确提到了绽放或风华正茂($\dot{\varepsilon}\pi\alpha\nu\vartheta\varepsilon\dot{\iota}\tau\omega$, flower/be in bloom),这让我们想起廊下派对爱欲概念的正式定义[B](司托拜俄斯《读本》卷二 115.1–2):

> 爱欲是一种和风华正茂的年轻人交朋友的企图,由于对方显现出来的美($\nu\dot{\varepsilon}\omega\nu\ \dot{\omega}\varrho\alpha\dot{\iota}\omega\nu$)。

克雷芒在引介一段芝诺文摘时的用词ἀξιέραστος(properly loveable,"真正惹人爱的")可能借自他所使用的任何一份廊下派原始文献,因为这个相对罕见的表达出现在该定义之后对爱欲技艺的阐述里(卷二 115.2－4):

> 这就是为何圣贤也会是爱欲行家(ἐρωτικόν),他会爱那些值得爱的人(ἀξιεράστων, worthy of love),即那些出身优良和天资优异的人。

这样的情况支持了Wachsmuth的推测(Commentationes I, p.6):芝诺的忠告能在他的《爱欲的艺术》里找到(《名哲言行录》卷七 34)。

芝诺敦促年轻人志在某种特殊的身体举止。然而,智者会爱那些出身优良和天资优异的人。难道我们可以推出这样的结论,即接受芝诺忠告的人就被认为是天资并不优异,进而也就不值得爱吗?狄都谟斯的另一段落暗示了这个在廊下派中产生争议的问题(《读本》卷二 107.14－108.4):

> 关于天资优异,以及关于出身优良,这个学派的某些人进而说,每一位智者都具有这些特征,而其他人却没有。因为这第一派的人认为,人所具有的朝向德性的优异天资不仅源于自然,而且在某些情况下源于练习(preparation)。他们赞许这样的格言警句:习惯成自然。
>
> 他们在良好出身问题上思路与此相似,所以,自然禀赋概括而言是一种恰当的(οἰκείαν)朝向德性的状态,或由自然产生,或由练习产生;也可以说是这样一种状态,处在这种状态中的

人有着良好的能力去获取德性；而良好的出身是一种恰当的朝向德性的状态，或由家族产生，或由练习产生。

[118] 廊下派中对狄都谟斯阐述的最大贡献者会毫无困难地接受这样一个观点：按克雷芒文本里芝诺的忠告行动的年轻人会变得天资优异，从而是爱欲的合适对象。

四 下到婚姻

[119] 拉尔修记叙道(卷七 121):

> 他们说智者如果不被阻碍就会参与政治,克律希珀斯在《论诸种生活》第一卷中就是这么说的。因为他要抑制邪恶,激发德性。正如芝诺在《政制》中所说,智者会结婚生子。

此处归给芝诺的观点从表面上看和拉尔修其他地方的证言明显矛盾:《政制》提倡女人应当共有,男人和女人之间应当随意发生性关系(卷七 131)。犬儒第欧根尼传的学述部分中的记叙加强了这个最初的印象,且在措辞上与第七卷第 131 节非常相似(卷六 72):

> 他常说女人应当共有,从而不承认婚姻的习俗(γάμον μηδένα νομίζων),而是主张只要男人和女人相互说服了对方,他们就能发生性关系。①

拉尔修关于芝诺的那个证据在解释上的困难已然讨论甚多。②

---

① [译按]比较本书原页码[12]上的译文。
② 一个优秀的简短阐述参见 Baldry, JHS 29(1959)9 – 10。

学者们偏爱的主要解决方式有：(1)《名哲言行录》卷七 121 反映的是后来廊下派的学说——提及芝诺的《政制》是一个错误；(2)它确实精准地记叙了《政制》，具体规定了智者在通常情况下的恰当行为，而不是他在好人或智者的共同体中应该做什么；(3)它不但忠实地记叙了《政制》，而且它也与共有女人的制度有很强的关联，假如我们把词语 γαμήσειν（译为 marry,"结婚"）仅仅当作"交配"(mate)的意思。这些主张里没有一个 prima facie[表面看去]就非常有吸引力：(1)因为它看上去就肤浅而武断；(2)因为在《政制》里[120]没有其他关于圣贤在通常情况下应如何行事的证据；(3)因为与《名哲言行录》卷六 72 的对比表明，拉尔修无论如何都不可能让 γαμήσειν 带有这么弱的含义。

我们的第一个任务是必须努力确立《名哲言行录》卷七 121 关于婚姻的叙述所属的学述语境。多亏丰富且可供比较的材料，做到这一点没有大的困难。在分析狄都谟斯对廊下派和漫步派伦理学的陈述之前，我们先从他所概述的诸种学述方案开始分析。①

在拉里萨的斐洛(Philo of Larisa)的方案中，有一个关于诸种生活(βίοι,亦即诸种生活方式)的部分，这部分进一步分为"特殊的"和"普通的"部分(司托拜俄斯《读本》卷二 41.7 – 8)。这个特殊的探究考虑了"与个体相关的事情：诸如有理智的人是否应

---

① 关于狄都谟斯及其呈现的诸学述方案(以及它们与他自己创作的关系)的研究动向，参见 W. W. Fortenbaugh(ed.), *On Stoic an Peripatetic Ethics*: *The Work of Arius Didymus*(New Brunswick, London 1983)，尤其是 D. E. Hahm, "The Diairetic Method and the Purpose of Arius' Doxography"。实际就像所有那些利用 M. Giusta 的论述(*I dossografi di etica*, 2 vols. [Turin 1964—1967])的人那样，我并没有被它高度推测性的主要论点所说服，但它包含的丰富信息却对我帮助甚多。

当从事政治活动,抑或与有领导才能的人生活在一起,又或智者是否应当结婚"(卷二 41.9 - 11)。欧多若斯(Eudorus)的方案中也有一个关于诸种生活的部分,但我们除了以下观点外,对其所知甚少:"对婚姻的讨论作为它的一个特殊部分予以组织,由于它[即对婚姻的讨论]所引起的诸多问题。"(卷二 44.26 - 45.2)①

"诸种生活"作为一项论题可被假定成暗含着"对诸种生活的选择",且显然是一个自柏拉图以降的绝大多数哲人们已言说甚多的主题。② 很多像克律希珀斯这样,创作名为《论诸种生活》一类论著的作家,毫无疑问,都在这类著作中主要关注如何在诸种生活间做选择的问题,而且重点致力于如下问题:智者是否应当涉足政治或与政治家们来往,更笼统地说,是否应当为他的国(country)服务;还是更应当过一种克律希珀斯所称的宁静生活 [121] (ὁ κατὰ τὴν ἡσυχίαν βίος,普鲁塔克《论廊下派的自相矛盾》1043 B),抑或治学的闲暇生活(ὁ σχολαστικὸς βίος,1033 D)? 在归于斐洛和欧多若斯的学述方案的基础上,我们似乎有

---

① 婚姻话题在这两个方案(尤其是欧多若斯的方案)里非常突出,这也反映在它是修辞手册里关于政治或实践之 θέσις[一般问题]的常见实例(例如,赫尔谟格涅斯《初阶练习》[Hermogenes' *Progymnasmata*]11,阿弗托尼俄斯《初阶练习》[Aphthonius' *Progymnasmata*]13,忒翁《初阶练习》[Theon's *Progymnasmata*]12)。相关讨论见 J. Barns,"A New Gnomologium: with some remarks on Gnomic Anthologies, II", *CQ* I(1951)1 - 19,页 13,他探查了廊下派对修辞手册里的这一现象的影响。关于πολιτικὴ θέσις[政治的一般问题]观念,参见 H. Throm 的权威专著,*Die Thesis* (Paderborn 1932), Part II。

② 有用的研究如:R. Joly, *Le Théme Philosophique des Genres de Vie dans l'Antiquitè Classique*(Brussels 1956)。

理由推测:关于诸种生活间的选择问题,哲人偏爱的提问方式(或者换言之,对这种选择具体内涵的一种探讨方式)是去追问,"智者应该结婚吗?"这个推测能够得到证明,因为有证据表明,在诸种生活间进行选择的语境里,决定结婚即可被视为决定过政治生活,而非过宁静生活。这种证据在廊下派那里尤为令人注目,然而,关于其他哲人观点的学述资料也带有这一证据。但这些进一步的资料究竟会告诉我们什么,仍是一个悬而未决的问题。我将论证,它们反映了其他学述所大力关注的那些问题受到了廊下派的影响,这种影响不弱于它们声称所代表的哲人的影响。

这里有三个例示这一点的文本,其中没有一个文本明确提到"诸种生活"或诸种生活间的选择。然而,它们整理并呈现的材料当然是为了说明所代表的哲人在这个问题上所持的立场:这不仅仅是对它们的内容和形式的最好解释,而且其中一个文本可与某个事实上属于明确讨论"诸种生活"问题的文本进行对勘。首先,《名哲言行录》卷三 78 关于柏拉图的传记中包括了以下简短的伦理学论述:

> 此外,智者会参与政治,会结婚,会避免触犯已经制定的法律。他还会尽一切可能为他自己的国立法,只有在民人极度腐败的情形下,他才能为自己的缺席找到充分的理由。

在关于亚里士多德的传记中也有一个对应的论述(卷五 31):

> 智者会成为爱欲者,会参与政治;而且他还会结婚,会与国王一起生活。

四 下到婚姻 167

最后,安提司忒涅斯传中的学述也包含了一个相似的段落(卷六 11):

> 智者会参与政治,但不是根据已经制定的法律,而是根据德性的法律。为了要孩子,他会结婚,与自然禀赋最佳的女人交往。他也会成为爱欲者,因为唯有智者才知道谁人该爱。

[122]亚里士多德传记中的文本是对狄都谟斯的一个段落的简写①(司托拜俄斯《读本》卷五 143.24 – 144.15):②

> 道德上良善的人会选择德性的生活,他要么发现自己在某些时候处于领袖的位置(如果时势需要造就了他这样的位置),要么不得不与国王或立法者一起生活,或以别种方式参与政治。如果他不能实现这些,他将反之诉诸大众的生活形式、沉思的生活,或教育的生活(介乎前二者之间的生活)。如果

---

① 《名哲言行录》卷五 31 的大部分内容及独特的整体结构明显源于狄都谟斯(参见司托拜俄斯《读本》卷二 142.6 – 145.2);其中有些要素是司托拜俄斯那里没有出现的(例如,将友爱定义为"互惠的善意平等"),但我们不能确定这些要素是源于狄都谟斯的原始文本,还是拉尔修从其他某个来源引进的材料。《读本》卷二 142.6 – 145.2 中的各个话题依次是:德性之间的非互反性、各种激情、爱欲与友爱(但拉尔修颠转了二者的关系)、善意(χάρις:在拉尔修那里被忽略了)、德性的生活、生活的三种形式。

② P. Moraux 在一项杰出的研究中处理了这个段落(并对先前研究做了批判性综述),参见 *Der Aristotelismus bei den Griechen* I(Berlin 1973),页 403 – 418。此书不但阐发了我们当前思考的材料,而且在更一般的意义上阐发了学述作者的创作习惯。

时势的需要阻止他同时置身于这两种生活[即理论的生活和政治的生活],他将投身其中的一种生活,尽管他偏好理论的生活,但由于他对社会作贡献的能力,他将积极投入政治活动中。结果即便不是出于偏好,他也将结婚生子、参与政治、成为爱欲者(我指的是那种节制的爱欲),并在社交聚会上醉饮。而且一般而言,为了锻炼德性,他会继续活着,但如果他因某种限制条件而不得不去死,他也会放弃生命。他遵循法律和祖制来预备自己的葬礼,并且他还预先规定了虔敬要求我们对死者负起的其他责任。

狄都谟斯这里所说的无疑显明,从《名哲言行录》卷五 31 中引来的那句关于亚里士多德的话与诸种生活间的选择问题相关,而且它所提到的活动——参与政治、成为爱欲者、结婚、与国王一起生活——全都可被视为典型的政治生活。①

[123]我们似乎可以做出进一步的推论。前引拉尔修的三个文本让柏拉图、亚里士多德、安提司忒涅斯以相似的术语来处理相似的问题,这些相似性令人不得不生疑。它们暗示道,当这些哲人关注诸种生活间选择的话题时,当他们进入这个话题的脉络时,脑子里装着相同的问题:智者会参与政治吗? 他会不会尊重

---

① 后来的廊下派甚至还明确论证了一项命题,没有婚姻,城邦就无法生存:例如,安提帕特若斯的《论婚姻》(On Marriage),见司托拜俄斯《读本》卷四 507.13 – 508.2;儒福斯的《婚姻是哲思的妨碍吗?》(Is marriage an impediment to philosophizing?),见《读本》卷四 498.24 – 499.23。还可参照阿弗托尼俄斯的《初阶练习》13,他这样写道(49.16 – 18,Spengel):"政治问题是牵涉到将城邦凝聚在一起的活动的问题,例如,一个人应该结婚吗? 一个人应该航海吗? 一个人应该修筑防御工事吗? 因为如果人们做这些事情的话,它们都是将城邦凝聚在一起的活动。"

已经制定的法律？他会是一位立法者吗？他会是爱欲者吗？他会结婚吗？如果会,又是为何目的？这看起来并非是在反映这些哲人之间具有真正统一的研究脉络,而是俨如一份清单,以学述作者们所熟悉的方式来影响学述作者的记述。① 当我们考虑拉尔修的这些记叙同我们自己所知的柏拉图和亚里士多德政治哲学之间的关系时,这种学述的操作方式就能得到证实。拉尔修对柏拉图的阐述不但是不精准的,而且我们明显可以感到他从一个特殊的视角出发,一个与柏拉图本人相距甚远的视角。例如,其中丝毫没有反映出《王制》中的乌托邦方案,关于尊重已经制定的法律的陈述简直是在重现《克里同》(Crito)中的观点。然而,若从关于安提司忒涅斯的文本中看拉尔修引入的陈述,会变得更好理解:安提司忒涅斯拥护一种高尚的反律法主义,而柏拉图仍承认一种公法方案。还有,尽管我们承认自己对亚里士多德遗失作品的无知,然而,他在那个语境里会主要关注智者是否是爱欲者或(参照司托拜俄斯更长的版本)是否会醉饮的问题,似乎是值得怀疑的。②

如果可以确定上述的问题清单及其反映出来的问题意识不是柏拉图或亚里士多德强调的,那么它们的出处在哪里呢？我的回答是:廊下派。应以适当的谨慎提出这个答案。因为,尽管我们有柏拉图和亚里士多德大量的原始文本以比较拉尔修的记叙,但由于我们对廊下派的知识(这里以及其他地方)高度依赖于学述及其他二手文献,因此我们很难探查这些关于[124]廊下派观点的记录对廊下派立场所做的歪曲。尽管如此,仍很有理由认为这个清单实质上

---

① 参照 Moraux, *Der Aristotelismus* I,页 410–411。
② 参照 *ibid.*,页 412–413,注 300。

是廊下派的清单。① (1)清单上的问题被表达为关于智者的问题:这种处理方式在特征上是希腊化时期的,如果说不仅仅是廊下派的。(2)如果这个清单的灵感不是源于柏拉图或亚里士多德,希腊化时期的思想似乎再次成为最可能的来源。(3)《名哲言行录》卷六 11 中关于安提司忒涅斯的学述代表了廊下派对其思想的阐释,这一点已在本书第一章中得到论证。② (4)我们知道,克律希珀斯自己对智者是否将同国王生活在一起这一问题抱以特殊的兴趣;普鲁塔克攻击了克律希珀斯的相应处理,并至少提供了一处引文。③ (5)芝诺的哲学体系把智者会是爱欲者的观念引为重要的政治学说,这是就我们所知唯一这样做的古代哲学体系。因此,爱欲问题在清单中的出现似乎合理地反映了廊下派对这个问题的大力关注。(6)人们有可能先入为主地认为,清单里婚姻问题的出现能够大致反映关于家庭这种社会制度在政治上是否可以欲求的问题,柏拉图和亚里士多德之间存有分歧:柏拉图反对婚姻,亚里士多德偏爱婚姻。④ 然而,这样的分歧却无法体现出圣贤概念的关键作用;而且,拉尔修在文本中显然把柏拉图和亚里士多德放在一条阵线上:认为他们都主张圣贤会结婚。根据拉尔修的说法,思想家里宣扬反对智者婚姻的是犬儒第欧根尼(卷六 72)和伊壁鸠鲁(卷十 119)。这暗

---

① 这也是 Moraux 的结论,页 412 - 414;参照 Joly, *Genres de Vie*,页151 - 153。
② 参见本书第 23 页注 2。
③ 《论廊下派的自相矛盾》1043 B - E;《反驳廊下派的一般观念》1061 D。
④ 事实上,柏拉图和亚里士多德都是让婚姻成为政治哲学所根本关注的制度的思想家。我们容易想到《王制》第五卷对婚姻的废除以及《政治学》第一卷第二章开篇对婚姻的恢复,但同样值得回想的是,柏拉图《法义》给予了婚姻在立法上的首要地位,我们在亚里士多德那里也可做如此期待:参见《法义》721 A,772 E 以下,778 BC,783 D 以下。

示着以这种特殊形式提出的婚姻问题,其所处语境是:这两位哲人提倡退出当时的社会(伊壁鸠鲁)或拒绝它的规范(第欧根尼),乃至论证了他们那反对"政治生活"的决定。根据我们原始文献中一致的证言,在同样的语境里,廊下派明显坚定地站在这一决定的对立面。在坚持他们的立场时,廊下派似乎诉诸我们所认为的亚里士多德原则:人在本性上就是社会动物。这样的例子有西塞罗《论至善与至恶》卷三 68:

> [125]再者,我们看到人生来就是要保护和保存人类的,所以与人性相符的是,人类会想去承担并履行对国家的公共责任,且为了根据自然来生活,还会想娶妻生子。他们认为爱欲的事情如果是纯洁的,甚至对于智者也不是什么需要远离的事。

还有《读本》卷二 109.10-20 处狄都谟斯的说法:

> 他们说,有三种更可取的生活,国王的生活、政治的生活,还有献身知识的生活。类似地,有三种更可取的获取财富的方式:其一是通过王权,要么自己做国王,要么由君主的财产供养。其二是通过政治活动,因为他[即智者]会遵循关于更可取事物的理论而参与政治,事实上(καὶ γάρ)他还会结婚生子,由于这些事情是出自理性动物那指向共同体和共同感情的本性。所以,他将同时从政治社会和他身居高位的朋友们那里获取财富。

也许,伊壁鸠鲁和犬儒第欧根尼不会拒斥亚里士多德原则本身;他们都会考量智者与他人交往的兴趣,无论是社交(伊壁鸠鲁)还是性交(第欧根尼)。尽管如此,他们似乎否认一个人的社会本性能产生利他义务,从而使他尽力巩固自己实际身处的社会:政治活动、合乎既有习俗的婚姻,以及生儿育女。而伊壁鸠鲁和犬儒第欧根尼所否认的正是廊下派所坚持的。狄都谟斯的另一个段落给出了这种廊下派立场的完整阐述。该段落在哲学上如此融贯,因而强烈地暗示出,所有我们思考过的文本里出现的政治生活概念都符合廊下派主义的界定,即便这个概念是犬儒派、伊壁鸠鲁派和廊下派之间争论的产物。狄都谟斯文本如下(《读本》卷二 94.8 – 20):

> 随这些观点而来的首先是智者参与政治的论点,尤其是参与某种类型的政治社会,这种社会显示出朝向完美政治社会的某种进步。他们的论点还有,智者会立法及[126]教育民人(people),还有道德上良善的人撰写著作是恰当的,因为这有益于读到这些著作的人。其他的论点是他下到结婚生子,①既为己也为国,如果这个国是一个温和的政制,他会为其抗争为其死。而且,一些道德败坏的行径——做一名煽动家、智术师,撰写著作来祸害读到这些著作的人——这些不会发生在道德上良善的人身上。

我们现在回头重新考虑《名哲言行录》卷七 121 中关于芝诺的 testimonium[证言]:

---

① 原文读作 συγκαταβαίνειν καὶ εἰς γάμον καὶ εἰς τεκνογονίαν。《希英词典》词条 συγκαταβαίνειν 显明,συγκαταβαίνειν 在该语境中带有双重含义:屈身或屈尊,以及使自己陷入棘手境地("堕入这种境地")。柏拉图《王制》的读者会(无论正确与否)忍不住回想起该篇对话那标志性的第一个词:κατέβην[下到](327 A)。这个词的其他形式出现在从洞穴出发的上升之旅意象中,随后(520 C;参照 519 D)还出现在哲人必须再次下到(καταβατέον)城邦进行统治的主张中。

四 下到婚姻

　　　　他们说智者如果不被阻碍就会参与政治,克律希珀斯在《论生活》第一卷中就是这么说的。因为他要抑制邪恶,激发德性。正如芝诺在《政制》中所说,智者会结婚生子。

作为学述信息,这个文本显然必须被解读成是在简写《读本》卷二 94.8 以下所更充分表达的学说,对具体论著的援引加强了它的权威;①也就是说,它意在记叙智者在他实际身处的政治社会中应如何行事的廊下派教义。关于结婚生子的条目确实进一步再现了这个主题上的廊下派标准学脉。

芝诺真的在《政制》里开创了这一脉思想?可供比较的文本中对柏拉图和亚里士多德这种学述式的粗暴处理使得我们不会先行给出肯定的回答。除了拉尔修的文本外,我们无法从其他文本中得知《政制》(顺便一提,还有克律希珀斯的《论证制》)里有关于现存环境下圣贤行为的论述。再者,有趣的是,只有关于结婚生子的观点被归给了芝诺,而有关参与政治的规定却没有。[127]我们一直在重新审视的证据令人难以怀疑,如果芝诺在《政制》中说过现存环境下圣贤应该结婚,那么在劝导人参与政治的语境里及关于政治生活的一般语境里也会这样说。为何不把有关参与政治的规定作为《政制》的一个学说提起?②

---

① 我并不是要暗示,拉尔修自己或他的简写文献添加了这些具体论著。这些具体论著与提到它们的学说间的关系为何,乃是一个困难而复杂的问题。对《名哲言行录》第七卷所引起的此问题的讨论,参见 Masfield, *Elenchos* 7 (1986)328 – 373。

② 塞涅卡宣称:除非受到阻碍,智者会涉足公共事务,此乃芝诺的学说(《论闲暇》3,2)。如果这是正确的,芝诺就未必是在《政制》里表达这个论点的。然而,塞涅卡可能完全承认芝诺是这一被廊下派普遍认可的学说的创始者。

这些论证(有两个是默证)并没有强有力地反对将关于结婚生子的廊下派标准论点归于《政制》。然而，如果这种归结是错误的(亦即，如果选项(1)[页119]是正确的)，不难看出一名学述作者是如何犯下错误的，他就像那位为《名哲言行录》卷三 78 引述柏拉图的学者一样粗枝大叶和毫无顾忌。正如我们注意到的，《名哲言行录》卷三 78 的记述简直忽略或忘记了柏拉图的乌托邦主义：它将柏拉图的哲人王理念转化成了智者在现存环境下卷入政治的学说。也许，《名哲言行录》卷七 121 的记述同样忽略或忘记了芝诺《政制》中的乌托邦主义，而紧紧抓住它对两性关系及生子问题的积极兴趣，以此表明芝诺主张现存环境下圣贤会选择政治生活，而这一学说成为了廊下派的标准学说。

五　柏拉图与廊下派论和谐

[128]事实上,柏拉图和芝诺一样让友爱成为城邦良好生活的关键(《阿尔喀比亚德前篇》126 A – 127 D),同时柏拉图(很可能)还和芝诺一样以和谐来定义友爱(126 C,127 A,C,D;参照《王制》351 D,《治邦者》311 B,《克利托普丰》409 E)。现在当柏拉图在《王制》432 A 处将和谐等同于 $\sigma\omega\varphi\rho\sigma\sigma\nu\nu\eta$[节制]时,他已然以共享的信念(shared belief,$\acute{\eta}$ $\alpha\mathring{v}\tau\grave{\eta}$ $\delta\acute{o}\xi\alpha$,431 D;参照 $\acute{o}\mu o\delta o\xi\acute{\iota}\alpha$,433 C)来解释和谐,但这一做法受到亚里士多德的暗中批评,在亚里士多德看来这种阐述过分理论化了(《尼各马可伦理学》卷九 6,1167 a 22 – 28)。还有,柏拉图随后进一步解注了"和谐":"较次者和较优者之间自然和睦($\sigma\upsilon\mu\varphi\omega\nu\acute{\iota}\alpha$),知道两者中的哪一方应该在城邦中,在每个人的生活中占据主导地位(432 A)。"①看来非常可能的是,我们审视的廊下派材料有效地指责了柏拉图混淆两个本应区分的概念:和谐($\acute{o}\mu\acute{o}\nu o\iota\alpha$)与和睦。不同于和谐,要以共享的信念来定义和睦才恰当(廊下派称"共享的信念"为 $\acute{o}\mu o\delta o\gamma\mu\alpha\tau\acute{\iota}\alpha$[司托拜俄斯《读本》卷二 74.4],这毫无疑问是为了避免通过 $\delta\acute{o}\xi\alpha$[信念]来复合构词,因为 $\delta\acute{o}\xi\alpha$[信念]一词带有错误或缺点这一隐含之义[《读本》卷二 112. 2 – 4;恩披里柯《驳学问家》卷七 151],而 $\delta\acute{o}\gamma\mu\alpha$[信念]却没有这样

---

① [译按]译文参考了《理想国》,柏拉图著,王扬译注,华夏出版社,2012 年,页 147,有改动。

的含义[参照 J. Barnes, "The Beliefs of a Pyrrhonist", *PCPS* 208 (1982) 1-30])。

廊下派哲人并不是最早对柏拉图将和谐与共享的 δόξα [信念] 联系在一起而感到不安的人。《克利托普丰》的作者明确地提出了一个问题(他明显想到了《王制》[409 E 等处]): 和谐是 ὁμοδοξία [共享的信念](参照《王制》433 C), 还是知识(ἐπιστήμη)? 他让苏格拉底选择了知识, 其依据在于友爱(遵循《阿尔喀比亚德前篇》126 C 和 127 C, 这位作者以和谐来定义友爱)绝对是一种善, 也是一种正义的产物(参照《王制》351 D), 而 ὁμοδοξία [共享的信念]有时却是有害的: 也就是说, 这位作者像廊下派一样对《王制》第四卷有关和谐的阐述感到不满, 因为《王制》第四卷没有将和谐与知识牢牢地捆绑在一起。(我现在倾向于认为这位《克利托普丰》的作者不是柏拉图, 因此与 D. L. Roochnik ["The Riddle of the *Cleitophon*", *Ancient Philosophy* 4 (1984) 132-145]相比, 我发现自己和 S. R. Slings [*A Commentary on the Platonic Clitophon* (Amsterdam 1981), 页 253-257; [129] 亦参照 H. Thesleff, *Studies in Platonic Chronology* (Helsinki 1982), 页 205-208]有更多共鸣)。

我们明显有理由假设, 廊下派对和谐的定义直接受到了《克利托普丰》这一段落的启发。该段落细述了那两个选项——ὁμοδοξία [共享的信念]和知识, 而廊下派在阐述和睦与和谐时也利用了它们; 还有《克利托普丰》像廊下派对和谐的定义一样, 没有明确说出这种知识即是共享的知识, 尽管语境表明那位作者心中所想的就是共享的知识。在《克利托普丰》的这个段落里, 省略这种说明的动机在于: 该段落关注的是信念或知识问题, 而不是信念或知识——无论和谐是它们中的哪一个——必须是被共享的这一事实。这就使得我们怀疑, 廊下派另一方面是否可能会把这个段落解读为对和谐的某种阐述,但认为只有把作为知识对象的善规定成共同善(可以假定这一规定使苏格拉底能够避开克利托普丰的反驳,410 A),阐述才是完整的。这一解读在某种程度上缺乏哲学上的清晰性,但有可能被认为是忠实于柏拉图真作的——如果《克利托普丰》被理解成柏拉图本人正式地否定《王制》对和谐的理解。我们完全有理由认为,克律希珀斯知道《克利托普丰》并把它作为柏拉图的作品(比较普鲁塔克《论廊下派的自相矛盾》1039 DE 和《克利托普丰》408 A,相关讨论例参 R. Westman, "Chrysipp III 761 und der Dialog Kleitophon", *Eranos* 59[1961]89 – 100,以及 S. R. Slings, *A Commentary on the Platonic Clitophon*,页 240 – 242)。

六 克勒昂忒斯的三段论

[130]除克雷芒和狄翁笔下保存有廊下派对城邦的正式定义外,狄都谟斯那里有一个段落似乎包含了另一种定义,这个定义被归给克勒昂忒斯。该文本是狄都谟斯引用的一个论证,以便证明城邦在道德上是良善的(*σπουδαῖον*)这个廊下派论点。它的第一个前提自然被解读为一个定义。在手稿里保存下来的该文本的希腊原文如下(司托拜俄斯《读本》卷二 103.14－17):

πόλις μὲν ἔστιν οἰκήτηριον κατασκεύασμα εἰς ὃ καταφεύγοντας ἔστι δίκην δοῦναι καὶ λαβεῖν· οὐκ ἀστεῖον δὴ πόλις ἐστίν; ἀλλὰ μὴν τοιοῦτόν ἐστιν ἡ πόλις οἰκητήριον· ἀστεῖον ἄρ᾽ ἔστιν ἡ πόλις.

学者们广泛同意像这样流传下来的文本有损坏:最后的两个从句看上去分别像一个三段论的小前提和结论,却没有适当的大前提来作为这个三段论的开始。学者们也普遍认为,像 Heeren 那样在 *μέν* 之后插入 *εἰ*[如果],问题就轻易地解决了。因此,一种可能的翻译是:

如果城邦是可居住的建造物,其中的民人可以通过它来分配正义,那么城邦确实是文雅的。
然而,城邦是这种居所。

所以，城邦是文雅的。

这样推演的三段论在很多方面都是令人疑惑的。尽管如此，那个条件性前提的从句却能被合理地解释为城邦的定义。

有理由认为文本的损坏比这还要严重，甚至要严重得多。即使 Heeren 补上 εἰ[如果]，οἰκητήριον 一词仍然是成问题的。在大前提里该词是作为形容词出现的，而在小前提里又是作为名词出现的，这似乎意味着它在大前提里[131]发挥着和在小前提中一样的功能（τοιοῦτον[这种]自然可以接一个形容词短语来限定那里的 οἰκητήριον[居所]）。如果没有其他理由怀疑这个文本，这个问题就只可归罪于克勒昂忒斯的笨拙。但既然我们已经知道该文本需要修订，那么就易于猜测它还有其他损坏。中和的提议有可能是 κατασκεύασμα[建造物]作为 οἰκητήριον（名词）的一个解注（一个并不聪明的解注）而窜入了文本，或（根据 Mansfeld 提供给我的一种可能解释）它原本该读作 κατεσκευασμένον，从而应该解释为"配备恰当的"居所。沿着这一思路的修订不但会改变整段话的希腊原文，而且会改变整段话的意思。结合上下文，似乎无论如何都找不到克勒昂忒斯为何希望以建筑物或建造物来言说城邦。他的整个论证只需集中关注城邦的某种道德或社会属性。

这个文本要他引入的道德属性本身从上下文看就是怪异的。克勒昂忒斯所谈的是作为理想的城邦？一个人是否会期望他这样做，假如他的目标（如狄都谟斯所阐释的）是证明城邦是道德上卓越的事物。然而，芝诺的圣贤城邦里却没有法庭，可以假定，（除了其他理由外）这是因为那里没有不正义，也不需要法律正义的分配。那么，克勒昂忒斯为何挑选了正义的分配作为城邦的关键性道德特征？

这使我质疑如下整个从句的可信度：κατασκεύασμα εἰς ὃ

καταφεύγοντας ἔστι δίκην δοῦναι καὶ λαβεῖν[建造物，其中的民人可以通过它来分配正义]。当然，如果只考虑这个从句本身的话，它更适合作为法庭的定义，而非城邦的定义。这促使我们猜测，在文本流传的某个阶段里，οἰκητήριον（不是最常见的词语）被抄写员误读为或误解为δικαστήριον[法庭]，并且他增加了短语κατασκεύασμα...λαβεῖν作为一个注解，而后世将这个短语并入了文本。

如果我们删除它们，我们就需要一个恰当的修饰语来限定οἰκητήριον。例如，我认为，克勒昂忒斯原本写的是：ΠΟΛΙΣΕΙΕΝΝΟΜΟΝΕΣΤΙΝΟΙΚΗΤΗΡΙΟΝ，"如果城邦是受法律治理的居所"。ΠΟΛΙΣΜΕΝΕΣΤΙΝΟΙΚΗΤΗΡΙΟΝ[如果城邦是可居住的]这段文本是有损坏的，这貌似可以得到古文书学上的解释：抄写员的眼睛容易一不留神就略过一个几乎完全由 E、N 和 O 组成的字母串，而当他重理文章脉络时又将 O 错认为 E。申言之，还有许多更加实质性的理由能够证实这种关于克勒昂忒斯真实说法的猜测。

首先，在引用了那个三段论后，狄都谟斯马上写道（卷二 103.17-23）：

> 然而，"城邦"是以三种方式来说的：一种指居所，一种指民人（ἀνθρώπων）[132]的组织结构，第三种兼指二者。在两种意义上，城邦被称为文雅的——当它指民人的组织结构和兼指二者时（因为涉及居民）。

来自狄都谟斯的材料显然在引用克勒昂忒斯论证时，也对它进行了评注。而且，这个评注显然是批评性的，即便那个三段论以这样的表述引入："事实上，克勒昂忒斯提出了一个论证，这个论证充分处理了城邦在道德上是良善的这一命题。"因为，评注者做出的那种区分最终是为了指出"城邦"具有三种不同的意义,并且指出对于城邦展示文雅这一论题而言,其他两种意义,而不是克勒昂忒斯所关注的那种意义,才是适当的。

然而,尽管评注者对克勒昂忒斯前提里的"居所"感到不悦,但他完全可能对克勒昂忒斯该处所运用的修饰语感到满意,此修饰语突显了道德属性作为城邦的核心特征。因为他没有对此进行批评(就我们所知),所以可能他是在赞许那个三段论的"充分性"。如果是这样,这里讨论的修饰语很可能就是指"受法律治理的"。因为,(1)评注者在谈论作为"民人的组织结构"($σύστημα\ ἀνδρώπων$)的城邦时,看起来暗指的是标准的廊下派定义;而(2)在这个定义里,构成城邦的由民人结成的"组织结构或群体"被认为是"受法律规制"的。

其次,克勒昂忒斯的三段论必定与拉尔修所记录的论证存在某种辩证关系(卷六 72),这一论证被归给了犬儒第欧根尼:

> 关于法律,他主张没有法律,就不可能有政治性治理。因为他说:
>
> (1)没有城邦,文雅($ἀστεῖου$)就没有好处;可见城邦是文雅的。
>
> (2)没有法律,城邦就没有好处。
>
> (3)所以,法律是文雅的。

第欧根尼的论证本身是学者争论的一个复杂主题。[①] 因此,我

[①] 对这一争论的考察和讨论参见 Goulet-Cazé, *Rhein. Mus.* 125(1982)214–240,以及 Giannantoni,《苏格拉底与苏格拉底学派遗稿》(Naples 1985),卷三 487–488。

将概述我对这一论证的地位和目标[133]的看法,从而为思考它与克勒昂忒斯论证的关系拉开序幕。

因此简单地讲,上面引用的那个段落属于第欧根尼传的学述部分(卷六 70 – 73)。这个部分尽管并非自一个单独的原始文献衍生而来,作为其源头的所有材料却均已严重地廊下派化了。① 其中,整个第 72 节都在尝试将第欧根尼塑造成作为廊下派原型的具有建设性的政治哲人。② 对此最好假定,第欧根尼真正的说法已被转化成了他未曾想表达的理论观点。例如,第欧根尼说自己是 κοσμοπολίτης("世界公民",卷六 63),这一著名宣言变成了论点"宇宙的政制乃是唯一正确的政制"。关于早期犬儒派的其他证据暗示,第欧根尼的意思是他真正属于的地方只有宇宙本身。第欧根尼明确利用的只是"公民"隐含之义中"属于"的概念,而这一概念并没有暗示一种共同体或政制。

在上面援引的那个段落中,原本的说法和廊下派化的注解似乎都保存了下来。③ 首先,这个段落提供给我们一个有点平淡无奇的

---

① 拉尔修协调了犬儒派与廊下派的立场,对此的一般性讨论参见 Mansfeld, *Elenchos* 7(1986)296 – 382,页 317 – 351。关于第六卷第 70 – 71 节的廊下派化问题,Goulet-Cazé 做过大体令人信服的处理,参见 *L'Ascèse Cynique* 以及 Mansfeld 对该书的批评性评论(*CR* 38[1988]162 – 163)。Goulet-Cazé 表明这个段落的主要学说"双重苦行"(la double ascèse),乃罗马帝国时期廊下派特别是儒福斯的教义,但不太可能是真正的第欧根尼学说。

② 对此更加详细的讨论参见附录八。

③ Goulet-Cazé, *Rh. Mus.* 125(1982)214 – 240,其中证明了廊下派那些可与此对勘的段落(尤其是克勒昂忒斯的三段论)暗示着,那个归给第欧根尼的论证本身事实上是一个廊下派的论证:第欧根尼从未提出过任何这样的推理。这一看法貌似不合情理。Goulet-Cazé 对这个论证如何及为何错误地归给第欧根尼提出了解释,但这一解释太具推测性而不能令人信服(*ibid.*,页 232 – 240)。并且,她的立场建立在如下尚不确定的假设上:这个语境里的ἀστεῖον意

理论:没有法律的政治性治理或政治性制度是不可能的。这似乎暗示着第欧根尼提倡法治学说。可是,如果说我们对早期犬儒主义有什么看法是明显无误的话,就是原始文献通常将它与对νόμος[法律]和城邦的断然[134]拒绝联系在一起。可以假定,某位廊下派化的学述作者将法治学说归给第欧根尼,并认为自己随后援引的论证能够为此提供充分的根据。然而,这个援引的论证自然更易引起另一种解释。我猜测第欧根尼眼里有这样一位反对者,他承认[参照前提(1)]礼仪的文雅是一种城邦现象,这种现象完全是非自然的,所以在伦理上没有价值。那么,第欧根尼的目标将会是向这位反对者表明,在那种情况下这位反对者还必须承认某种他不愿认可的观点[参照结论(3)]:即法律也是非自然的,没有价值的,因为它也展示文雅。简言之,正如我们所料,第欧根尼的论证是反律法主义的,其直接针对的是这样一些人,他们虽然对第欧根尼反感城邦及其礼仪抱有共鸣,却主张法治是不可或缺的。

我们现在可以回到克勒昂忒斯上来。不论他那三段论文本的正确版本可能为何,(1)他在论证的是,城邦是文雅的;(2)该论证某种程度上必定是为了回应第欧根尼;(3)经克勒昂忒斯之手,(1)中指明的那个论点能够引起他人积极的共鸣,因为和第欧根尼不同,他把文雅作为一种道德上卓越的事物。但只有在我所认为的克勒昂忒斯文本的那一版本里,那个三段论才极为巧妙而明确地支持一种与第欧根尼相反的观点。第欧根尼从城邦文雅的不可接受性

味着"道德上良善的"或"道德上文雅的",尽管如她承认的(*ibid.*,页223注26),大多数学者都更偏向于"urbanum[城市的]""文明的"等义。如果对ἀστεῖον的这种道德上的阐释是正确的,则那个论证的第一个前提的确会表达非犬儒主义特征的思想,亦即离开城邦,道德上的良善就是没有好处的。尽管如此,附录七将表明这里关于ἀστεῖον意思的大部分观点很可能是正确的。

出发,论证法律文雅的不可接受性。① 克勒昂忒斯从根本上改变了这个推理:城邦的一种德性在于受法律的治理(例参他在《宙斯颂》中对廊下派哲学体系里法律的根本作用和价值的阐释);而且,如果它有这样的德性,那它因此也将有文雅这一德性——文雅一词在这里具有正确的及道德上可接受的含义。这就仿佛是克勒昂忒斯在说:第欧根尼正确地看到法律与文雅之间的联系,然而他却把这种联系引入歧途。②

克勒昂忒斯(乃至整个早期廊下派)通过法律有效地定义了文雅,这一点还能得到一项间接证据的支持。在引用克勒昂忒斯的三段论和对城邦的三种定义之后(《读本》卷二 103.12–23),狄都谟斯马上记叙道(103.24–104.1):

[135]他们说每一个恶人都是粗俗的。因为粗俗是对城邦的习俗和法律没有经验:也因之每一个恶人都是有罪的。

如果粗俗或粗野(rusticity/boorishness, $ἀγροικία$)是对城邦的法律没有经验,那么基于同样的理由,文雅或文质彬彬难道不是对城邦的法律有经验?③

---

① 这个推论当然是无效的。一个人可以同意第欧根尼论证中的(1)和(2),而拒绝他的结论(3)。这点能得到正式的说明,但更简洁的做法只需我们注意到,城邦没有法律就没有好处的理由未必(事实上是不会)与城邦的文雅有关。

② 对于克勒昂忒斯论证与第欧根尼论证间关系的观点,我受惠于 Myles Burnyeat。

③ 我将在本书附录七里进一步发展本段话里的那些说法。

七 "文雅的/道德上良善的"

[136] ἀστεῖον可被译为"展示文雅的"(exhibiting refinement),其核心的字面意思是"城市的"。所以正如 Long 和 Sedley 在评注克勒昂忒斯的三段论时注意到,某种双关义貌似仍在发挥作用:城邦能被期待是文雅的,仅仅因为它是城市的。① 他们在英译这个三段论时将ἀστεῖον翻成 civilized("文明的"),该译法有同时暗示"文雅"和"城市"的优点,②但却有一个缺陷。在公元前四世纪和五世纪的希腊文学里,ἀστεῖος这个词应用于人们身上(例如,"文质彬彬的"),应用于他们的体貌(例如,"整洁的"),应用于他们的举止(例如,"文雅的"[refined]),尤其是应用于他们的说话模式("文雅的""典雅的",有时是"机智的")。③ 它不是一个用于描述制度或社会的词,即使是的话,人们也会期望它暗指礼仪的某种特征,而不发挥政治和道德功能。是克勒昂忒斯在大前提里使它发挥了这两种功能。

---

① Long and Sedley, *The Hellenisitic Philosophers*, II 425。
② Ibid., I 431。
③ 对于这里的文献学信息(尤其是对 Lammermann 复本的理解)以及对ἀστεῖος(还有 urbanum[城市的], urbanitas[文雅]等词)的用法的讨论,我受惠于 John Procopé。除《希英词典》辞条"ἀστεῖος"外,最重要的文献参见 K. Lammermann 的博士论文, *Von der attischen Urbanität und ihrer Auswirkung in der Sprache*(Göttingen 1935)。这篇论文为ἀστεῖος所做的工作就是 O. Ribbeck (*Agroikos*, Abhandl. der phil. -hist. Kl. der Kgl. Sächs. Ges. d. Wiss. 10[1888])为ἄγροικος[乡下的;粗俗的,粗野的]所做的工作。

"文明的"是一个能去掉社会的道德品性的术语,但正因为这个缘故,这个译法就相当程度地抑制了克勒昂忒斯对 ἀστεῖος 的用法所带来的震撼。还有更复杂的情况。在很多学述文本里,ἀστεῖον 实际上是 σπουδαῖον [道德上良善的]的同义词,这个用法无论如何都能回溯到克律希珀斯;在这样的语境里,"文明的"和"文雅的"这两种译法显然根本无甚效力。

可是当 ἀστεῖον 出现在归给锡诺普的第欧根尼的推理(参见附录六的讨论)中时,毫无疑问"文雅的"而非"道德上良善的"(morally good)是这个词的正确翻译,尽管某些学者对此表示反对(《名哲言行录》卷六 72):

[137](1)没有城邦,文雅(ἀστεῖου)就没有好处;可见城邦是文雅的。

(2)没有法律,城邦就没有好处。

(3)所以,法律是文雅的。

如果 ἀστεῖον 被译为"文雅的",(1)显然就看起来合理得多。在乡村里的文雅貌似并无意义——粗鄙村夫不会欣赏文雅。或者,如果这里的"城邦"还更宽泛地意指"市民社会"(civil society),而不仅仅是市镇,礼仪的文雅仍无意义,因为礼仪实质上是社会中的一种现象。另一方面,道德上的良善离开了市民社会就没有意义,这点更难以符合我们的直觉。当然,智术师安提丰(Antiphon)或赞成《王制》第二卷格劳孔(Glaucon)所阐述的霍布斯式(Hobbeist)契约正义论的人有可能会为支持这一观念提供一些论据。然而,这一观念事实上需要论证;并且难以想象还有哪种哲学比犬儒主义更不可能去论证它。对于犬儒派来说,道德上的良善是幸福和自足的必要条件，无需考虑市民社会的要求和奖赏。

附录六已经表明在他论述城邦的三段论里，克勒昂忒斯对第欧根尼的论证予以了还击，把 ἀστεῖον 从一个描述礼仪的贬义修饰语变为了赞许道德的术语，此时它与守法的观念捆绑在一起，尽管仍然意指"文雅的"。我称之为此词历史的第一阶段。狄都谟斯记叙完那个三段论后，他接着给出的关于粗俗的阐述可以用来支持上述阐释。该文本如下（《读本》卷二 103.24–104.9）：

> 他们说每一个恶人都是粗俗的。因为粗俗是对城邦的习俗和法律没有经验；也因之每一个恶人都是有罪的。恶人也是蛮横的、兽性的、惯于害人的，因为他极端反对遵循法律的生活方式。而且这个人既是野性难驯的，又是任意妄为的，因此他只要逮到机会，就渴望专断地，甚至残忍地、暴戾地、无法无天地行事。而且，他是忘恩负义的，既无报效恩义的恰当（οἰκείως）态度，亦无分配恩义的恰当（οἰκείως）态度，因为他从不以共同体的精神，亦不以友爱的精神，亦不以自发的精神行事。

这个文本的确有力地（尽管是间接地）证实了在早期廊下派的历史上，有一段时期 ἀστεῖον 不是 σπουδαῖον（道德上良善的）纯粹意义上的同义词，而是指"文雅的"，"文雅的"又可[138]被阐释为"服从法律"或诸如此类的意思。因为恶人是"粗俗的"这一观念只有在其对应着良善或智慧的人是文雅的这一观念时才说得通。而且，对恶人属性的解释能够支持将"文雅的"阐释成"受法律治理的"。恶人是该遭放逐的，因为他摈弃法律，他是粗俗的或粗野的，因为他不熟悉城邦的法律，他是蛮横的，因为他的生活方式与遵循法律的生活方式恰恰相反，他是任意妄为的，因为他渴望无法无天地行事。

狄都谟斯告诉我们,克勒昂忒斯的三段论不但意在确立城邦是文雅的,还要确立城邦在道德上是良善的(σπουδαῖον)。对于狄都谟斯来说,ἀστεῖον仅只意味着"道德上良善的",尽管在他评注的这个三段论中,此词实际应被理解为"文雅的",如果我把克勒昂忒斯的三段论与《名哲言行录》卷六 72 归给第欧根尼的论证紧密联系在一起是正确的话。并不难看出这个词的含义如何发生了进一步的转化(我称之为第二阶段)。廊下派主义该单独为此负责。对于廊下派来说,文雅之人与粗野之人相反,是受法律治理之人。但廊下派主义引起了法律概念的根本转变:它不是任一既定共同体中的人们为治理他们的共同生活而制定出来的一套法规和习俗,相反,它是内在的理性之声,规定每个人何者当为,何者不当为,不论他或她生活在何处。因此只有真正让这种法律治理自己生活的人才是一贯遵守正当理性的人。而且,他是一个好人,好是因为他智慧。因此,成为文雅之人与成为好人所言无异。文雅不再属于道德德性。因为文雅恰指那服从法律的一贯性情,这种法律是道德法,它实质上与良善或道德德性相同。词语ἀστεῖος开始成为一个极具一般性的伦理术语,等同于σπουδαῖος(道德上良善的)。①

---

① 一个人有可能会问:既然廊下派认为许多属性(从王制和自由一直到财富和严厉αὐστηρός)都是道德上良善的作用结果,并以相应规律使用词汇,那为何在所有这些规范表述中ἀστεῖος能概括性地(in general)表达道德上的良善? 我们推定的答案是,在廊下派的观点中,文雅仅指遵守法律,而遵守法律(即遵守正当理性)体现出道德上的良善。相反,像王制这样的概念保留了它某项传统的特殊的(specific)含义,即ἀρχὴ ἀνυπεύθυνος(不被问责的统治)(参照赫罗多托斯[Herod.]卷三 80.3;柏拉图《法义》761 E,《定义》[Def.]415 B;亚里士多德《政治学》1295 a 20;西西里岛的狄俄多若斯(Diod.)卷一 70.1;狄翁《讲辞》第三篇 5,第五十六篇 5 和 11)。廊下派论证道,确切地说,只有智者是不需要被审查的人,因为他有善恶的知识(《名哲言行录》卷七 122)。他们将自由阐述为自

七 "文雅的/道德上良善的"

[139]克律希珀斯本人很可能是第一个交互使用这两个词语的人,例如一句很可能从其《论正当行为》(*On Right Actions*)中引来的话所暗示的那样(普鲁塔克《论廊下派的自相矛盾》1038 A):①

> 没有什么对 the ἀστεῖος[道德上良善的人]来说是需要远离的,一如没有什么对恶人来说是需要关心的。

也无需奇怪,对第欧根尼论证(《名哲言行录》卷六 72)的一种阐释让我们感到,ἀστεῖον 在适当的时候应被用作"道德上良善的"。引西塞罗《论法律》的如下段落为证(卷二 12):

> 马尔库斯②:昆图斯(Quintus),我也按照他们[即哲人们]习惯的方式问你:如果国家恰恰因为没有某种东西便被认为是

主行动的权力(卷七 121),这同样不是传统的(尽管它无疑想抓住这个词语隐含的某项元素,这项元素的重要性是说希腊语的人一般都会认同的)。但他们再一次给自由这个词留下了非常特殊的内容。他们强行使用的绝大多数术语也是如此。

① 参照《论廊下派的自相矛盾》1043 A。一个重要的证据是《名哲言行录》卷七 199 处,在克律希珀斯作品编目中,记录了如下三个前后相继的题目:《关于 ἀστεῖον 的定义:致美特罗多若斯》(两卷)(*Definitions of the ἀστεῖον, to Metrodorus* [2 books])《关于道德败坏的定义:致美特罗多若斯》(两卷)(*Definitions of the morally bad* [φαῦλον]*, to Metrodorus* [2 books])《关于中间事物的定义:致美特罗多若斯》(两卷)(*Definitions of the intermediates* [ἀνάμεσα]*, to Metrodorus* [2 books])

第一个题目有可能本身就暗示了这样的推测,克律希珀斯本人曾讨论了本附录审视过的关于 ἀστεῖον 的各种不同用法。但从语境上看,这个词语明显只相当于 σπουδαῖον(道德上的良善)。

② [译按]这里的马尔库斯(Marcus)即西塞罗。

毫无价值的,那么是不是应该把这种东西视为一种善?

昆图斯:是的,并且是最大的善之一。

马尔库斯:一个国家若没有法律,是不是因而便必定被视作是没有价值的?

昆图斯:毫无疑问是这样。

马尔库斯:那么法律就必然要被认为是最大的善之一。

昆图斯:我完全同意你的意见。

如 Goulet-Cazé 已经指出的那样,①西塞罗这里再现了第欧根尼的那个推理版本,或毋宁说是再现了如下推论版本:

(2)没有法律,城邦就没有好处。由此[140]推出(3):所以法律是 $\dot{\alpha}\sigma\tau\varepsilon\tilde{\iota}o\nu$。

西塞罗将这个论证归给"哲人们",亦即廊下派;他同时也帮我们厘清了(2)的希腊原文在句法上的含混,②从而使我们更有理由认为廊下派讨论过这个论证,即便它不是一个廊下派的论证。然而在西塞罗自己的版本里,或毋宁说在他所运用的希腊原始文献里,$\dot{\alpha}\sigma\tau\varepsilon\tilde{\iota}o\nu$ 被解读为"道德上良善的",而非像原始版本那样解读为"文

---

① *Rh. Mus.* 125(1982)214–240,页 222–223。

② 进一步的论证参见 *ibid.*,页 221–213。希腊原文读作:$\nu\acute{o}\mu o \upsilon\ \delta\grave{\varepsilon}\ \ddot{\alpha}\nu\varepsilon\upsilon$ $\pi\acute{o}\lambda\varepsilon\omega\varsigma\ o\dot{\upsilon}\delta\grave{\varepsilon}\nu\ \ddot{o}\varphi\varepsilon\lambda o\varsigma$。学者们通常认为 $\ddot{\alpha}\nu\varepsilon\upsilon$[没有]后接 $\pi\acute{o}\lambda\varepsilon\omega\varsigma$[城邦],而不是 $\nu\acute{o}\mu o\upsilon$[法律](例参 Leob 版和 Gigante 版),这无疑受了前提(1)里的 $\ddot{\alpha}\nu\varepsilon\upsilon\ \pi\acute{o}\lambda\varepsilon\omega\varsigma$[没有城邦]的影响。这样,原文就必须译作:(2′)没有城邦,法律就没有好处。因此,与(2′)平行的是:(1a)没有城邦,文雅就没有好处。但在这种情况下,人们得出的结论并非(3)法律是文雅的,而是(3′)城邦是受法律统治的,以便平行于(1b)城邦是文雅的。

雅的"。这当然是一种完全自然的解读,这个解读确实非常自然,以至于西塞罗所利用的原始文献创作者甚至很可能没有认识到另一种解释是或曾经是可行的。当然,法律是善的(而非法律是文雅的)这一论点经由廊下派学述中法律是 ἀστεῖον[道德上良善的]这一主张而得到传达(《读本》卷二 96.10 – 17;参照 102.4 – 10)。

八　第欧根尼的世界主义

(《名哲言行录》卷六 72)

[141] 以下是对《名哲言行录》卷六 72 的翻译:

(1) 他说万物都属于智者,并以我们前面引用的那种论证[卷六 37]对之进行辩护:
万物都属于诸神。
诸神是智者的朋友。
朋友之间有物共享。

(2) 关于法律,他主张没有法律,就不可能有政治性治理。因为他说:
没有城邦,文雅就没有好处;可见城邦是文雅的。
没有法律,城邦就没有好处。
所以,法律是文雅的。

(3) 他会嘲笑良好出身、名声等所有这类东西,说它们是用来掩饰邪恶的。而且(4)他说宇宙的政制乃是唯一正确的政制。(5) 他说女人应当共有,从而不承认婚姻的习俗,而是主张只要男人和女人说服了对方,他们就能性交。因此,他认为儿子也应当是共有的。

随后一段话(卷六 73)的开头也值得引用:

他主张,从神庙里偷东西或吃任何动物的肉都不是荒诞不经的事;甚至尝尝人肉也不是什么渎神的事,一些异邦的习俗清楚地展现了这一些。

文本紧接着记述第欧根尼支持阿那克萨戈拉(Anaxagorean)万物彼此互含互渗(the presence of all substances in all)的理论(这个理论被认为出现在第欧根尼的肃剧[142]《提俄斯特斯》[*Thyestes*]中)。这明显是为食人伦理提供了物理论证。在该段落及随后的学述部分之后,文本最终记叙了第欧根尼对音乐、几何学及天文学等研究价值的拒斥。

从(1)直到(5)的顺序不是任意的。《名哲言行录》卷六 10 – 11 以相似的顺序对安提司忒涅斯哲学进行了学述式概述(以下引自卷六 11):

(1′)安提司忒涅斯主张,智者是自足的,因为其他所有人的东西都属于他;(3′)臭名声是一件好事,相当于吃苦($πόνος$);(2′/4′)智者会投身政治,但不是根据已经制定的法律,而是根据德性的法律;(5′)为了要孩子,他会结婚,与自然禀赋最高的女人性交;(6′)他也会去爱,因为只有智者知道谁人该爱。①

在这份安提司忒涅斯学说清单之前,文本先记述了他那关于德性及其获取的一般理论,正如在第六卷第 72 节之前,文本记述的是第欧根尼对德性及其获取的看法。

对那两段引文中的材料进行组织的阐释框架可能如下:

---

① [译按]比较本书原页码[121]上的译文。

1)德性及其获取

2)诸善——它们由智者所拥有或共有

3)真正的或虚假的诸善——讨论财富、名声及良好出身

4)法律与政治活动

5)婚姻

所有保留下来的廊下派伦理学文本都没有忠实地遵循这个框架,然而《读本》和《名哲言行录》第七卷里前后相继的材料看起来很像是从一份根据这个框架原则组织起来的更完整的材料中摘录出来的。所以,在《读本》里我们有:[S1]卷二 98.14 – 101.4,德性以及对道德上良善的人和道德败坏的人的阐述;[S3]卷二 101.5 – 20,德性或分有德性的事物是唯一的善,尽管真正的财富和真正的德性一样也是善;[S2]卷二 101.21 – 102.3,所有的善由道德上良善的人共有;[S4]卷二 102.4 – 104.9,关于法律和城邦、守法者或违法者,以及关于道德上良善的人的统治资格。与以上相关的还有我们在附录四中讨论的某些材料。在《读本》卷二 93.19 – 94.20 中我们有:[S12]卷二 93.19 – 94.6,[143]所有的善由道德上良善的人共有,他们彼此和谐相处;[S14]卷二 94.8 以下,智者的政治活动;[S15]卷二 94.14 – 17,智者结婚生子。《名哲言行录》卷七 121 包括:[DL4]智者的政治活动;[DL5]智者结婚生子;最后是关于他作为一名犬儒的活动,具体讲来,如果环境使然,他会尝尝人肉。比较《名哲言行录》卷六 72 – 73,其中在讲述完第欧根尼对婚姻的立场后,说他赞同食人。

这些犬儒派和廊下派的伦理学文本在结构上甚至内容上都具有这种明显的相似性,由此可以引出一个自然的结论:《名哲言行录》第六卷对安提司忒涅斯和第欧根尼所作的学述,意在把二人呈

现得完全像是以廊下派的方式从事哲思。比较《名哲言行录》第三卷和第五卷对柏拉图和亚里士多德的处理(参见附录四的分析),甚至还可比较其对库瑞涅派的忒俄多若斯(the Cyrenaic Theodorus)的处理(《名哲言行录》卷二 98 – 99),他们的主张都先后被归为犬儒主义者的观点:宇宙是我们的祖国,道德上良善的人在恰当的时候将会偷盗、通奸及偷窃神庙。

学者们有时将上述的资料(4)与斐洛德谟斯的主张(《论廊下派》卷二十 4 – 6)联系在一起,资料(4)认为"宇宙的政制乃是唯一正确的政制",而斐洛德谟斯声称"他们的观点[即廊下派和犬儒派的观点]是,我们不该去思考任何一个我们所知的城邦或法律"。然而,我们有很强的理由怀疑,将"唯一正确的政制"的学说归给第欧根尼,是对κοσμοπολίτης[世界公民]的著名宣言作严重廊下派化阐释后的结果(《名哲言行录》卷六 63)。因为如克雷芒记叙的那样(《杂缀集》卷四 26,《早期廊下派辑语》卷三 327):

廊下派说宇宙在确切的意义上是一个城邦,但地上的那些城邦却不是——它们被称作城邦,但事实上并不是城邦。

类似地,廊下派认为宇宙是人类和诸神共有的城邦。这个观念频繁地出现在第三章讨论的那些文本中,同时也为犹太人斐洛所熟悉(例如《论世界的创造》142 – 143),他将它与κοσμοπολίτης[世界公民]的观念联系起来。也能在其他关于廊下派主义的文本中找到对现有法律和政制的补充性批评,如第欧根尼阿诺斯(Diogenianus)攻击克律希珀斯,说他口口声声支持法律和政制的一般观念,实则背弃了它们(优西庇乌斯《福音的预备》卷六 页246 b,《早期廊下派辑语》卷三 324):

你为何说所有已然确立的法律以及所有的政制都是错误的？

[144]斐洛德谟斯的那个主张自然被认为暗指现存的法律和社会缺乏某种积极的理想。然而这是一个关于第欧根尼的好消息吗？答案来自《论廊下派》的某个部分，这个部分确认了芝诺的《政制》是真正出自芝诺之手的，以及第欧根尼的《政制》确实是第欧根尼所作。斐洛德谟斯是这样开始的（卷十八 1-2）：

> 现在让我们写下这些人所主张的高贵学说。

接下来他罗列了一连串可怖的信条，大多是在说下流的性行为是得体的。可以假定，斐洛德谟斯要我们相信，我们能在芝诺或第欧根尼的《政制》里找到所有这些信条。我们真的能找到吗？他是否读了这两本书？并在两本书里找到了这些学说？很可能，斐洛德谟斯在那整本小册子中依赖于其他作家提供的关于芝诺和第欧根尼的证言。事实上，没有证据表明他自己看过第欧根尼的那本书。无论如何，以他著作里的这个部分所呈现的材料为例，密切符合恩披里柯在《皮浪主义述要》卷三 245-248 及《驳学问家》卷十一 190-194 处搜集的材料（这些材料使芝诺和克律希珀斯名誉扫地），以及卡希俄斯关于芝诺《政制》的证据。因此，将任何一个不能由其他证据充分证明是犬儒的观点追溯到第欧根尼，乃是极为不可靠的做法。而斐洛德谟斯关于城邦和法律的那个评述也是其中一例。它以类似的语言表达了第欧根尼阿诺斯归给克律希珀斯的学说。能得出的合理结论是，这个评述源自克律希珀斯（无疑通过某本学述文献），而非第欧根尼。该结论需要假定，斐洛德谟斯在论战中无所不用其极——他若不是才怪!

轶闻录传统让我们确信,第欧根尼惯于引用肃剧来这样描述自己(《名哲言行录》卷六 38):

> 无国则无城(citiless)、无家,
> 日复一日似一个乞丐、一个流浪汉那样过活。

这为我们恰当阐释 κοσμοπολίτης [世界公民]这个俏皮话提供了线索。用 Goulet-Cazé 的话来说,它所要传达的是"一种消极的世界主义"(un cosmopolitisme négatif)。这种思想风格也明显体现在一个被归给克拉特斯的警句里(卷六 93):

> 他说,屈辱与贫穷是他的国,命运女神(Fortune)不能蹂躏它;第欧根尼是他的城,复仇女神(Envy)不能阴谋破坏它。

[145] Διογένους...πολίτης 通常译为 a fellow-citizen of Diogenes ["第欧根尼的公民同胞", Leob]或 aveva...come concittadino Diogene ["第欧根尼的公民同胞", Gigante],但这就丧失了组成这一格言的那两个表述之间的对称性。与此思路相同的是一个据说来自克拉特斯某部肃剧的文段(卷六 98):

> 我的国非一塔一屋,
> 而整个天地就是壁垒,就是广厦,
> 预备给我等度过此生。

结语 "不可能的假说"

[147]约在《廊下派的城邦观》第一次付梓之时,我记得曾向资深同事 Harry Hinsley(1918—1998 年)阐述过此书。他是杰出的国际关系史家,尽管他更出名的是在二战中破解英格码(Enigma)的解码运算里发挥的作用。Hinsley 听完我的话,未予置评。然而,他却相信人类所能设想的保持和平的国际秩序的最有效方式是平衡的核威慑。我自忖,廊下派对德性、爱欲及友爱的理性主义信仰很可能会令他吃惊,认为这是早期现代哲人和政治思想家所设想的那些不切实际的范式的遥远先驱(他在《权力与追寻和平》①开头几章中研究过早期现代的这些范式)。

芝诺的《政制》在古代经典里已被当作无可救药的乌托邦作品。普鲁塔克说芝诺"塑造了哲人之善治和政治性秩序观念的梦想或图景"(参见附录一)。除了记录对该著作的其他抱怨外,斐洛德谟斯还记录了一项指责:"他的立法由一些不可能的假说组成,针对的是那些并不存在的人——忽视了那些实际存在的人。"(《论廊下派》卷十二 8–11)②可以假定这里的要点是(1)芝诺的城邦被想象为有德性和有智慧的人的共同体,而且(2)廊下派自己承认(所以他也这样认为)好人比埃塞俄比亚的凤凰还罕见(例如,塞涅卡《致

---

① F. H. Hinsley, *Power and the Pursuit of Peace* (Cambridge 1963)。
② [译按] 比较本书页 199 注 3 中的译文。

鲁基里乌斯的道德书简》[*Ep.*]41.1,阿弗洛底西亚的亚历山大《论命运》[*Fat.*]199.14 – 22)。由此可以论证,(3)芝诺的事业实际上是一个关于假说的练习,这个练习的基础假设(1)[148]是几乎不可实现的[因为(2)的缘故]。① 在我们的时代,这一论证进一步推演:从(2)我们能得出(3′)芝诺实际上必定把善的城邦构想为一个不可臻达的理想。②

然而,却几乎没有理由让我们接受(3′)为真。斐洛德谟斯也记叙道,芝诺在《政制》一开篇就认为自己是在提供"一种适用于他所出现的地域以及他所生活时代的东西"(《论廊下派》卷十二 2 – 6)。③ 芝诺的言语有着论战的口吻,而且论战的目标近乎是确定无

---

① 声称芝诺的"假说"是不可能的,除了由于难以找到有智慧和有德性的人来满足条件以外,我们不清楚是否还有其他什么原因。例如,性爱共产主义会促进社会的爱欲及和睦(《名哲言行录》卷七 131),这一观点也许会让某些人吃惊,认为这与人性不相容,一如柏拉图在《王制》里提出的类似安排也令亚里士多德吃惊(《政治学》卷二 3 – 4)。

② 对此例参 D. Dawson, *Cities of the Gods* (New York and Oxford 1992), Ch. 4,特别参见页 165 – 166。对此书的书评,参见我的文章,"Zeno of Citium's anti-utopianism", *Polis* 15. 1 – 2 (1998) 139 – 149。该文扩充的版本现刊于我的著作 *Saving the City*, London 1999,其中进一步思考了本书所探讨的那些话题。

③ 整个段落是这样的(卷十二 1 – 20)(方括号里是我推测的遗失了的开头,以及指示代词的实际所指等等):"[芝诺的辩护者们错了,当他们说芝诺并不在意]它[即他的 politeia(政制)]是否会出现,他们忽视了作品开头芝诺就清楚地表示,他认为它[即他的 politeia(政制)]是一种适用于他所出现的地域以及他所生活时代的东西。而且[即他们又错了],因为假若他已把它当作那种事物[即一个梦想而已],它就是一种该遭抨击的东西。因为,他的立法还是[即就像柏拉图的那样]由一些不可能的假说组成,针对的是那些并不存在的人——忽视了那些实际存在的人。也因为,假定他的事业被描述为[即对德性的激励],做那些渎神假说的人就是条可怜虫。至于该书其他部分,我们随便挑出什么话题,没有什么极端的不虔诚是他未曾染指的。最后,在其他的著作里他也提出了相似的立法。"

疑的。柏拉图在《王制》里借苏格拉底之口,强调了实现他理想城邦方案的困难,却坚持这个城邦将会来临或已经出现——在未来的某个时候或遥不可追的过去,甚或此时就在某个我们遥不可知的异域(卷六 499 C – D)。芝诺要说的是:我的《政制》里描述的共同体与柏拉图的不同,此时此地就可实现。要看出他为何认为这个主张是合理的并不困难。在芝诺的城邦里,没有立法,没有优生规划,[149]没有社会分层或军事组织,所以也就不需要哲人统治者的绝对权力——这位统治者很可能只在某时某地出现,却远不是此时此地。实现芝诺愿景的所有必要之事就是人们开始锻炼他们朝向德性的能力:这是一项艰苦的任务,却恰恰在他们自己此时此地的权能范围之内。更干脆些说就是,芝诺在《政制》里的信息也许最好被解释为一道戒令:无论你们碰巧于何处生活,现在就与你们自己的朋友一起,经营好你们自己的那个城邦。

这样的信息恰是我们有可能期望从一位带有犬儒血统及同样明显的芝诺味道的哲人那里得到的信息——除对友爱及共同体强调之外。如同第一章说明的,他的《政制》被古人在某种程度上合理地视为一份彻底的犬儒主义宣言。这里需要注意拉尔修关于犬儒派的那一卷结尾的一个段落,在这之前他断言犬儒主义与廊下派主义有着紧密关系:"因此人们说犬儒主义是通往德性的捷径——①基提翁的芝诺也以这种[即犬儒的]方式生活。"(《名哲言行录》卷六 104)。拉尔修在第七卷开始部分里所利用的传记传统证实了关于芝诺生活方式的主张(1 – 31)。尽管如此,芝诺没有以锡诺普的第欧根尼的戏剧化方式来摒弃社会,但他确实看起来是在

---

① 这个表述在其他地方被归给了公元前二世纪的廊下派哲人阿波罗多若斯的《伦理学》(《名哲言行录》卷七 121)。

培养贫穷、俭省、总的来说比较无礼,特别是对国王及其使节不恭的角色形象。①

[150]难道芝诺接受犬儒生活方式的这些特征是为了促进这样的理念:采取这种生活方式就是通往德性的通途(如果不是捷径)?很可能拉尔修肯定了这一点。而且,《政制》对神庙、体育场及法庭的全面废除暗示着一个补充性的论点:这些城邦制度无助于获取德性,反而使成就德性更为困难。相似地,当《政制》开头几页宣称普通教育"无用"时,它无疑是指"对获取德性无用"。除非芝诺认为德性掌握在一个足够专一的人手中,此人只做取得德性所需要做的所有事,否则《政制》里的诸多规定和芝诺朴素的公众形象就无甚意义。

然而完全没有证据表明,芝诺曾做过任何实际的努力,来以他在那书中所嘉许的方式建立一个圣城邦。我们有可能会相应地自问:这本身不就证明《政制》的事业是乌托邦的?或者如果不是乌托邦的,难道不该质疑芝诺是否真诚地提倡这项事业?理论上这些的确都是可能的。提出一种你认为照字面上看并不切实可行的理念,这是一回事;给出一项你相信完全切实可行的提议,却不把自

---

① 特别参见提蒙(Timon)将芝诺的学生及学伴斥为"格外像乞丐的"人(《名哲言行录》卷七 16),《名哲言行录》卷七 27 保存的关于芝诺的韵诗(这首六音步诗认为他兼具良好的身体耐力及对哲学的专一,这让人想起了苏格拉底[参照《会饮》219 D – 221 C]),以及很可能是斐勒蒙(Philemon)(像提蒙一样)这样与芝诺同代的雅典谐剧作家所写剧作里那些更具犬儒主义气息的三音步诗。关于此段材料,以及关于芝诺的公共角色形象的其他证据,参见F. Decleva Caizzi, "The Porch and the Garden: early Hellenistic images of the philosophical life", in *Images and Ideologies: Self-Definition in the Hellenistic World*, ed. A. W. Bulloch, E. S. Gruen, A. A. Long and A. Stewart(Berkeley 1993)303 – 329。但也可参见 J. Brunschwig, "Zeno between Kition and Athens"(即将出版),其中反思了芝诺非常严苛,而不能全身心投入犬儒生活方式的证据(尤见《名哲言行录》卷七 3),并认为芝诺对犬儒主义的热情更多是在理论上而非实践上。

己真的想象成那个将之付诸实践的人物,这又是另一回事。尽管如此,这后一种可能仍无法合理地解释这些事实情况。如果芝诺认为参与智者共同体是一种可实践的方式,任何严肃对待幸福和德性的人都应该通过这种方式来获取它们,那么为何芝诺不像其他所有的布道士一样遵循自己的教导?

我的猜测是,芝诺认为他在画廊(the Painted Stoa)内掌管——或行将掌管①——的那种师生非正式共同体本身,在某种意义上,便确实意味着他在努力塑造一个"德性城邦"。毕竟,理性和德性的生活是廊下派给自己提出的目标。而且我们应回想起,爱神是芝诺理想城邦的守护神,爱神的神圣影响尤其表征在,智者追求能够展现出朝向德性的良好性情[151]的美貌青年,以便将这种性情发展成德性本身。芝诺的教育哲学似乎在一个致力于爱欲与友爱的共同体中才能被理想地实践,这种共同体以本书前面分析过的苏格拉底和柏拉图的术语构想而成(参见第二章)。② 在《政制》关于爱欲与友爱的提议中,我们能够看到芝诺的事业在于,相信和希望他、他的学伴及门生曾经或将会努力实践爱欲与友爱的生活。③

---

① 没有证据表明芝诺《政制》出版的相关年代,以及他身边何时成功地聚集起或多或少被他的哲学教导所说服的圈子。在《政制》问世的时候,他很可能已然是一名独立的教师,但这是另外一个问题了。

② Christopher Rowe 指出,正是将爱神描述为保卫城邦的"襄助者"(συνεργός)这点呼应了苏格拉底的论点(《会饮》212 B):"人性不能找到比爱欲更好的习得此道[即德性]的襄助者。"(参见"The Politeiai of Zeno and Plato"[即将出版])更多关于芝诺神祇的论述参见 G. Boys-Stones, "Eros in government: Zeno and the virtuous city", *CQ* 48(1998)168–174。

③ 他们对欲爱的大力关注,上文已有记录(页28)。我们可以假设,他们认同芝诺的一个高尚观念:欲爱具有教育目的。雅典城邦赐予芝诺的荣誉(《名哲言行录》卷七6)暗示着他对青年的影响得到了广泛的尊重。

随之,《政制》有可能被阐释为有着字面上的和喻义上的意图。芝诺真心认为,在此书中,他嘉许的那种社会是可以实践的,他关于爱欲、友爱及致力于追求德性和智慧生活的关键规定乃是他与门生及学伴努力去落实的规定。另一方面,《政制》对一种特殊的文学类型也有贡献。先前诸如柏拉图和色诺芬①这样的作家已然有效地奠立了读者有可能期待写过 Republic 的作者在立论时需依据的基础。可以假定,芝诺这部著作里的很多要点反映在文本互勘的过程中,同时还反映在他对这类文学先辈们的道德和政治假设的暗中接受或批评当中。所以,当他不仅提倡女人应当共有(如柏拉图所做的那样),而且提倡城邦所有的常规制度都可省却时,他特别反对了柏拉图,强调任何政治结构都是道德上中性的:最终除了德性外没有什么是要紧的。假若我们持有这样的观点,那么我们是否能实际建立起一些真正废除核心家庭的共同体,也就不那么重要了。

然而,除非德性是可获得的,否则芝诺的《政制》就绝不是[152]可实践的。我们如要关心芝诺在《政制》里的意图,那么我们如何回应廊下派声称善的男人和女人在现实中比凤凰还罕见[上述(2)]？以如下方式回应就没有问题:廊下派坚定不渝地认为德性是可教的,因为德性是人所能获取的东西(《名哲言行录》卷七 91:克勒昂忒斯、克律希珀斯、珀赛多尼俄斯[Posidonius]及赫卡同[Hecato]都被引用来支持这一观点)。② 然而我们无需怀疑,无论如何,在西塞罗的时代,廊下派至少不愿意列出符合他们圣贤典范的那些

---

① 色诺芬的《斯巴达政制》为芝诺的《政制》树立了典范,参见我的文章,"Zeno of Citium's anti-utopianism", Part II(*Saving the City*, Ch. 3)。

② 据说,正是人从坏到好的变化事实澄清了 διδακτόν[可教的]。珀赛多尼俄斯把苏格拉底、第欧根尼和安提司忒涅斯朝向德性的进步事实作为德性是现实的证据(《名哲言行录》卷七 91)。

人的名单;因此,他们的反对者觉得自己能利用没有人是智慧的这一前提,而不用担心会遭到廊下派的反驳。① (关于凤凰这个多彩的表述原创于何时、为何创造并不清楚。)

有旁证暗示,伊壁鸠鲁最早开启了上述一般话题。他提出了引人注目的主张:除了他自己和他的门生以外,未曾有人是智者(普鲁塔克《伊壁鸠鲁实际上使幸福生活不可能》[*Non posse*]1100 A;参照西塞罗《论至善与至恶》卷二 70)。他和菜园派(the Garden)其他的教师们或"领袖们"(καϑηγεμόνες)②(美特罗多若斯,赫尔马尔科斯[Hermarchus],珀吕埃诺斯[Polyaenus]——这些是他主要会想到的门生)受到这个学派后起数代学人的崇拜程度,非廊下派对芝诺的尊重可比。③ 廊下派中,克律希珀斯是在那个话题上发表的意见第一位被明确记录下来的[153]人,记录里说他宣称无论是他自己、他的相识或他的任何"领袖"都是没有德性的,这点看来很重要(普鲁

---

① 参见西塞罗《学园》(*Acad.*)卷二 145,《论神性》卷三 79,这里科塔(Cotta)似乎抛弃了这种提法(可以假定是廊下派的):只要某人有可能符合这种圣贤典范,即便事实上无人符合,他们的观点就能生效。与恩披里柯某表述最为接近的是《图斯库卢姆清谈录》卷二 51,其中西塞罗说,我们从未见过任何拥有完美智慧的人(尽管在此他没有将这一坦言归给廊下派)。我之所以能够想到论述所需的所有文本材料,得归功于 René Brouwer:此人在其剑桥哲学博士论文中用了一章的篇幅来探讨这个话题。

② 关于καϑηγεμόνες[领袖们]的论述,参见 F. Longo Auricchio,"La scuola di Epicuro",*Cron. Erc.* 8(1978)21-37。

③ 将伊壁鸠鲁敬若神明始于他随后的门生:普鲁塔克《答科洛特斯:为其他哲人辩护》(*Col.*)1117 BC;伊壁鸠鲁在遗嘱中要求一直庆贺他自己及其他καϑηγεμόνες[领袖们]的生日:《名哲言行录》卷十 18-20(对此及其他相关文本的讨论参见 D. Clay,"The cults of Epicurus",*Cron. Erc.* 16[1986]11-28)。亦参照 B. Frischer,*The Sculpted Word*(Berkeley/Los Angeles/London 1982)。

塔克《论廊下派的自相矛盾》1048 E)。① 这听上去像是在反对伊壁鸠鲁的那个表述。这个意见呼应了伊壁鸠鲁的用语；它不关心谁是智慧或良善之人的一般问题，而是关心一个可与伊壁鸠鲁问题做类比的具体问题：廊下派中是否有人或曾经有人具备德性？面对伊壁鸠鲁的吹嘘，克律希珀斯貌似希望宣扬廊下派的谦逊。②

一旦看到伊壁鸠鲁把自己设想成一位圣贤，我们有可能就会期望廊下派思考他们是否希望对自己提出类似的判断。然而，我们可以试想他们在这个问题上不会逗留太久。廊下派是一个苏格拉底学派；③而且苏格拉底的著名信条是，他不是智慧的，他只是 φιλόσοφος，爱智者(参照柏拉图《会饮》204 AB；《斐德若》278 D)。④ 没有哪个廊下派哲人会佯称自己比苏格拉底更具智虑。⑤ 所以从

---

① 参照优西庇乌斯《福音的预备》卷六 8.13，其中第欧根尼阿诺斯说："你[克律希珀斯]为何说只有一两个人曾变得智慧？"

② 这明显一直是廊下派的姿态。昆体良(Quintilian)说，廊下派认为芝诺、克勒昂忒斯及克律希珀斯 magnos quidem...ac venerabiles, non tamen id quod natura hominis summum habet consecutos[的确伟大，值得尊崇，但不是因为他们模仿最高的人性]（《演说术原理》[*Inst.*]卷十二 1.18)。

③ 最重要的文献参见 A. A. Long, "Socrates in Hellenistic philosophy", *CQ* 38(1988)150–171。

④ 但 Sedley 向我指出，苏格拉底实际上自称只在一件事上是行家：ἔρως[爱欲]之事(《会饮》177 DE；参照《吕西斯》204 C, 206 A)，准确地说这也是芝诺《政制》所大力关注的核心话题。所以我们不清楚，既然廊下派在关于德性和智慧的主张上通常是谦逊的，那这是否使得他们不像芝诺在《政制》里所做的那样，对爱欲及友爱实践的可能性持有乐观态度。

⑤ René Brouwer 的一个可能正确的看法是：苏格拉底承认他困惑于他是否是比提丰(Typhon)更复杂的野兽，还是一种更温顺、更简单的造物(《斐德若》230 A)，而在恩披里柯《驳学问家》卷七 433 处，克勒昂忒斯有过类似的坦承，这反映出克勒昂忒斯本人利用了苏格拉底式的怀疑。《斐德若》这一段落在希腊化时期认识论问题中具有显著的地位，参见《驳学问家》卷七 264。

那两个学派很早的时候开始,廊下派如果处理过那个问题,他们最终定会站在伊壁鸠鲁派的栅栏之外。另一方面,无论是出于不安或其他什么理由,他们似乎没有像在著述中或与门生经常讨论的其他话题那样来[154]处理这一问题。就希腊化时期的廊下派而言,原始文献在这一问题上万马齐喑。①

也许上面这段话太过倚重先验的历史。但对我们所关心的问题(对芝诺《政制》的阐释)而言,我们最终应尽已所能去回答的问题仅是:当廊下派被问及能否找出任何实际的圣贤时,他们从何时开始对此做出消极的、谨慎的或缄默的回应?

有某些的确不能确定的和间接的证据认为,这种回应或类似于此的回应可被看作是芝诺生活其时或身后的廊下派立场。考虑下恩披里柯对芝诺论证的记叙,该论证从崇敬诸神是合理的,而推出结论说他们是存在的(《驳学问家》卷九 133)。恩披里柯也记叙了关于智者的反三段论(counter-syllogism),而这个反三段论很可能是与芝诺同时代的辩证家阿勒克希诺斯(Alexinus)提出的。② 如果说他就是这个批评者,那他首先给出一个平行的前提,崇敬智者是合理的,并由此得出一个平行的结论,智者是存在的。根据恩披里柯的说法,这"令廊下派不悦","因为他们的智者被证明迄今都不可能发现"。如果正是阿勒克希诺斯时代的廊下派主张,至少很难想象有人曾臻达智慧,那么阿勒克希诺斯的论证显然就更是击中了要害。谐剧诗人巴同(Baton,阿尔克西拉俄斯[Arcesilaus]和克勒昂忒

---

① 《驳学问家》卷七 432-435 主张圣贤是根本不可能找到的,其中提出的一些主张表明芝诺、克勒昂忒斯和克律希珀斯是无知的,但这些主张作为证据是模糊的。

② 参见我的论证,"The syllogisms of Zeno of Citium", *Phronesis* 28(1983) 31-58,页 34-41。

斯的同时代人)①可以提供一段进一步的证据。他暗讽哲人,②说在伊壁鸠鲁的菜园之外,③哲学常识认为真正的好人是难以逮到的(阿忒纳欧斯 卷三 103 D,引自《诈骗同伙》[*Fellow-Cheater*]):

> [155]那些眉毛高扬的家伙在信步漫谈中寻找智者,无论如何得把这些人当作逃跑的奴隶。④ 当一头小角鲨⑤摆在他们面前,他们知道首先攻击什么地方/话题,他们寻找头部/要点,仿佛它是一个摆在他们面前的问题——这令所有人称奇。

然而,巴同所想的那种难以逮到,其含义本身便是难以逮到的。难道非伊壁鸠鲁派的哲人们承认的是,尽管自己能阐述何为有德性、有智慧,但去寻找在德性和智慧上达到理想状态的人乃是徒劳无功之举?⑥ 或者(也许更可能的是),非伊壁鸠鲁派的哲学是对智慧和德性的某种貌似没有止境、定论的探究?⑦

---

① 参见普鲁塔克《如何辨别讨好者与朋友》(*Adul.*)55 C。

② 正如 Caizzi 所提出的,这并不是特指廊下派(*Images and Ideologies*,页 322)。眉毛高扬及前额沟壑纵横被谐剧作家们引来作为哲人式傲慢的典型标志,特别参见安菲斯(Amphis)辑语 13 K 对柏拉图的傲慢的描写。巴同运用的其他哲学行话也不是廊下派独有的。

③ 这之前的几行诗提到了伊壁鸠鲁,暗指他是公认的登徒子,从而不像将引段落里那些受到攻击的伪君子。

④ 亦参照阿忒纳欧斯 卷四 163 B,其中表明巴同在他的《谋杀者》(*Murderer*)里几乎重复了这句话。

⑤ 关于角鲨(greyfish),这个"不易确定"但受到高度赞誉的微妙之词,参见 J. Davidson, *Courtesans and Fishcakes*(London 1997)6 – 8。

⑥ 对此参见 Caizzi, *ibid.*。

⑦ 这种阐释得到了阿忒纳欧斯稍前一段诗文的支持,该诗文引自公元前三世纪的诗人达谟克塞诺斯(Damoxenus),其中说道廊下派(总是在追寻善,

让我们设想,恰是在芝诺的时代,廊下派在伊壁鸠鲁自称已然臻达智慧的压力下,开始承认他们不能找出任何这样的人。如果这发生在芝诺写作《政制》之前,那么(3′)芝诺认为他那善的城邦是一个不可臻达的(或至少是几乎不能臻达的)理想,这个命题就有些道理可言了。因为芝诺哲学圈子里的人承认好人是且始终是极其罕见的鸟类[上文(2)],这不可能不影响芝诺构思《政制》时所依据的精神。但尚不清楚这一点能经得起多大的推敲。如我们注意到的,廊下派总是坚定不移地认为德性确实是能教的、能获取的;而且芝诺和他的圈子也许自认为(像苏格拉底一样)特别是在爱欲和友爱问题上的行家。

然而不管怎样,所有保存下来的证据都不能阻止我们做出如下按编年排序的推断:

[156] 1) 芝诺深受犬儒思想家影响创作了《政制》。犬儒主义者毫不怀疑地假设德性是可以获得的,只要我们正乎己身,付出适当的辛劳($πόνος$, exertion);芝诺在《政制》开头与柏拉图的论战揭示了这一假设。

2) 伊壁鸠鲁不满足于声称善是容易臻达的(其他任何学派的哲人都不会做出这个断言)(斐洛德谟斯《驳智术师》[*Soph.*]4.12—13),也不满足于声称伊壁鸠鲁派能像诸神一样生活在人类中间(《名哲言行录》卷十 135)。相反,他提出了更进一步的主张,他和他的主要门生已然成就智慧——而其他任何人都没有成就智慧(普鲁塔克《伊壁鸠鲁实际上使幸福生活却不能知晓何为善》)明显与伊壁鸠鲁相反,伊壁鸠鲁是唯一真正知道何为善的人(卷三 103 B)。

不可能》1100 A)。

3) 由于伊壁鸠鲁的上述主张带来了一个明显的问题:"曾经存在任何真有智慧或真有德性的人吗?"廊下派被迫给出了他们自己对该问题的回应:"从未有过——或几乎没有过,而我们廊下派教师不在这些少数人之列。"很可能正是对苏格拉底遗产的反思促使他们以这样的方式回应。

4) 针对芝诺对诸神存在的证明,阿勒克希诺斯以第三阶段中的廊下派观点构想出一个反三段论。

现在我们的假设是,第三、四阶段还有第一、二阶段都发生在芝诺生活的时代,尽管芝诺自己是否参与了第三阶段所推断的廊下派回应,尚是一个开放性的问题(如果他参与了,居然没有事实痕迹保存下来就很令人奇怪了)。无论如何,最重要的一点是第三阶段时间上晚于第一阶段。我们不必认为当芝诺创作《政制》时已将是否存在圣贤的问题视为一个问题。我们更不必同意,如果他随后分享了该问题的消极或不可知论的回答(例如克律希珀斯提出的回答),他仍会像起初动笔时那样来构想《政制》的要点。①

---

① 在他对本书(第一版)的书评中,Laks 指出,我为了区分克律希珀斯的城邦概念(作为"'法理自然主义'[jusnaturalism]城邦的原型")和芝诺的城邦概念(作为"'共和主义'范式的城邦原型"),不得不"对克律希珀斯明确认同芝诺的《政制》这一事实轻描淡写"(Ancient Pilosophy 14[1994]452 – 460,页454)。对此我想说,克律希珀斯的认同也许并不指向芝诺开篇给出的声明:人应生活在一个摈弃习俗而只实践德性的共同体中,芝诺将此戒令构想成一种可实践的理想;但可能对于克律希珀斯来说[假设他已同意上文中的前提(2)],芝诺的斯巴达式共和国已然成了一种乌托邦幻想,它只能有效地挑战我们对如下知识的掌握情况,这种知识涉及什么是道德上重要的,什么从德性和幸福的观点来看是中性的。这有可能解释了克律希珀斯为何愿意以更加极端

[157] 所以,斐洛德谟斯笔下那些批评廊下派主义的人及其现代追随者所依赖的那个三段论将芝诺的《政制》归类为乌托邦作品,或者抨击其乌托邦主义,这种归类与抨击没有抓住芝诺写作此书的意图。在他撰写此书时,抑或他生活中的任何可想象的时刻,芝诺不会同意关键性的前提(2),即真正的好人实际上不可能找到。① 即便他同意这个前提,尚不清楚我们是否就此可认为芝诺将《政制》的事业视为纯粹的乌托邦事业。因为,这本书中的提议是否就是"一些不可能的假说……针对的是那些并不存在的人",是另一回事。为了解决这个问题,我们需要回到人性潜力等类似的问题上来,也需要面对一些人特有的消极黯淡的评估,认为现实政治是给社会或给民族国家间贸易往来带来秩序的唯一途径。②

的方式发展芝诺一书中犬儒主义的规定,有时甚至向更令人震惊的方向发展(参见本书第43页注3):某人越是明目张胆地鼓吹乱伦和当众手淫,他就越不愿真的干这等勾当。

① 关于他皈依哲学的著名轶闻暗示着,芝诺至少认为苏格拉底和克拉特斯是真正的好人(《名哲言行录》卷七2-3)。

② 就这篇结语里的话题而言,我所采取的进路与 R. Hirzel 的有很多共同点,参见 *Untersuchungen zu Ciceros philosophischen Schriften* (Leipzig 1882) 271-298。我感谢1998年9月在塞浦路斯拉纳卡(Larnaca)召开的"芝诺及其遗产"会议上学者们对我初稿的评论,尤其是感谢 Brunschwig、Tony Long、Christopher Rowe、Sedley 及 Richard Sorabji。

参考文献

这份参考文献为了方便读者而开列了注释中引用的所有著作。对理解廊下派政治思想而言，它不算是一份全面或精选的文献指南。

Editions

Pseudo-Andronicus de Rhodes 'ΠΕΡΙ ΠΑΘΩΝ', ed. A. Glibert-Thirry, Leiden, 1977.
Studi Cercidei, ed. with commentary by E. Livrea, Bonn, 1986.
M. Tulli Ciceronis De Natura Deorum, ed. J.B. Mayor, 3 vols., Cambridge, 1880–5.
M. Tulli Ciceronis De Natura Deorum, ed. A.S. Pease, 2 vols., Cambridge MA, 1958.
Clementis Alexandrini Opera, ed. W. Dindorf, 4 vols., Oxford, 1869.
Diogenes Laertius, ed. H.S. Long for the Oxford Classical Texts, 2 vols., Oxford, 1964.
Diogene Laerzio, trans. M. Gigante, Rome/Bari, 1987 (second edition).
A Hellenistic Anthology, ed. N. Hopkinson, Cambridge, 1988.
The Hellenistic Philosophers, trans. and ed. A.A. Long and D.N. Sedley, 2 vols., Cambridge, 1987.
The Art and Thought of Heraclitus, trans. and comm. by C.H. Kahn, Cambridge, 1979.
Heraclitus: The Cosmic Fragments, ed. G.S. Kirk, Cambridge, 1954.
'Towards a New Edition of Philodemus' Treatise *On Piety*', by A. Henrichs, *Greek, Roman and Byzantine Studies* 13 (1972) 67–98.
'Die Kritik der stoïschen Theologie im P. Herc. 1428', by A. Henrichs, *Cronache Ercolanesi* 4 (1974) 5–32.
Philodemus, *On the Stoics*, edited by W. Crönert in *Kolotes und Menedemos*, Munich, 1906.
'Filodemo, Gli Stoici (P. Herc. 155 e 339)', ed. T. Dorandi, *Cronache Ercolanesi* 12 (1982) 91–133.

Plato's Statesman, trans. J.B. Skemp, London, 1952.
Plutarch, *de Stoicorum repugnantiis* and *de communibus notitiis*, trans. H. Cherniss for the Loeb Classical Library in *Moralia* XIII, 2 vols., London/Cambridge MA, 1976.
Posidonius, ed. L. Edelstein and I.G. Kidd, 2 vols., Cambridge, 1972-88.
The Presocratic Philosophers, trans. and ed. G.S. Kirk, J.E. Raven, M. Schofield, Cambridge, 1983 (second edition).
Socraticorum Reliquiae, ed. G. Giannantoni, 4 vols., Naples, 1983-5.
Die Staatsverträge des Altertums vol. III, ed. H. Schmitt, Munich, 1969.
Ioannis Stobaei Anthologii: Books I and II ed. C. Wachsmuth, Berlin, 1884; Books 3 and 4 ed. O. Hense, Berlin, 1894-1909.
The Fragments of Zeno and Cleanthes, ed. A.C. Pearson, Cambridge, 1891.

Secondary literature

von Arnim, H. *Leben und Werke des Dio von Prusa*, Berlin, 1898.
Babut, D. 'Les Stoïciens et l'amour', *Revue des Etudes Grecques* 76 (1963) 55-63.
  Plutarque et le Stoïcisme, Paris, 1969.
Baldry, H.C. 'Zeno's Ideal State', *Journal of Hellenic Studies* 79 (1959) 3-15.
Barnes, J. 'The Beliefs of a Pyrrhonist', *Proceedings of the Cambridge Philological Society* 208 (1982) 1-30.
Barns, J. 'A New Gnomologium: with some remarks on Gnomic Anthologies, II', *Classical Quarterly* 1 (1951) 1-19.
Belin de Ballu, E. *Olbia: cité antique du littoral nord de la mer noire*, Leiden, 1972.
Bonhöffer, A. *Die Ethik des stoikers Epictet*, Stuttgart, 1894.
Bradford A.S. 'Gynaikokratoumenoi: did Spartan women rule Spartan men?', *Ancient World* 14 (1986) 13ff.
Brunschwig, J. 'Proof Defined' in M. Schofield, M. Burnyeat, J. Barnes (eds.), *Doubt and Dogmatism*, Oxford, 1980.
Brunt, P.A. 'From Epictetus to Arrian', *Athenaeum* 55 (1977) 19-48.
Buffière, F. *Eros adolescent*, Paris, 1980.
Cartledge, P.A. 'The politics of Spartan pederasty', *Proceedings of the Cambridge Philological Society* 207 (1981) 17-36.
  'Spartan wives: liberation or licence?', *Classical Quarterly* 31 (1981) 34-105.
Cavallo, G. *Libri scritture scribi a Ercolano*, suppl. I to *Cronache Ercolanesi* 13 (1983).
Cavini, W. et al., *Studi su papiri greci di logica e medicina*, Florence, 1985.

Cobet, C.G. 'Zenonis Locus Emendatus', *Mnemosyne* 6 (1857) 339–40.
'Ad Clementem Alexandrinum', *Mnemosyne* 11 (1862) 334–6, 383–93.
Dal Pra, M. *Lo Scetticismo Greco*, Rome-Bari, 1975 (second edition).
Deichgräber, K. 'Polemon (9)', *RE* XXI. 2 (1952), 1288–1320.
Desideri, P. *Dione di Prusa*, Messina/Firenze, 1978.
Devereux, G. 'Greek pseudo-homosexuality and the "Greek miracle"', *Symbolae Osloenses* 42 (1967) 69–92.
Diels, H. 'Stichometrisches', *Hermes* 17 (1882) 377–84.
'Aus dem Leben des Cynikers Diogenes', *Archiv für Geschichte der Philosophie* 7 (1894) 313–16.
Donzelli, G.B. 'Un' ideologia "contestataria" del secolo IV A.C.', *Studi Italiani di Filologia Classica* 42 (1970) 225–51.
Dover, K.J. *Greek Homosexuality*, London, 1978.
'Greek Homosexuality and Initiation', in *The Greeks and their Legacy*, Oxford, 1988.
Dragona-Monachou, M. *The Stoic Arguments for the Existence and Providence of the Gods*, Athens, 1976.
Erskine, A. *The Hellenistic Stoa*, London, 1990.
Étienne, R. and Piérart, M. 'Un décret du koinon des Hellènes à Platées en l'honneur de Glaucon, fils d'Étéoclès, d'Athènes', *Bulletin de Correspondence Hellénique* 99 (1975) 51–75.
Finley, M.I. 'Utopianism Ancient and Modern', in *The Use and Abuse of History*, London, 1975.
Fortenbaugh, W.W. *On Stoic and Peripatetic Ethics: The Work of Arius Didymus*, New Brunswick/London, 1983.
Fraisse, J.-C. *Philia. La Notion d'amitié dans la philosophie antique*, Paris, 1974.
von Fritz, K. *Quellenuntersuchungen zu Leben und Philosophie des Diogenes von Sinope*, Leipzig, 1926.
Garland, R. *The Greek Way of Life*, London, 1990.
Giannantoni, G. 'Cinici et stoici su Alessandro Magno', in G. Casertano (ed.), *I filosofi e il potere nella società e nella cultura antiche*, Naples, 1988.
Giusta, M. *I dossografi di etica*, 2 vols., Turin, 1964–7.
Glucker, J. *Antiochus and the Late Academy*, Göttingen, 1978.
Goulet-Cazé, M.-O. 'Un syllogisme Stoïcien sur la loi dans la doxographie de Diogène le Cynique', *Rheinisches Museum* 125 (1982) 214–40.
L'Ascèse Cynique, Paris, 1986 (with review by J. Mansfeld, *Classical Review* 38 (1988) 162–3).

Gruen, E. *The Hellenistic World and the Coming of Rome*, vol. I, Berkeley and Los Angeles, 1984.

Hahm, D.E. 'The Diairetic Method and the Purpose of Arius' Doxography', in Fortenbaugh, *On Stoic and Peripatetic Ethics*.

Hamilton, J.R. *Plutarch: Alexander*, A Commentary, Oxford, 1969.

Hodkinson, S. 'Inheritance, Marriage and Demography: Perspectives upon the Success and Decline of Classical Sparta', in *Classical Sparta: Techniques behind her Success*, ed. A. Powell, London, 1989.

Hoïstad, R. *Cynic Hero and Cynic King*, Lund, 1948.

Inwood, B. *Ethics and Human Action in Early Stoicism*, Oxford, 1985.

Ioppolo, A.M. *Aristone di Chio e lo stoicismo antico*, Rome, 1980.

Joly, R. *Le Thème Philosophique des Genres de Vie dans l'Antiquité Classique*, Brussels, 1956.

Jones, C.P. *The Roman World of Dio Chrysostom*, Cambridge MA/London, 1978.

Kleywegt, A.J. *Ciceros Arbeitsweise im zweiten und dritten Buch der Schrift De Natura Deorum*, Groningen, 1961.

Lammermann, K. *Von der attischen Urbanität und ihrer Auswirkung in der Sprache*, Göttingen, 1935.

Long, A.A. 'Heraclitus and Stoicism', ΦΙΛΟΣΟΦΙΑ 5-6 (1975-6) 133-56.

Maass, E. *De Biographis Graecis Quaestiones Selectae*, Berlin, 1880.

Mansfeld, J. *The Pseudo-Hippocratic Tract ΠΕΡΙ ΕΒΔΟΜΑΔΩΝ Ch. 1–11 and Greek Philosophy*, Assen, 1971.

'*Techne*: A New Fragment of Chrysippus', *Greek, Roman and Byzantine Studies* 24 (1983) 57-65.

'Diogenes Laertius on Stoic Philosophy', *Elenchos* 7 (1986) 297-382.

Marrou, H.-I. *Histoire de l'Education dans l'Antiquité*, Paris, 1965 (sixth edition).

Merlan, P. 'Alexander the Great or Antiphon the Sophist?', *Classical Philology* 45 (1950) 161-6.

Meyer, J. *Diogenes Laertius and his Hellenistic Background*, Wiesbaden, 1978.

Miller, F.D. 'Aristotle's Political Naturalism', in T. Penner and R. Kraut (eds.), *Nature, Knowledge and Virtue*: Essays in memory of Joan Kung, Edmonton, 1989.

Moles, J.L. 'The career and conversion of Dio Chrysostom', *Journal of Hellenic Studies* 98 (1978) 79-100.

Moraux, P. *Der Aristotelismus bei den Griechen*, vol. I, Berlin, 1973.

Ohly, K. *Stichometrische Untersuchungen*, Leipzig, 1928.

Powell, A. *Athens and Sparta*, London, 1988.

Rawson, E. *The Spartan Tradition in European Thought*, Oxford, 1969.
Ribbeck, O. *Agroikos*, Abhandlungen der phil.-hist. Klasse der Königlen Sächsischen Gesellshaft der Wissenschaften 10 (1888).
de Romilly, J. 'Vocabulaire et propagande, ou les premiers emplois du mot ὁμόνοια', in *Mélanges de Linguistique et de Philologie Grecques offerts à Pierre Chantraine*, Paris, 1972.
Roochnik, D.L. 'The Riddle of the *Cleitophon*', *Ancient Philosophy* 4 (1984) 132–45.
Runia D.T. *Philo of Alexandria and the Timaeus of Plato*, Leiden, 1986.
Rutherford, R.B. *The Meditations of Marcus Aurelius: A Study*, Oxford, 1989.
Schofield, M. 'The syllogisms of Zeno of Citium, *Phronesis* 28 (1983) 31–58.
  'Ariston of Chios and the unity of virtue', *Ancient Philosophy* 4 (1984) 83–96.
  'Ideology and Philosophy in Aristotle's Theory of Slavery', in G. Patzig (ed.), *Aristoteles "Politik"*, Göttingen, 1990.
Sedley, D.N. 'Philosophical Allegiance in the Greco-Roman World', in M. Griffin and J. Barnes (eds.), *Philosophia Togata*, Oxford, 1989.
Slings, S.R. *A Commentary on the Platonic Clitophon*, Amsterdam, 1981.
Stanton, G.R. 'The cosmopolitan ideas of Epictetus and Marcus Aurelius', *Phronesis* 13 (1968) 183–95.
Tarn, W.W. 'Alexander, Cynics and Stoics', *American Journal of Philology* 60 (1939) 41–70.
  Alexander the Great, 2 vols., Cambridge, 1948.
Thesleff, H. *Studies in Platonic Chronology*, Helsinki, 1982.
Throm, H. *Die Thesis*, Paderborn, 1932.
Tigerstedt, E.N. *The Legend of Sparta in Classical Antiquity*, vol. II, Uppsala, 1974.
Trapp, M.B. 'Plato's *Phaedrus* in Second-Century Greek Literature', in D.A. Russell (ed.), *Antonine Literature*, Oxford, 1990.
Voelke, A.-J. *Les Rapports avec autrui dans la philosophie grecque*, Paris, 1961.
Wachsmuth, C. *Commentationes de Zenone Citiensi et Cleanthe Assio*, Göttingen, 1874.
  'Stichometrisches und Bibliothekarisches' *Rheinisches Museum* 34 (1879) 38–51.
Walbank, F.W. 'Monarchies and monarchic ideas' in *The Cambridge Ancient History*, second edition, vol. VII.1, Cambridge, 1984.

West, M.L. 'The Orphics of Olbia', *Zeitschrift für Papyrologie und Epigraphik* 45 (1982) 17–29.

West, W.C. 'Hellenic Homonoia and the New Decree from Plataea', *Greek, Roman and Byzantine Studies* 18 (1977) 307–19.

Westman, R. 'Chrysipp III 761 und der Dialog Kleitophon', *Eranos* 59 (1961) 89–100.

von Wilamowitz-Moellendorff, U. *Epistula ad Maass*, Berlin, 1880.

Antigonos von Karystos, Berlin, 1881.

希腊文术语索引表

本表中的页码为原文页码,注号为页码所在章的注释序号。原书的注释方式为每章重新编号的连续注,中文版已将其改为每页重新编号的页下注。请有需要的读者自行查找原书页码,计算注释序号。

ἀγέλη,herd,牧群([译按]作者时而译作 flock,羊群),107 - 108

ἀγροικία,ἄγροικος,rusticity/boorishness,粗俗/粗野,rustic/boorish,粗俗的/粗野的,135,136 注 3

ἀγωγή,education(esp. Spartan system of training),教育(尤指斯巴达训练体制),38 - 39,42,52

ἀνακεκλασμένος,slightly open,微开,115 注 3

ἀντιτεϑῆναι,ἀντίϑεσις,be opposed,被对立起来,opposition,对立,4 注 5,8

ἀξιέραστος,worthy of love,值得爱的([译按]作者时而译作 properly loveable,真正惹人爱的),117

ἀξύνετος,without comprehensive,无法理解的,78

ἀρρενωπία,manly look,男子气的面容,116 注 7

ἀρρώστημα,sickness,疾病,86 - 87

ἄσκησις,exercise/training,锻炼/训练,51

ἀστεῖον,refined/morally good,文雅的/道德上良善的([译按]作者时而译作 exhibiting refinement,展示文雅的),24,61,132,133 注 4,附录七

βίος,way of life,生活方式,109,120 - 121

γαμεῖν,γάμος,marry,结婚,marriage,婚姻,119 - 120

δῆμος, δημότης, people, 民族, member of the populace, 民众成员, 24, 104 注 1

διακόσμησις, organisation of the cosmos, 宇宙的组织结构, 90

διαμηρισμός, intercrural sexual intercourse, 股间性交, 44–45

διοικεῖν, διοίκησις, administer, 治理（动词）, administration, 治理（名词）, 82, 86–87, 90

εἶδος, appearance, 外表, 31–32, 112–113

εἷς, one, 一, 74 注 19

ἐμφαίνειν, ἔμφασις, manifest/make apparent, 表征/显现（动词）, manifestation/appearance, 表征/显现（名词）, 112–113

ἐπάϊκλα, after-dinner savouries, 餐后咸点, 42 注 36

ἐπανθεῖν, flower（vb.）, 绽放（动词）, 117

ἐπιβόλη, attempt（sb.）, 企图（某人）, 29 和注 14

ἐπιθυμία, desire（sb.）, 欲望（某人）, 30 注 17

ἐραστής, ἐρώμενος, lover, 爱欲者, beloved, 被爱欲者, 33, 37–39, 42, 44, 60

ἔρως, love（sb.）, 爱欲（某人）, 27, 30 注 17, 60

ἐρωτικός, expert in love, 爱欲行家, 112, 117

εὐφυής, εὐφυία, naturally endowed, 天资优异的, natural endowment, 自然禀赋, 32 和注 18, 附录二和三

θέσις, general question, 一般问题, 120 注 3, 123 注 7

θήρα, chase, 追求, 29 和注 13

καταβαίνειν, descend, 下到, 126 注 14

κατασκεύασμα, building/construction, 建筑物/建造物, 131

κοινός, common, 共同的, 74 注 19, 97, 110–111

κοινωνικός, adapted to community, 适合共同生活的, 71 和注 16

κοσμεῖν, adorn, 装饰, 109 注 9

κοσμοπολίτης, citizen of the universe, 世界公民, 64, 77 注 26, 143

κόσμος, order/universe, 秩序/宇宙, 109

λογικός, rational, 理性的, 75 注 20, 78, 85

νέμω, distribute, 分配, 72

νόμος, law/pasturing, 法律/牧场, 72, 104, 107, 110–111, 133

οἱάνει, as if（[译按] 实是 as it were）, 如同, 74, 参照 84–92

οἰκεῖος, οἰκείωσις, appropriate(adj.), 恰当的, appropriation, 占有, 12, 117, 137

οἰκητήριον, habitation, 居所, 130 – 131

ὁμοδογματία, ὁμοδοξία, shared belief, 共享的信念, 128 – 129

ὁμόνοια, concord, 和谐, 46 和注 40 – 41, 48 注 42, 128 – 129, 参照 55

οὐρανός, universe, 宇宙, 24, 61, 87

πάθος, passion, 激情, 29 – 31

παιδικά, boy friend, 男伴, 15, 37

παράδειγμα, pattern, 模式, 86, 88

πολιτεία, constitution/Republic, 政制/《政制》, 41 注 34, 82, 90, 106 注 3

πόνος, suffering/struggle, 吃苦/抗争, 51, 142

σοφιστεύειν, practise as a sophist/make a living from philosophy, 做一名智术师/靠哲学谋生, 19 注 28, 参照 126

σπουδαῖον, morally good, 道德上良善的/在道德上是良善的, 24, 130, 附录七

στάσις, civil strife, 内乱, 46, 53, 55 – 56, 86

στίχος, line(of prose or verse), (散文或诗的)行, 6 注 9 和 11

συγκαταβαίνειν, (con)descend, 下到/屈尊, 126 和注 14

συμφωνία, harmony, 和睦, 128

συνεμφαίνειν, coindicate/simultaneously make apparent, 同时暗示/同时显现, 114

συννομεῖσθαι, συννομή, σύννομος, graze together, 同牧一处, common grazing, 共同放牧的, grazing together, 同牧一处的, 107 – 108(和注 8)

συνπολιτεύεσθαι, have common citizenship of, 共享……公民权, 74 和注 19

σύστημα, organisation, 组织结构, 73, 132, 参照 24, 61, 66

σωτηρία, safety/security, 安全/安定, 55 – 56

σωφροσύνη, temperance, 节制, 46, 128

τέλος, goal(of life), (生活)目标, 9, 34 注 23, 82 注 29

τί ἐστιν, "what is…?", "什么是……?", 60

ὕψος, elevation, 高度, 89

φρονεῖν, φρόνησις, φρόνιμος, exercise understanding, 有智虑, wisdom, 智慧, wise, 智慧的, 75 注 20, 77, 81, 85

χρηματιστικός, expert in acquiring possessions, 谋财行家, 19 注 28

ὥρα, ὡραῖος, bloom (sb.), in bloom, 风华正茂 (某人), 风华正茂的, 113 - 114, 117

ὡσάνει, as if ([译按] 实是 as it were), 如同, 74, 参照 84 - 92

ὠφέλεια, benefit, 益处, 97 - 101

一般索引

本表中的页码为原文页码,注号为页码所在章的注释序号,原书的注释方式为每章重新编号的连续注,中文版已经将其改为每页重新编号的页下注。请有需要的读者自行查找原书页码,计算注释序号。

Achilles,阿基琉斯,35,58,60

Aenesidemus,埃涅希德谟斯,21

Alcibiades problem,阿尔喀比亚德问题,31-32

Alexander of Aphrodisias,阿弗洛底西亚的亚历山大,96

Alexander the Great,亚历山大大帝,104-111

Anaxibios,阿纳克西庇俄斯,37

Andocides,安多基德斯,55

anthropocentrism,人类中心主义,66 和注 11,83

Antigonus of Carystus,卡律司托斯的安提戈诺斯,5,7 和注 12,33

Antigonus Gonatas,"弯膝"安提戈诺斯,52 注 47

antinomianism,反律法主义,11 注 19,13,22-24,52,123,134

antinomy,悖论,8-9,15-20

Antipater,安提帕特若斯,108 注 8,123 注 7

Antiphon,安提丰,137

Antisthenes,安提司忒涅斯,11 和注 19-20,43,121,123-124

Apollonius of Tyre,推罗的阿波罗尼俄斯,10 注 16

Aristocles,阿里斯托克勒斯,90

Aristogeiton,阿里斯托盖通,35,50

Ariston of Chios,开俄斯的阿里斯通,28

Aristotle,亚里士多德,27,33 和注 21,43,55 – 56,71,73,87 – 88,91,92 注 35,100,108,121 – 126,128,143

Arius Didymus,"好战者"狄都谟斯,29,46 – 48,49 注 43,66 – 67,71,74 注 17,83,84,95 – 101,120,122,125,130 – 132

Athenaeus,阿忒纳欧斯,27 – 29,46,49 – 51,53 – 56,94,105

Athenodorus Cordylion,"秃头佬"阿忒诺多若斯,4,6 注 9,8 – 13,14,20 – 21,94

Athens,雅典,36,53 – 56,65,84,93

barbarism,野蛮主义,53 – 55,57 – 58,60,109 和注 10

beauty,美,29 – 30,32,34,112 – 118

benefit,益处,97 – 101

Borysthenes,波律斯忒涅斯,57 – 63,88

Bug,布格,57,60

Callistratus,卡利斯特拉托斯,60

Cassius the Sceptic,怀疑论者卡希俄斯,3 – 21,23,26,42,94,105,144

Cato,卡图,9

Cercidas,科尔基达斯,45 注 39

Chremonides,克瑞谟尼德斯,53,54 注 48

Chrysippus 克律希珀斯

著述:*On the ancient natural philosophers*,《论古代自然哲人》,5

On Appropriate Action,《论恰当行为》,14,17

On things not to be chosen for their own sakes,《论那些就其自身不应当被选择的事物》,5

On City and Law,《论城邦与法律》,111 注 17

On Concord,《论和谐》,46 注 41

Definitions of the ἀστεῖον, to Metrodorus,《关于ἀστεῖον的定义:致美特罗多若斯》,139 注 5

Definitions of the morally bad, to Metrodorus,《关于道德败坏的定义:致美特罗多若斯》,139 注 5

Definitions of the intermediates, to Metrodorus,《关于中间事物的定义:致美特罗多若斯》,139 注 5

On Justice,《论正义》,5,14,17

On Law,《论法律》,70-71

On Life and Making a Living,《论生活与谋生》,5 和注 8

On Lives,《论诸种生活》,28,119,126

Letters on Love,《爱欲书简》,28

On Love,《论爱欲》,28,34

On Nature,《论自然》,64,74-84,89,102

Physics,《物理学》,79 注 27

On Providence,《论天意》,83

On Republic,《论政制》,4,5,12,14,26 和注 10,50-51,94,126

On Right Actions,《论正当行为》,139

On Zeno's having used words in the underivative sense,《论芝诺对词语的权威运用》,47 注 41

作为芝诺的阐释者,2,24,26 和注 10,46 注 41,50-51,81 和注 29,94-102;作为赫拉克利特的阐释者,2,74-84;作为《克利托普丰》的阐释者,129-130;作为怀疑论者攻击的对象,4-8,14-20;关于德性和性别的观点,43;关于法律和宇宙城邦的观点,67-69,85-86,110,143-144;关于共同善的观点,97-101;关于诸种生活之选择的观点,18-19,120-121,124;对 $\mathit{ἀστεῖον}$[(展示)文雅的/道德上良善的]的使用,136,139 和注 5

Cicero,西塞罗,1,9,21 注 30,65-70,72,78,83,84,85,93-94,96,103

citizenship,公民权,22-26,43-46,56,73-84,89,102-103,133

city,城邦,第二、三章,附录六和七;其定义,24,61-63,73-74,143

Cleanthes,克勒昂忒斯,10 注 15,28,31,43,94;《宙斯颂》(*Hymn to Zeus*),52 注 46,76 注 24,81-82,110,134;关于城邦的三段论,61 注 4,附录六,136-138

Clement of Alexandria,亚历山大里亚的克雷芒,61,73,93,附录三,130

Cleomenes III,克勒俄美涅斯三世,42

coinage,货币,4,12-13,16,23,25

communism,共产主义,22-25,56,97

community,共同体,22-25,56,65-74,76,85-86,88,92,97-103

concord,和谐,22,26-27,46-56,86,96,97,102,105,附录五

constitutions,政制,55,85,86 – 88,141 – 143

cosmology,宇宙论,58,76 注 23,79 – 83,90 – 91

Crates,克拉特斯,13,23,42,45 注 39,144 – 145

Crete,克里特,36 – 38,50

Critias,克里提阿,40

Cyrenaics,库瑞涅派,143

Cynicism,犬儒主义,10 – 13,23 – 24,27 注 10,45 注 39,51 – 52,56,125,133

definitions 诸定义:attempt,企图,29 注 14;good birth,良好出身,117;bloom,风华正茂,113;city,城邦,24,61,73,附录六;concord,和谐,47 – 48,附录五;natural endowment,自然禀赋,117;freedom,自由,48 – 49,138 注 4;friendship,友爱,46 – 47,112 注 5;harmony,和睦,48;justice,正义,72;kingship,王制,138 注 4;law,法律,67 – 69,70 – 71;love,爱(欲),29 – 30,34,112,117;passion,激情,29;refinement,文雅,附录七;rusticity(and relate conditions),粗俗(以及相关的条件),137 – 138;universe,宇宙,66

Delian League,德洛斯同盟,53

Democritus,德谟克里特,14

Diadumenus,狄阿杜美诺斯,29

Dicaearchus,狄凯阿尔科斯,40,42 注 36

Digest,《学说汇纂》,103

Dio Chrysostom,"金嘴"狄翁,49 注 43,57 – 64,73 – 74,77 – 78,83,84 – 90,93,130

Diocles of Magnesia,马格尼西亚的狄俄克勒斯,11 和注 19 – 20

Diogenes of Babylon,巴比伦的第欧根尼,34 注 23

Diogenes Laertius,第欧根尼·拉尔修,1,第一章,96,120,123 – 124,126 – 127,133 注 2

Diogenes of Sinope,锡诺普的第欧根尼,10 和注 17,12 – 13,26 和注 10,40,50 – 52,64,107 注 6,119,124 – 125,132 – 134,附录七和八

Diogenianus,第欧根尼阿诺斯,143 – 144

Dnieper,第聂伯,57

doxography 学述:关于前苏格拉底哲人和廊下派,1 – 2;关于犬儒派和廊下

派,10-13,51,133 注2,附录八;阿忒纳欧斯的记录,27;斐洛德谟斯的记录,75;对芝诺理想城邦的处理,94,106;对宇宙城邦的处理,66,85,93-94;对诸种生活之选择的处理,附录四;亦参 laudationes(具体论著)。

 dress,服饰,4,13,16-17,25,26 注9,43,58,109 注9

 drunkenness,醉酒,41-42,122-123

 eating people,吃人,5,14,19,141-143

 education,教育,3,10-11,15-18,32-34,38-40,42,52,56

 Ephorus,厄佛若斯,37

 Epictetus,爱比克泰德,91-92,93

 Epicurus,伊壁鸠鲁,28,124-125

 ethical attractiveness,伦理魅力,31-32,附录三

 Eudorus,欧多若斯,120-121

 Euripides,欧里庇得斯,27

 freedom,自由,46,48-56,75-76,95

 friendship,友爱,3,6,11-12,19,23,25-26,34-35,46-48,73,86,98,99-100,125,128

 generalship,将军职位,52 注47,95

 Getae,盖塔伊人,57-58

 Glaucon(brother of Chremonides),格劳孔(克瑞谟尼德斯的兄弟),53,54 注48

 Glaucon(brother of Plato),格劳孔(柏拉图的兄弟),137

 gods(as citizens of the cosmic city),诸神(作为宇宙城邦的公民),62-63,65-68,72-78,82-83,84-86,88-89,102,110

 goods in common,共同善,47-48,97-102,附录五,141-143

 Gorgias of Athens,雅典的高尔吉亚,21 注30

 Grotius,格劳秀斯,103

 gymnasia,体育场,4,13,36,105

 Harmodius,哈墨狄俄斯,35,50

 harmony,和睦,47-48,85-86,附录五

 Hellenism,希腊主义,53-55,57-59,109 和注9

 Heraclitus,赫拉克利特,2,74-84,89

Herculaneum,赫库兰尼姆,9,20

herd analogy,牧群喻,104,107 – 108,110

Hesiod,赫西俄德,17

Hesychius,赫叙基俄斯,18 和注 27

Hierocles,希耶罗克勒斯,108 注 8

Hieroson,希耶罗松,58 – 59,61

Hipparchia,希帕基娅,13,45 注 39

Hippolytus,希波吕托斯,1

Homer,荷马,17,58 – 59,75,76,107

homosexuality,同性恋,15,18,31,33,35 – 46,56,60

Horace,贺拉斯,96

human nature,人性,43,103,124 – 125

Hypsicrates,希皮斯克拉特斯,5,7 注 12

impulse,驱动,29 注 14

incest,乱伦,5,14,19,27 注 10

indifferents,中性事物,5,44 – 45,80 – 81,112

Isidorus of Perganmum,佩尔伽蒙的伊希多若斯,4,7,8,20,21 注 30,94

Isocrates,伊索克拉底,53,55

justice,正义,65,67 – 72,85,105,110

kings,(国)王,kingship,王制/王权,6,19,32 注 18,47 注 41,75 – 76,80,84 – 90,95,107,121 – 122,124,125,138 注 4

Lactantius,拉克坦提乌斯,43

laudationes,具体论著,6,26 注 8,126 和注 15

law,法律,61 – 62,65 – 74,76 注 24,85 – 86,105,110 – 111,121 – 123,附录六和七

lawcourts,法庭,4,13,41,105

legislation,立法,附录四

lines(of prose or verse),(散文或诗的)行,6 和注 9、注 11,7

lives(and making a living),生活(与谋生),5,18,附录四

love,爱(欲),26,27 – 56,94,附录二,121 – 124,125,142

Lycurgus,吕库古,39,56

Macedon,马其顿,53-54

Magi,东方三博士,58

male club,男性俱乐部,36-46

Manilius,马尼利乌斯,93

Marcus Aurelius,马可·奥勒留,68和注13,93

marriage,婚姻,12,38-39,52注47,94,附录四,141-143

Menodotus of Nicomedia,尼科美地亚的美诺多托斯,20注29

metaphysical monism,形而上学一元论,101

militarism,军国主义,36-38,44,50-56

money,钱币,16-20,51-52,80

Musaeus,穆赛欧斯,75

Musonius Rufus,穆索尼乌斯·儒福斯,43,68注13,93,123注7,133注2

mutual acquaintance,相互熟识,22,26,73,98,103

myth,神话,58,60

natural law,自然法,2,66,103,110

neighbours,邻人,98-102

Nineveh,尼尼微,59,61,78

Olbia,奥尔比亚,57;参见Borysthenes(波律斯忒涅斯)

Orpheus,俄耳甫斯,75

Orphism,俄耳甫斯教,57

orthodoxy,正统,28;参见Zeno(Zenonian exegesis)[芝诺(芝诺疏释)]

Panaetius,帕奈提俄斯,10注16

parents/children,父母/子女,3,15-18

Patroclus,帕特罗克洛斯,35

Pergamum,佩尔伽蒙,7,9,12注20,20

Persaeus,佩赛俄斯,28,41-42,52注47

Persian Wars,希波战争,53-55

Philo Judaeus,犹太人斐洛,49注43,77注26,93,108,143

Philo of Larisa,拉里萨的斐洛,120-121

Philodemus,斐洛德谟斯,9-10,13,64,74-77(参照79),82,143-144

philosophy,哲学,19(参照6),58-61

Phocylides,佛库利德斯,59,78

physical proximity,物理位置接近,22,26,73,98,103

physiognomics,观相术,31 – 32,附录三

pictures,绘画,5,7 – 8

piety,虔敬,15 – 18,122

Pindar,品达,27

Plataea,普拉提亚,54

Plato,柏拉图,作为芝诺的哲学楷模,2,13,第二章,100;作为廊下派和谐观的源泉,附录五;作为"金嘴"狄翁的文学楷模,56 – 63,87 – 88,89;作为普鲁塔克的文学楷模,107 – 108;关于诸种生活之选择的学述对其的处理,附录四,143

Plutarch,普鲁塔克,1,9,16 – 17,52 注 47,93,96;关于 οἰκείωσις [占有],12;关于廊下派的爱欲观,30,31 – 32;关于廊下派对与国王一起生活的观点,124;关于芝诺的《政制》,94,附录一;关于克律希珀斯的《论自然》,64,79 – 83;关于斯巴达,38 – 42

poetry,诗歌,58 – 59,75,88

Polemo,珀勒蒙,5,7 注 12

political philosophy,政治哲学,96 – 97,102 – 103

Pontianus,珀提阿诺斯,27

Presocratics,前苏格拉底哲人,1 – 2

Property,财产,acquisition of,获取财产,16,18 – 20,95 – 96,125

providence,天意,64 – 67,76 注 24,79 – 83,91,103

Pufendorf,普芬道夫,103

Pyrrhonism,皮浪主义,8,21

Pythagoreanism,毕达戈拉斯主义,97,107

rationality,理性,reason,理性,43,65 – 74,85 – 86,92,103,110,138

refinement,文雅,附录七

religion,宗教,参见 piety(虔敬),temples(神庙/庙宇),theology(神学)

republicanism,共和主义,2,50,52,94,102 – 103

Sacred Band,圣军,50,54

safety/security,安全/安定,55 – 56,105

Scepticism, 怀疑论, 8 – 9, 20 – 21

Scythia, 斯库提亚, 57 – 58

Seneca, 塞涅卡, 93, 96, 127 注 10

sexism, 性别歧视, 12 注 21, 43 – 46

Sextus Empiricus, 塞克斯都·恩披里柯, 1, 14 – 15, 96, 113 注 1

sexual intercourse, 性交, 5, 9, 14 – 18, 26, 44 – 45, 119, 121, 125

Simplicius, 辛普利基俄斯, 1

slaves, 奴隶, 43, 46 注 41, 75 – 76, 95

Socrates, 苏格拉底, 59 – 60, 100

Sparta, 斯巴达, 36 – 42, 45 注 39, 50 – 56, 65, 94, 98, 104

Sphaerus, 斯菲若斯, 28, 42, 56

state, 国家, 68 注 12, 73

Stobaeus, 司托拜俄斯, 1, 95, 97

Strato, 斯特拉托, 28

Stratocles of Rhodes, 玫瑰岛的斯特拉托克勒斯, 10 注 16

suicide, 自杀, 52 注 47

syllogism 三段论: 克勒昂忒斯的三段论, 附录六; 第欧根尼的三段论, 132 – 134, 附录七, 141; 关于爱欲, 113 注 1; 关于宇宙城邦, 87; 关于父母子女, 4 注 3

teleology, 目的论, 66 – 67

temples, 神庙/庙宇, 4, 13, 17, 41, 105

Theodorus, 忒俄多若斯, 143

theology, 神学, 64 – 67, 68, 76

Theophrastus, 忒俄弗拉斯托斯, 28

Thrasonides, 忒拉索尼德斯, 34

Thucydides, 修昔底德, 55

universe, 宇宙/世界, 24, 第三章, 93 – 94, 102 – 103, 109, 133, 附录八

vice, 邪恶, 80 – 81, 附录七

war, 战争, 27 注 10, 50 – 56, 58 – 59, 74 – 76, 80

wisdom, 智慧, wise, 智慧的, 3, 22 – 24, 46 – 48, 74 – 84, 95 – 103, 119, 附录七

women, 女人, 作为公民, 43 – 46; 被共有,

4,12,16-17,25,26 和注 10,43,94,97,119,141

Xenocrates,克塞诺克拉特斯,7 注 12

Xenophon,色诺芬,34 注 22,37-38,39,40,52,107

Zeus,宙斯,5,8,54,60,74-76,80-82,87-90,100,102

Zeno 芝诺

著述:*Anecdotes*,《轶闻录》,45 注 39

Art of Love,《爱欲的艺术》,4,28,44,附录三

Conversations,《清谈录》,4,14,17,18,28,44

Recollections of Crates,《回忆克拉特斯》,45 注 39

Republic,《政制》,1-2,第一、二、四章,附录一、二、四和五,131,144

Zenonian exegesis,芝诺疏释,2,46 注 41,81 和注 29,第四章;参见 orthodoxy（正统）

Zoroaster,琐罗亚斯德,58

图书在版编目（CIP）数据

廊下派的城邦观/（英）马尔科姆·斯科菲尔德(Malcolm Schofield)著；徐健，刘敏译. -- 北京：华夏出版社，2016.10
（西方传统：经典与解释）
书名原文：The Stoic Idea of the City
ISBN 978-7-5080-8897-6

Ⅰ.①廊… Ⅱ.①马… ②徐… ③刘… Ⅲ.①西方哲学－研究 Ⅳ.①B5

中国版本图书馆CIP数据核字(2016)第162055号

Licensed by The University of Chicago Press, Chicago, Illinois, U.S.A.
© 1991 by Cambridge University Press.
Epilogue © 1999 by Malcolm Schofield.
Foreword © 1999 by The University of Chicago. All rights reserved.
版权所有，翻印必究。
北京市版权局著作权合同登记号：图字 01-2014-2474 号

廊下派的城邦观

作　　者	[英]马尔科姆·斯科菲尔德
译　　者	徐　健　刘　敏
责任编辑	马涛红　柳闻雨
责任印制	刘　洋
出版发行	华夏出版社
经　　销	新华书店
印　　刷	三河市少明印务有限公司
装　　订	三河市少明印务有限公司
版　　次	2016年10月北京第1版　2016年10月北京第1次印刷
开　　本	880×1230　1/32
印　　张	7.875
字　　数	185千字
定　　价	45.00元

华夏出版社　地址：北京市东直门外香河园北里4号 邮编：100028
　　　　　　　网址：www.hxph.com.cn　　电话：(010)64663331(转)
若发现本版图书有印装质量问题，请与我社营销中心联系调换。

西方传统：经典与解释
Classici et Commentarii
HERMES
刘小枫◎主编

古今丛编

孟德斯鸠的自由主义哲学——《论法的精神》疏证
[美]潘戈 著

莫尔及其乌托邦
[德]考茨基 著

试论古今革命
[法]夏多布里昂 著

托兰德与激进启蒙
刘小枫 编

图书馆里的古今之战
[英]斯威夫特 著

但丁：皈依的诗学
[美]弗里切罗 著

在西方的目光下
[英]康拉德 著

大学与博雅教育
董成龙 编

探究哲学与信仰——基尔克果与苏格拉底
[美]郝岚 著

民主的本性——托克维尔的政治哲学
[法]马南 著

梅尔维尔的政治哲学——《切雷诺》及其解读
李小均 编/译

席勒美学的哲学背景
[美]维塞尔 著

果戈里与鬼
[俄]梅列日科夫斯基 著

自传性反思
[德]沃格林 著

黑格尔与普世秩序
[美]希克斯 等著

新的方式与制度——马基雅维利的《论李维》研究
[美]曼斯菲尔德 著

科耶夫的新拉丁帝国
[法]科耶夫 等著

《利维坦》附录
[英]霍布斯 著

巨人与侏儒
[美]布鲁姆 著

或此或彼（上、下）
[丹麦]基尔克果 著

海德格尔式的现代神学
刘小枫 选编

双重束缚
[美]基拉尔 著

古今之争中的核心问题
——施米特的学说与施特劳斯的论题
[德]迈尔 著

论永恒的智慧
[德]苏索 著

宗教经验种种
[美]詹姆斯 著

尼采反卢梭
[美]凯斯·安塞尔-皮尔逊 著

舍勒思想评述
[美]弗林斯 著

诗与哲学之争
[美]罗森 著

神圣与世俗
[罗]伊利亚德 著

论古人的智慧
[英]培根 著

但丁的圣约书
[美]霍金斯 著

古典学丛编

雅典谐剧与逻各斯
——《云》中的修辞、谐剧性及语言暴力
[美]奥里根 著

莱园哲人伊壁鸠鲁
罗晓颖 选编

《劳作与时日》笺释
吴雅凌 撰

希腊古风时期的真理大师
[法]德蒂安 著

古罗马的教育
[英]葛怀恩 著

古典学与现代性
刘小枫 编

表演文化与雅典民主政制
[英]戈尔德希尔、奥斯本 编

西方古典文献学发凡
刘小枫 编

古典语文学常谈
[德]克拉夫特 著

古希腊文学常谈
[英]多佛 等著

撒路斯特与政治史学
刘小枫 编

希罗多德的王霸之辨
吴小锋 编/译

第二代智术师——罗马帝国早期的文化现象
[英]安德森 著

英雄诗系笺释
[古希腊]荷马 著

统治的热望
——修昔底德笔下的阿尔喀比亚德和帝国政治
[美]福特 著

论埃及神学与哲学——伊希斯与俄赛里斯
[古希腊]普鲁塔克 著

凯撒的剑与笔
李世祥 编/译

伊壁鸠鲁主义的政治哲学
[意]詹姆斯·尼古拉斯 著

修昔底德笔下的人性
[加]欧文 著

修昔底德笔下的演说
[美]斯塔特 著

古希腊政治理论
[美]格雷纳 著

神谱笺释
吴雅凌 撰

赫西俄德：神话之艺
[法]居代·德·拉孔波 等著

赫拉克勒斯之盾笺释
罗逍然 译笺

《埃涅阿斯纪》章义
王承教 选编

维吉尔的帝国
[美]阿德勒 著

塔西佗的政治史学
曾维术 编

古希腊诗歌丛编

诗歌与城邦
[美]费拉格、纳吉 主编

阿尔戈英雄纪（上、下）
[古希腊]阿波罗尼俄斯 著

俄耳甫斯教祷歌
吴雅凌 编译

俄耳甫斯教辑语
吴雅凌 编译

古希腊肃剧注疏集

希腊肃剧与政治哲学
[美]阿伦斯多夫 著

古希腊礼法

希腊人的正义观
[英]哈夫洛克 著

廊下派集

廊下派的城邦观
[英]斯科菲尔德 著

希伯莱圣经历代注疏

希腊化世界中的犹太人
[英]威廉逊 著

第一亚当和第二亚当
[德]朋霍费尔 著

新约历代经解

属灵的寓意
[古罗马]俄里根 著

基督教与古典传统

无执之道——埃克哈特神学思想研究
[德]文森 著

恐惧与战栗
[丹麦]基尔克果 著

托尔斯泰与陀思妥耶夫斯基
[俄]梅列日科夫斯基 著

论宗教大法官的传说
[俄]罗赞诺夫 著

海德格尔与有限性思想（重订版）
刘小枫 选编

上帝国的信息
[德]拉加茨 著

基督教理论与现代
[德]特洛尔奇 著

亚历山大的克雷芒
[意]塞尔瓦托·利拉 著

中世纪的心灵之旅——波纳文图拉神学著作选
[意]圣·波纳文图拉 著

德意志古典传统丛编

穆佐书简
[奥]里尔克 著

纪念苏格拉底——哈曼文选
刘新利 选编

夜颂中的革命和宗教——诺瓦利斯选集卷一
[德]诺瓦利斯 著

大革命与诗话小说——诺瓦利斯选集卷二
[德]诺瓦利斯 著

黑格尔的观念论
[美]皮平 著

浪漫派风格——施莱格尔批评文集
[德]施莱格尔 著

美国宪政与古典传统
美国1787年宪法讲疏
[美]阿纳斯塔普罗 著

品达注疏集
幽暗的诱惑——品达、晦涩与古典传统
[美]汉密尔顿 著

阿里斯托芬集
《阿卡奈人》笺释
[古希腊]阿里斯托芬 著

色诺芬注疏集
居鲁士的教育
[古希腊]色诺芬 著

色诺芬的《会饮》
[古希腊]色诺芬 著

柏拉图注疏集
哲学的奥德赛——《王制》引论
[美]郝兰 著

爱欲与启蒙的迷醉——论柏拉图的《会饮》
[美]贝尔格 著

为哲学的写作技艺一辩——《斐德若》疏证
[美]伯格 著

柏拉图式的迷宫——《斐多》义疏
[美]伯格 著

人应该如何生活
[美]布鲁姆 著

情敌
[古希腊]柏拉图 著

哲学如何成为苏格拉底式的
[美]朗佩特 著

苏格拉底与希琵阿斯
王江涛 编译

理想国
[古希腊]柏拉图 著

谁来教育老师——《普罗塔戈拉》发微
刘小枫 编

立法者的神学——柏拉图《法义》卷十绎读
林志猛 编

柏拉图对话中的神
[德]薇依 著

厄庇诺米斯
[古希腊]柏拉图 著

智慧与幸福——柏拉图的《厄庇诺米斯》
程志敏 选编

论柏拉图对话
[德]施莱尔马赫 著

柏拉图《美诺》疏证
[美]克莱因 著

政治哲学的悖论——苏格拉底的哲学审判
[美]郝岚 著

神话诗人柏拉图
张文涛 选编

阿尔喀比亚德
[古希腊]柏拉图 著

叙拉古的雅典异乡人——柏拉图《书简七》探幽
彭磊 选编

阿威罗伊论《王制》
[阿拉伯]阿威罗伊 著

《王制》要义
刘小枫 选编

柏拉图的《会饮》
[古希腊]柏拉图 等著

苏格拉底的申辩
[古希腊]柏拉图 著

苏格拉底与政治共同体
[美]尼科尔斯 著

政制与美德——柏拉图《法义》疏解
[美]潘戈 著

《法义》导读
[法]卡斯代尔·布舒奇 著

论真理的本质
[德]海德格尔 著

哲人的无知
[德]费勃 著

米诺斯
[古希腊]柏拉图 著

亚里士多德注疏集
品格的技艺
[美]加佛 著

亚里士多德哲学的基本概念
[德]海德格尔 著

《政治学》疏证
[意]托马斯·阿奎那 著

尼各马可伦理学义疏
——亚里士多德与苏格拉底的对话
[美]伯格 著

哲学之诗——亚里士多德《诗学》解诂
[美]戴维斯 著

对亚里士多德的现象学解释
[德]海德格尔 著

城邦与自然——亚里士多德与现代性
刘小枫 编

论诗术中篇义疏
[阿拉伯]阿威罗伊 著

哲学的政治——亚里士多德《政治学》疏证
[美]戴维斯 著

莎士比亚绎读

莎士比亚的历史剧
[英]蒂利亚德 著

莎士比亚笔下的爱与友谊
[美]布鲁姆 著

莎士比亚戏剧与政治哲学
彭磊 选编

莎士比亚的政治盛典
[美]阿鲁里斯/苏利文 编

丹麦王子与马基雅维利
罗峰 选编

洛克集

上帝、洛克与平等
[美]沃尔德伦 著

卢梭集

论哲学生活的幸福
[德]迈尔 著

致博蒙书
[法]卢梭 著

政治制度论
[法]卢梭 著

哲学的自传——卢梭的《孤独漫步者的退思》
[法]卢梭 著

文学与道德杂篇
[法]卢梭 著

设计论证——卢梭的《社会契约论》
[美]吉尔丁 著

卢梭的自然状态
[美]普拉特纳 等著

卢梭的榜样人生——作为政治哲学的《忏悔录》
[美]凯利 著

莱辛注疏集

汉堡剧评
[德]莱辛 著

关于悲剧的通信
[德]莱辛 著

《智者纳坦》研究版
[德]莱辛 等著

启蒙运动的内在问题——莱辛思想再释
[美]维塞尔 著

莱辛剧作七种
[德]莱辛 著

历史与启示——莱辛神学文选
[德]莱辛 著

论人类的教育——莱辛政治哲学文选
[德]莱辛 著

尼采注疏集

尼采引论
[德]施特格迈尔 著

尼采与基督教——尼采的《敌基督》论集
刘小枫 编

尼采眼中的苏格拉底
[美]丹豪瑟 著

尼采的使命——《善恶的彼岸》绎读
[美]朗佩特 著

尼采与现时代——解读培根、笛卡尔与尼采
[美]朗佩特 著

动物与超人之间的绳索
[德]A.彼珀 著

施特劳斯集

苏格拉底问题与现代性[增订本]
——施特劳斯演讲与论文集：卷二
[美]列奥·施特劳斯 著

政治哲学与启示宗教的挑战
[德]迈尔 著

霍布斯的宗教批判
[美]列奥·施特劳斯 著

斯宾诺莎的宗教批判
[美]列奥·施特劳斯 著

门德尔松与莱辛
[美]列奥·施特劳斯 著

哲学与律法——论迈蒙尼德及其先驱
[美]列奥·施特劳斯 著

迫害与写作艺术
[美]列奥·施特劳斯 著

柏拉图式政治哲学研究
[美]列奥·施特劳斯 著

阅读施特劳斯
[美]斯密什 著

《会饮》讲疏
[美]列奥·施特劳斯 著

柏拉图《法义》的论辩与情节
[美]列奥·施特劳斯 著

什么是政治哲学
[美]列奥·施特劳斯 著

古典政治理性主义的重生
[美]列奥·施特劳斯 著

施特劳斯与流亡政治学
[美]谢帕德 著

犹太哲人与启蒙——施特劳斯演讲与论文集：卷一
[美]列奥·施特劳斯 著

回归古典政治哲学——施特劳斯通信集
[美]列奥·施特劳斯 著

隐匿的对话——施米特与施特劳斯
[德]迈尔 著

苏格拉底与阿里斯托芬
[美]列奥·施特劳斯 著

驯服欲望——施特劳斯笔下的色诺芬撰述
[法]科耶夫 等著

论僭政（重订本）——色诺芬《希耶罗》义疏
[美]施特劳斯科耶夫 著

施米特集

施米特对自由主义的批判
[美]麦考米特 著

宪法专政——现代民主国家中的危机政府
[美]罗斯托 著

施米特对自由主义的批判
[美]约翰·麦考米克 著

伯纳德特集

古典诗学之路（重订版）
——相遇与反思：与伯纳德特聚谈
[美]伯格 编

弓与琴（重订版）——从柏拉图解读《奥德赛》
[美]伯纳德特 著

神圣的罪业
[美]伯纳德特 著

大学素质教育读本

古典诗文绎读 西学卷·古代编（上、下）

古典诗文绎读 西学卷·现代编（上、下）

中国传统：经典与解释
Classici et Commentarii
经典与解释
刘小枫　陈少明◎主编

《毛诗》郑王比义发微 / 史应勇 著
宋人经筵诗讲义四种 / [宋]张纲 等撰
道德真经藏室纂微篇 / [宋]陈景元 撰
道德真经四子古道集解 / [金]寇才质 撰
皇清经解提要 / [清]沈豫 撰
经学通论 / [清]皮锡瑞 著
药地炮庄 / [明]方以智 著
药地炮庄笺释·总论篇 / [明]方以智 著
青原志略 / [明]方以智 原编
冬灰录 / [明]方以智 著
冬炼三时传旧火 / 邢益海 编
松阳讲义 / [清]陆陇其 著
起凤书院答问 / [清]姚永朴 撰
周礼疑义辨证 / 陈衍 撰
《铎书》校注 / 孙尚扬 肖清和 等校注
韩愈志 / 钱基博 著
论语辑释 / 陈大齐 著
《庄子·天下篇》注疏四种 / 张丰乾 编
荀子的辩说 / 陈文洁 著
古学经子 / 王锦民 著
经学以自治 / 刘少虎 著
从公羊学论《春秋》的性质 / 阮芝生 撰

经典与解释辑刊（刘小枫 陈少明 主编）

1 柏拉图的哲学戏剧
2 经典与解释的张力
3 康德与启蒙
4 荷尔德林的新神话
5 古典传统与自由教育
6 卢梭的苏格拉底主义
7 赫尔墨斯的计谋
8 苏格拉底问题
9 美德可教吗
10 马基雅维利的喜剧
11 回想托克维尔
12 阅读的德性
13 色诺芬的品味
14 政治哲学中的摩西
15 诗学解诂
16 柏拉图的真伪
17 修昔底德的春秋笔法
18 血气与政治
19 索福克勒斯与雅典启蒙
20 犹太教中的柏拉图门徒
21 莎士比亚笔下的王者
22 政治哲学中的莎士比亚
23 政治生活的限度与满足
24 雅典民主的谐剧
25 维柯与古今之争
26 霍布斯的修辞
27 埃斯库罗斯的神义论
28 施莱尔马赫的柏拉图
29 奥林匹亚的荣耀
30 笛卡尔的精灵
31 柏拉图与天人政治
32 海德格尔的政治时刻
33 荷马笔下的伦理
34 格劳秀斯与国际正义
35 西塞罗的苏格拉底
36 基尔克果的苏格拉底
37《理想国》的内与外
38 诗艺与政治
39 律法与政治哲学
40 古今之间的但丁
41 拉伯雷与赫尔墨斯秘学
42 柏拉图与古典乐教
43 孟德斯鸠论政制衰败
44 博丹论主权

刘小枫集

诗化哲学［重订本］
拯救与逍遥［修订本］
走向十字架上的真
这一代人的怕和爱［增订本］
现代性与现代中国：现代性社会理论绪论
沉重的肉身
圣灵降临的叙事［增订本］
罪与欠
西学断章
现代人及其敌人
儒教与民族国家
拣尽寒枝
施特劳斯的路标
重启古典诗学
共和与经纶
设计共和
古典学与古今之争
卢梭与我们
好智之罪：普罗米修斯神话通释
民主与爱欲：柏拉图《会饮》绎读
民主与教化：柏拉图《普罗塔戈拉》绎读
巫阳招魂：《诗术》绎读

编修［博雅读本］

凯若斯：古希腊语文读本［全二册］
古希腊语文学述要
雅努斯：古典拉丁语文读本
古典拉丁语文学述要
危微精一：政治法学原理九讲
琴瑟友之：钢琴与古典乐色十讲